文学与文化丛书

朱迪光◎总主编

中国古典文论与西方符号学的理论互动

文玲 左其福◎著

南開大學出版社

图书在版编目(CIP)数据

中国古典文论与西方符号学的理论互动 / 文玲，左其福著. —天津 ：南开大学出版社，2017.8
(文学与文化丛书)
ISBN 978-7-310-05441-1

Ⅰ. ①中… Ⅱ. ①文… ②左… Ⅲ. ①中国文学－古代文论－研究②符号学－研究－西方国家 Ⅳ. ①I206.2 ②H0

中国版本图书馆 CIP 数据核字(2017)第 185088 号

南开大学出版社出版发行
出版人:刘立松
地址:天津市南开区卫津路 94 号　　邮政编码:300071
营销部电话:(022)23508339　23500755
营销部传真:(022)23508542　　邮购部电话:(022)23502200
*
唐山新苑印务有限公司印刷
全国各地新华书店经销
*
2017 年 8 月第 1 版　　2017 年 8 月第 1 次印刷
230×155 毫米　16 开本　16.5 印张　2 插页　203 千字
定价:48.00 元

如遇图书印装质量问题,请与本社营销部联系调换,电话:(022)23507125

目　录

上篇　理论探索

下篇 实践应用

上篇　理论探索

绪　论

西方"逻各斯中心主义"(Logocentrism)对语言的重视几乎到了迷信的程度,逻各斯(Logos)是理解最终实在的最高范畴,"理性"(逻各斯)是人们获得认识或知识的内在能力,也就是说,"理性"是最高主宰。语言系统的建构正是人认识成果的结晶,所以在西方逻各斯有理性也有语言的意思,人的思维与语言是同构的。语言的精密程度是一个民族文明程度的反映,克拉梅尔在《利比里亚的英语语言》中说:"同理性联系着的语言——理性赋予了它恰当的活动、用处和光彩——使人高于低等动物,并且与它的优美、精练程度成正比,语言文明和理性尊严的尺度极大地促使一个民族的地位高于另一个民族。"①

符号以其普遍性、有效性和全面适用性,保证人类进一步向前发展。符号学充分肯定了语言符号对社会发展的极大推动作用。卡西尔在《人论》中充分肯定了符号的功能:

> 符号系统的原理,由于其普遍性、有效性和全面适用

---

① 小亨利·路易斯盖茨:《权威、(白人)权力与(黑人)批评家;或者,我完全不懂》,选自〔美〕拉尔夫·科恩:《文学理论的未来》,中国社会科学出版社 1993 年版,第 214 页。

> 性,成了打开特殊的人类世界——人类文化世界大门的开门秘诀!一旦人类掌握了这个秘诀,进一步发展就有了保证。……人这种存在物在建造人的世界时,是不依赖于它的感性材料的性质的。人类文化并不是从它构成的质料中,而是从它的形式,它的建构中获得它的特有品性及其理智和道德价值的。而且这种形式可以用任何感性材料来表达。……在言语的领域中,正是言语的一般符号功能赋予物质的记号以生气并"使它们讲起话来"。没有这一赋予生气的原则,人类世界就一定会是又聋又哑。有了这个原则,甚至聋、哑、盲儿童的世界也变得比最高度发达的动物世界还要无可比拟地宽广和丰富。①

符号思维,在现实与可能、实际事物与理想事物之间做出鲜明区别,人类文化的进一步发展,事物与符号之间的区别就被清晰地觉察到了。这意味着,现实性与可能性之间的区别也变得越来越明显了。在符号的可能性下,人能思考着未来,有计划有意识更为细致地生活,这些都明显优于动物。并且在符号思维下,人类发明了更为精确的数字符号,为科学发展开辟了新天地,人在争夺自然的战争中,越来越以胜利者的姿态自居。人生活在符号的世界中,而不是实体世界。

索绪尔在《普通语言学教程》中将语言看成声音的能指和概念的所指的结合体,语言不再是名与物的指涉关系,而是声音和思想的结合体。语言只是区分和对立的游戏,不再能复制世界,而是反映人的思维态势。文化成为一套象征体系,这一套体系不具有原生原态性,而是被建构的。人从一出生就落入无情的文化法则和语言的包围中,只能屈从于文化的序列,否则就会疯癫。因此,语言不仅停留

① 〔德〕恩斯特·卡西尔:《人论》,甘阳译,上海译文出版社1986年版,第33页。

在概念领域,而且扩展到现实世界。语言为人的生活划定边界,放弃语言就是放弃做人的权力。语言建构人,语言极少是他或她的产物,而他或她在很大程度上是语言的产物;而且语言从内部分裂着人。人一进入语言的象征秩序就与自身相分离,形成无意识。这是西方语言的"逻各斯中心主义"对人性的剥离,理性抑制人的情感,人越来越认识不到自己。结构主义将世界当作一个音乐总谱进行分析,强调世界的秩序意志。结构主义者认为现实不是被反映出来的,而是由语言产生出来,语言就是一切。他们致力于从封闭的体系中见出整个世界的图示,因为声音与思想密不可分,思想内藏于语言中,只要通过不断地挖掘就能获取,意义像核桃的核是固定、明确的,等待人的发现。伊格尔顿提出,分析文学以文学为对象,评价文学则以自身为对象。结构主义者就是在分析文学,内容变得不重要,一切都是为了背后的结构,人物不过是为了表现结构的一个适当契机,他随时可以被替换。伊格尔顿对结构主义这种结构中心主义有着清醒的认识:

> 传统的批评有时把文学作品变成一个纯属认识作者心灵的窗口;结构主义则把它变成一个认识普遍思想的窗口。原文本身的"物质性",它的详细的语言过程,面临着被取消的危险:一篇作品的"表面"完全是对它隐藏的深层的反映。列宁所谓的"外表的现实"有可能受到忽视:作品的一切"表面"特征可能被归纳为一种"本质",一种赋予作品各个方面以活力的单一的中心意思,而且这种本质不再是作者的精神或"圣灵",而是"深层的结构"本身。原文真的完全成了这种深层结构的一种"复制",而结构主义批评则是这种复制的复制。最后,如果说传统的批评家组成一种精神的贵族,那么结构主义者似乎就构成了一种科学的贵族,

他们有一种远远脱离“普通”读者的深奥知识。①

文学的目的不再为实现人的精神自由，却成了普遍知识的传达，与科学越来越接近。然而文学存在的基石就是要改变科学的认知方式，以诗性来观照整个世界。科学的世界观使人陷入二元对立的思维定式，将一切变成对象去认知，而不是变成事物去感知，所以人的感官越来越钝化，在外物知识突飞猛进的增长中，人丧失了自身，出现人性的分裂，精神开始远游，四处飘荡。文学应该为“失据”的人获得“在家感”，阅读文学就是阅读自身。然而，结构主义在对人的科技理性失望后，一并取缔人的主体性，以精确的科学方法分析文学，使得结构高于人，让科学重新侵入了人文领地，人文的根基被严重动摇。在这个意义上，可以说结构主义是“反人文主义”的。

中国文化尤其是道家文化为了人的本真澄明而反语言（行不言之教），称“道可道，非常道，名可名，非常名”。中国文化的“不言之教”不仅是对语言理性的舍弃，也是对生命的弃绝。道家提出离形去知，称“吾生也有涯，而知也无涯。以有涯随无涯，殆已”；为了保全生命的真气，提出“致虚极、守静笃”，甘愿退出生命时间，人变得空洞，不成其为人。从老子“致虚极，守静笃”起，发展到庄子的“无已、丧我、心斋、坐忘”，是以虚静作把握人生本质的工夫，同时即以此为人生的本质。并且宇宙万物，皆共此一本质，所以可称之为“大本大宗”。故当一个人把握到自己的本质，同时即把握到了宇宙万物的本质，此时此刻便是：“天地与我并生，而万物与我为一。”实现天人合一是中国文人的最高理想，唯有虚静之心才能洞察万物的本质。本体的空无对中国文学有着深远的影响，因为不能用语言把握，就弃言。不重逻辑性、抽象性，而讲究直觉式感悟。即使有定义，也

---

① 〔英〕特里·伊格尔顿：《当代西方文学理论》，王逢振译，中国社会科学出版社 1988 年版，第 164 页。

是实体性、实质性定义少，名义性、描述性多。因而具有模糊性、多义性。在品评一首诗时，多为“平”“淡”“逸”“远”等印象式的词语，一个“妙”字则能应对一切好诗，人内在细微的体验无法传达出来。因为语言有碍于对“无”的全面领悟，所以只能靠主体的心领神会，“言”在中国文化不具有重要地位，称“得意忘言”“得鱼忘筌”。然而，本体的“无”只能通过语言的暗示才能领悟，对模糊语言的倾慕，容易滑向庸人的自以为是。道家的自由观是通过忘我与对象合一，精神畅游于乌有之乡。这种抹杀个性的齐一，是虚空的自由，世界变得死寂，没有生命的空洞。这种超越时空的人生观是对科学线性思维的排斥。

这导致对中国传统文化的研究思路存在两个倾向：一是历史资料性研究被奉为最高典范；二是空洞的理论话语任意铺陈。这两种倾向带来的结果是对中国传统文化的研究停留于经验性论述层面。历史无法还原，我们不能以古人的方式解释古人，只有用现代方法分析古籍，追求认识的科学性，才能实现真正的古今对话，而不是故步自封、抱残守缺地固守历史经典。照搬西方理论分析中国文化，不乏削足适履之弊病，造成理论与文学、文化现象严重脱节的局面。符号学不是营建理论体系，而是各门知识的百搭。符号学的研究成果使我们认识到：学问不再是对社会传承的学科资料进行记诵，而是依据现代认识论、方法论对古典资料进行分析和理解。符号学的工具性恰能满足中国学者以新视角思考旧题材的需要。

符号学有助于我们真正理解古代文论的范畴、术语及言说方式，真正理解东西方文化差异。超越狭隘的民族主义，在强大的西方文论面前仍对中国古代文论充满信心，努力寻找中西文论的结合点。当中国古典学术话语通过符号学分析转述后，我们会发现中国古代文论比原有的理解深广复杂得多。这有利于跳出“材料”研究的局限性，促成对中国文化价值依据的理性探讨及因果关系的系统认知，有助于中国传统学术话语有效参与国际人文科学理论交流。面对全球化语境,面对市场经济条件下文艺新的实践和文化产业的蓬勃兴起,这有助于我们立足本国,建设具有“中国特色”的社会主义文艺理论,探讨全球语境下的文艺学建设和实践问题。李幼蒸先生在《中西符号学对话的意义和前景》一文中写道:

> 中西符号学对话不仅是中西人文科学对话的一个部分,而且是世界符号学朝向全球化再调整努力的关键性步骤之一。中西符号学对话一方面推动着各种具体符号学研究项目的开展,另一方面关系到世界符号学理论的发展方向。今日西方符号学理论主流处于一种由哲学基本主义和美学性转化二者所组成的“相反相成”的张力场中。前者拘泥于一种僵化理性主义,后者放纵于一种艺术性非理性主义。这种态势反映着当前西方符号学理论也受到西方人文科学理论整体方向的影响。中国符号学以及中西比较符号学的出现,一方面有助于促动西方符号学理论的自我反省和调整,另一方面有助于促动中国人文科学本身的现代化发展。①

中国历史材料和西方理论方法之间的互动是今日人类学术在整合实践中最富创意也最为困难的学术对话类型之一,而中西符号学对话又恰为此全球化时代学术实践领域中的核心部分之一。中国学者应勇于参与世界人文科学主流的理论创新,进而实现中华民族的伟大复兴。

---

① 李幼蒸:《中西符号学对话的意义和前景》,《国外社会科学》,2004 年第 4 期。

第一章　西方符号学的理论困境

二十世纪六七十年代，符号学作为一个学术流派在西方迅猛发展。它源于索绪尔的符号学，并直接发展成60年代结构主义大潮：雅克布森、列维－施特劳斯、巴特、格雷马斯、布勒蒙、托多洛夫、索勒斯等人，把结构主义发展成为60年代最显赫的学派。符号学开始卷入其他思潮：马克思主义（戈德曼、阿尔都塞），心理分析（拉康、克里斯蒂娃），现象学/解释学（梅洛－庞蒂、利科）等。到20世纪80年代，符号学在各种门类的应用更为广泛。人类文化的各个部门都涉及意义活动，因此都是符号学的用武之地。可以说，至今没有一个文化部门没有受惠于符号学，广告、商标、旅游、游戏、体育、教育等领域，都出现了符号学论著；在社会符号学方面，考古、宗教、民俗、生态等领域，也都有符号学的专门研究；在艺术符号学方面，电影、音乐、建筑等领域，符号学都找到用武之地。目前，符号学的应用实践缺乏学理上的甄别、辨析与归纳，多套用符号学基本概念，其研究中明显的缺陷，是未能充分吸收中国的先秦名学、道家美学等成果，符号学发展仍存在较大的理论空间。

符号学兴起于西方学术传统，在西方文化的包围圈中，无法克服其与生俱来的弊病。结构主义符号学家罗兰·巴特对西方人文科学进行批判。在其学术前期(1956—1967 年),巴特致力于建立科学的符号学,将索绪尔在《普通语言学教程》中以寥寥数语构想的符号学第一次发展为一种真正的社会符号研究。这一时期巴特相信语言能揭示事物的本质,语言理性以真理之名建构现实,并赋予这一现实"自然性""客观性""科学性"的本质属性,通过建构一个个具有统一性和完整性的理论体系,为"作为整体"的人类世界提供一个自圆其说的解释模式。1968 年以后,巴特称必须对这种科学符号学进行修正:第一,巴特不再相信符号学的科学性,而且也不期待符号学会是一种简单的科学,一种实证科学。其首要理由是符号学,也许今天一切人文科学中只有符号学,要去质问它自身的话语。换言之,科学并不承认安全区域的存在,它必须认定自己仅是一种写作。第二,巴特认为符号学必须攻击西方整个文明的象征系统和语义学系统,必须超越西方封闭区,设法裂解意义系统本身。因而,巴特希望产生一门想象的科学。① 在《罗兰 · 巴特自述》中,他写道:

> 总是想到尼采,我们因为缺少灵活性而是科学家。相反,我却借助于一种空想在想象一种戏剧性的和灵活的科学,这种科学向着滑稽地推翻亚里士多德命题的方面发展,而且他至少在刹那间敢于想到这一命题:只有区别,才有科学。②
>
> 为什么科学就不能具有产生幻想的权利呢?(在许多情况下,科学幸运地获得这种权利)难道科学就不能变成虚构的吗?虚构属于一种新的智力艺术(符号学和结构主义在《时装系统》中就是这样定义的)。我们用这些智力事

---

① 〔法〕罗兰 · 巴尔特:《符号学历险》,李幼蒸译,中国人民大学出版社 2008 年版,第 6 - 7 页。

② 〔法〕罗兰 · 巴特:《罗兰 · 巴特自述》,怀宇译,百花文艺出版社 2001 年版,第 141 页。

> 物既组成理论，同时也进行斗争和享受快乐；像在任何艺术作品中那样，我们使认知对象和论述对象不再服从于真实要求，而是服从于一种有关效果的思想。①

巴特为何要质疑人文科学的科学性，又如何产生一门幻想的科学？在《符号学原理》中，巴特区分了符号学的两种情况。我们把第一系统即自然语言记号系统的三个组成部分，用 ERC 来表示，E 表示能指，C 表示所指：

第一种情况是：第一性系统（ERC）成为第二性系统的表达方面或能指。

第二性系统：　E　　R　　C

第一性系统：　ERC

或表示为：（ERC）RC

这是涵指符号学。

第二种情况是：第一性系统 ERC 不是第二性系统的能指：而是它的所指（内容方面）。

第二性系统：E　　R　　C

第一性系统：　　　　　ERC

也可以表示为：ER（ERC）

这是元语言。②

---

① 〔法〕罗兰·巴特：《罗兰·巴特自述》，怀宇译，百花文艺出版社 2001 年版，第 60 页。

② 〔法〕罗兰·巴尔特：《符号学原理》，李幼蒸译，中国人民大学出版社 2008 年版，第 69 页。

涵指符号学的所指“同文化、知识、历史密切交流，可以说正是因此外在世界才渗入记号系统”，因而“它是意识形态的一部分”。涵指的能指则是第一系统整体所形成的修辞形式，因而修辞学是其能指形式。元语言符号学则是一种“操作程序，它操控着第一系统”（所指）。进一步，巴特将上述两种分离方式结合起来，构建了自己完整的符号意指系统，如图 1：

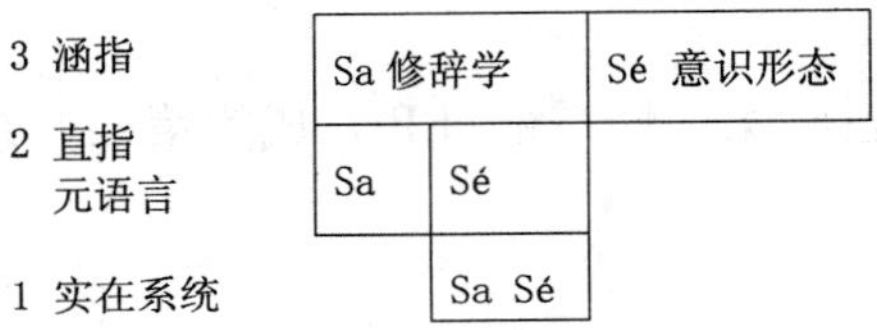

图 1　符号意指系统

在《神话学》《流行体系》《符号帝国》等著作中，巴特证明了这一符号学系统的广泛用途。这里仅举一例进行说明：“双排扣西装”在第一系统中意指真实世界中的一种服装，它有自己的实在功能、特点等，那么，《时装杂志》中对“双排扣西装”的介绍就进入到第二系统。在第二系统中，杂志语言表述的是“双排扣西装”这一概念，它并不意指真实世界中某一件具体的服装。“双排扣西装”在此被抽象化为一个概念，成为杂志语言表述的“对象”（所指），从而与真实的服装脱离开来。杂志语言就成了元语言。杂志语言整体又可能作为一个符号，成为第三系统的修辞学能指。因为杂志语言在表述这一“对象”时带有自己的情绪、偏好等修辞色彩，所以，它可能又意指其他的内容，比如流行。这构成第三系统的涵指。流行的涵指反过来又引导第一系统（真实世界）的消费，因此，涵指的所指具有意识形态功能。

巴特在写完《流行体系》这本书后，在前言中称这本书一出版就已经“过时”了，而且后来还不断地表示该书在他自己眼中“失宠”。

巴特说这只是一个“科学梦”，提议“谢绝体系”。因为巴特意识到《流行体系》谈的服装只是“写出来的”衣服。它处理流行时，也没有把它当作实践中的社会现象，而只是去分析时装杂志中的流行论述。为了绕过和对象直接面对时所遭遇的困境，巴特透过谈论对象的论述来建构分析对象。这让他意识到：言辞论述不只代表着真实，它也宿命地参与其意义构成。他激进地表达为：“人的语言不只是意义的模范，而且还是它的基础。”由此，巴特推演出两个结论：第一，逆转索绪尔的主张（语言学是符号学中的一支）：“因此我们也许应该逆转索绪尔的说法，主张符号学只是语言学的一个部分。”那么，语言学不只是符号学的模范，反而是符号学的分析对象被圈定在言辞论述之中。第二，语言并不只是一个前置符码的再现体系；它在真实世界的意义建构过程中，扮演了构成者的角色。对于这样的过程，书写的流行便成为既必要又充分的分析对象：“真实的服装体系从来只是流行为了构造意义所提出的自然地平；在言语之外，一点也看不到流行的整体和本质。”①

因而，巴特称人文科学的历史是元语言的一个历时面。人文科学的对象不具有客观性和真实性的保证，每门新科学都将表现为一种元语言，人文科学谈论的对象实际上是作为“描述”的对象，是以谈论它的语言形式表现出来的。三级符号学系统揭示了人文科学实质是一套编码与解码的过程。元语言将“对象”转变为概念，与实在系统相脱离。涵指是一种有意图的语言，通过操纵直指使得文化成为一套象征系统。

既然，人文科学不具有客观真实性，而是一套语言的操作系统。在符号学的高峰之作《流行体系》问世后，巴特认为符号学应该攻击西方文明的语言系统和象征系统。在巴特看来，“西方：从一种宏观观念形态看：好像一个精通如何傲慢的专家：看重意志，尊崇摧毁、改

---

① 〔法〕罗兰·巴特：《流行体系》，敖军译，上海人民出版社2000年版，第7页。

变、保存等努力;到处实行独断的干预”。[①] 西方哲学以自鸣得意的傲慢建构关于概念的知识体系,试图将一切纳入哲学的框架,对世界做出真理性、普遍性的阐释;宗教以劝人改宗的狂热形成了独断主义、恐怖主义、不宽容、残忍的傲慢;拿起武器支持某一派系从而享有权利的参与意识滋长了政治狂热情绪。西方全部历史叙述等于一部战争和政治历史,在马克思以前便是如此:从古希腊到 19 世纪,从来没有(历史科学意义上的)一部神话史,意象世界的历史。

1968 至 1980 年,巴特由系统科学阶段进入文本阶段,这段时期的符号学与文学相结合,称为文学符号学。巴特通过借鉴日本俳句、中国禅宗及老庄思想对西方文明进行了反思。然而,东方文化在巴特眼中只是一个参照性的乌托邦,巴特站在西方的视角认识东方,将东方文化视为西方文化的对立面。东方文化在巴特构想文学符号学的过程中扮演了核心角色,却是建立在对东方文化误读的基础上的。

一 罗兰·巴特的文本写作与日本俳句

巴特认为西方传统人文科学均是智力运作的结果,用语句化的概念、常用论点、固定说法建立意义体系,这一意义体系为确保其真理性和证伪性,成为经久不衰、无限延续的权力话语,毫无顾忌地强迫别人接受。这种话语是严厉无情的可怕独裁者,享受君临一切的独白乐趣。人们近乎麻痹地重复着这种语言,人的自我感受力被扼杀。因而,他希望通过文本写作裂解意义。为了裂解意义,巴特将日本文化视作西方文化的对立面。他说:

> 符号之所以空洞是因为日本是一个没有西方意义上的宗教、即一神教的国度。置身这样一个国度会很深切地感

---

① 〔法〕罗兰·巴尔特:《中性》,张祖建译,中国人民大学出版社 2010 年版,第 244 页。

受到那种符号观及其实践。在那里关于上帝的符号是空洞的，就是说没有所指。那里的符号没有作为上帝的那个终极所指。我们西方的符号是与一神教文明相联系的，在符号后面我们放置了一个所指。我们整个的符号体系用一种超验性、饱满性、中心、意义，一级一级地填充着最后一个所指。而日本的独特性就在于：那是一个无拘无束的系统，强有力而又很精妙，既很发达又很清晰，但其中的符号最后又都是空洞的。那是能指的世界。①

巴特认为西方的符号无不浸染着意义，符号最后指向一个终极所指，使用语言只是为了获得“客观性”“科学性”真理，人的个体性、差异性被抹杀，人的情感无处安置。而日本的符号则只关注形式，不关注意义，取缔了本质、理性、宗教的权威性，真正实现了人的自由。他羡慕日本俳句，因为对他来说，“一首成功的俳句最直接的标准为：它不具有关于意义和象征的任何推论；它不‘捕捉’（形而上学的或者‘信念’、良知的）体系。”我们来看一个俳句的例子：

古池塘
跃进一只青蛙
呵！溅水的声音（松尾芭蕉）②

从这个例子，我们发现俳句是一些名字的排列，词与词之间没有严密的逻辑联系，这些名词的简单组合构成了一幅生活场景。俳句不是君临一切的强势话语，我们陶醉在青蛙溅起的水声当中，忘却了俗世纷争、功名利禄。巴特认为俳句是文的集中体现，是与意识形态话语

① 转引自黄晞耘：《罗兰·巴特思想的转捩点》，《世界哲学》，2004年第1期，第30页。

② 〔法〕罗兰·巴尔特：《小说的准备》，李幼蒸译，中国人民大学出版社2010年版，第105页。

相对峙的语言。意识形态话语以真理之名形成垄断性的统一话语，权力运作的话语不断操纵人们重复着这一话语，真理只是陈词滥调的谎言。在《阅读的快乐》中，巴特说：

> 我们均被言语活动的真实所控制，也就是说，被控制在他们的地区性中，被拖带到调整其相邻关系的可怕竞争中。因为，每一种语言（即每种虚构故事）都为霸权而奋斗；一旦有了权力，它便扩散到社会生活的潮流和日常生活之中，它就变成了多格扎（doxa），即自然本性：这便是政治家、国家工作人员的所谓非政治言语，这便是报纸的言语、电台和电视的言语，这便是会话的言语。①

意识形态话语因为重复使用被塑造成"自然本性"，文要以反常性，以求新、求异打破这一自然本性的俗套用语。因为一切语言一旦重复就变成旧的语言，旧语言意味着固化的所指，经权力运作进而变成真理。因而，文是语言的极端不稳定状态，他勾勒文的几大特征：

1. 意义处于漂游状态。在巴特看来，固定意义、真理、理性是同体物，文必须偏离这一同体物，如果没有这种偏离运动，文仍是关于意义的哲学。

2. 句子具有不完整性。一个完整的句子将词语固定放在主语、谓语的位置，以一种逻辑的严整性确保意义的稳定性，从而成为一个规则，强迫人们按照这一规则说话。在此，巴特将克里斯蒂娃"任何意识形态都表现为在构成上是完善的语句形式"，反过来说成"任何完善的语句都冒着带有意识形态的风险"。

3. 文摆脱了命名。如"马克思主义""资本主义""唯物主义"，在提及名称的时候，意识形态便强行进入，人们被迫按照词的固定意

① 〔法〕罗兰·巴特：《罗兰·巴特随笔选》，怀宇译，百花文艺出版社 2005 年版，第 204 页。

义理解并使用该词。因而巴特说:“根据言语活动的一种不肯与科学相混的方法论,文本在近于说的极限时,也在破坏命名,而且正是这种破坏使文本接近于享乐。”

巴特将自己心仪的文的特征套用到俳句,认为俳句偏离意义、摆脱命名、打乱句子稳定性。他说俳句是“一张缀满珠宝的网,其中每一颗珠宝都反射着所有其他的珠宝,如此以至无限,并不存在一个可以抓的住的中心,一个辐射之源”①。在巴特看来,俳句不是语句的完整形式,是一种非理性的语言,是瞬间的绝对写作,“是这个”“是这样的!”,是悟的时刻,是向语言虚空过渡之时。巴特提到禅宗的三个阶段:看山是山,看水是水;看山不是山,看水不是水;看山是山,看水是水。巴特称第一阶段是愚的阶段,是傲慢的同语反复和反智阶段;第二阶段是解释阶段;第三阶段是自然状态的阶段,无事的、俳句的阶段。在某种意义上,是对文字的回归。② 巴特认为俳句是瓦解意义教条主义的指示语,是对自然状态的沉默展示。禅宗语并非无所事事,并非照相机式地如其所是。禅宗第一个阶段,是看山只是山,看水只是水,是通过意义去认识世界。第二个阶段,产生了庄周梦蝶,蝶梦庄周的疑惑,开始怀疑世界的真实性,这只是一个名相世界,如《金刚经》中称“诸微尘如来说非微尘。是名微尘。如来说世界非世界。是名世界”。因而,“不应住色生心。不应住色香味触法生心。应生无所住心”。如此,便进入第三个阶段,不执着于名相,透过名相悟空。因而,禅宗并非排除意义,只是不执着于意义。此时,山则不只是山,水则不只是水,而达于仁者乐山,智者乐水的“澄怀观道”之境。因而,禅宗的“空无”并不是“没有”,而只是意味着宇宙的万事万物共有的本性是“空”,不能把“空”的万事万物执着为实

---

① 〔法〕罗兰·巴尔特:《符号帝国》,孙乃修译,商务印书馆1994年版,第117页。

② 〔法〕罗兰·巴特:《小说的准备》,李幼蒸译,中国人民大学出版社,2010年版,第131页。

有。巴特一厢情愿地希望通过俳句式写作裂解意义，试图取道于东方文化超越西方意义的封闭圈。

二 罗兰·巴特中性观与禅宗语

巴特认为中性是实现俳句式文本写作的途径，他称“我把中性定义为破除聚合关系（paradigme）之物，或者不如说，我把凡是破除聚合关系的东西都叫作中性。”什么是聚合关系？聚合关系是指两个潜在的项次之间的对立。如在汉语中，L 和 N 产生了聚合关系，因为蓝和南意义不同。因而凡有意义的地方，就有聚合关系；凡有聚合关系的地方，就有意义。在巴特看来，聚合关系扼杀了差异性原则。符号在主动/被动，灵/肉，高/低等聚合体中确立等级、划分类别，将一切纳入喜欢/不喜欢的聚合链，使作品具有强烈的善恶二元论外表，世界呈现超强意指的假自然。聚合关系是世界的简化原则，世界变得清晰而单调，消解了人类活动的复杂性。因而，要破除意义，即要破除聚合关系，中性即破除意义的途径。

巴特以禅宗语言论证中性，围绕“回答”讲授了一堂课。他称任何发问都意味着某种权势，预定别人接受提问的方式，潜在地强迫别人围绕自己感兴趣的问题展开对话。因而，回答者无论做什么，都像一只被套牢的老鼠。为对抗语言权势而采取答非所问的态度是中性的表现。巴特将“答非所问”划分为逃避/偏离/失礼三种类型。

1. 出行，逃避，沉默，遗忘

（1）沉默，无答复。用沉默或等于沉默的装聋，消极应对“前言”，以没听见作收。

（2）遗忘。忘记说了什么，忘记话已经说过，不以为怪，仿佛每次都把一个话题从头说起：很累人。

（3）出行。“我什么也不说，随它去吧，我旅行去了。”

2. 偏离

(1)迫使人明确回答。一种真正的中性,打破是与否的中性,然而并不抽身引退。

(2)[乌尔特]一种常见的、轻飘飘的、散碎的、超然于任何文化能力的偏离。如杂货铺的年轻女掌柜说:"昨天天气很好",我们可以期待是/否的回答("是"的可能性大,因为此人并不喜欢争论!),女掌柜却回答说:"天气很热"。既没有肯定,也没有否定好天气,而是把这种聚合关系移入了另一种聚合关系,实为另一种价值取向。因为她不认为好天气是天气热的同义语。此地人们不喜欢热,热天气则蕴含贬义。

3. 失礼

禅宗一课:

(师徒关系)

高峰和他的年事已高的师傅。

"师傅:是谁穿着你这身臭皮囊?"

高峰朝他"嘿!"地喊了一声,师傅拿起棍子要打他。

徒弟让他住手,说道:"今日您不可打我。"

"——缘何道理?"

高峰没有回答,却突然走出门去。次日,师傅说:"万物归一,一归何处?"

"——狗舔锅里的沸水。"

"——你从何处学来此等蠢话?"

"——您何不问问自己。"

师傅于是感到十分满意。①

① 〔法〕罗兰·巴尔特:《中性》,张祖建译,中国人民大学出版社2010年版,第174～182页。

“答非所问”是对发问者强势话语的有效回避，防止陷入任下断言的圈套。“答非所问”包括了沉默/出行/偏离/失礼四个中性项，打破了非是即否的聚合体。“乌尔特”是一种常见的、轻飘飘的、散碎的、超然于任何文化能力的偏离，“乌尔特”打破了好/坏的聚合体，以天气热回避了文化的价值体系。在禅宗一课中，师傅问高峰：“是谁穿着你这身臭皮囊？”高峰没有回答是自己或是他人，而是“嘿！”了声。师傅拿起棍子要打他，高峰说：“今日您不可打我”，师傅问“缘何道理？”，高峰没有回答，而是选择离开。第二天，师傅说：“万物归一，一归何处？”回答这个问题需要长篇论述。然而，高峰回答，“狗舔锅里的沸水”。巴特认为在高峰与师傅的对话中“展现了答非所问的所有类型：沉默，出行，偏离，其中最严重的失礼反而使师傅最终感到满意：活像马科斯四兄弟。”[①]所以他认为禅宗语言才是真正符合“答非所问”的中性语言。禅宗语言并非中性语言，其中存在一个认识的误区。

巴特称中性是对差别的激情，他进一步解释中性，“这个中性依然是冲突性，对于相互抵牾的力量的争斗仍然十分敏感：取消冲突不是通过中止、放弃或打破聚合体，而是通过创立一个第三项：复杂项，不是零度项、中性。”[②]傅立叶的系统学即一种扩展的聚合体，系统就是实现的、组合化的聚合体。在《萨德 傅立叶 罗犹拉》一书中，巴特认为傅立叶的系统学体现了中性。傅立叶在聚合体的两项对立中按照联想律插入了许多转化项。如，丈夫在文明期的婚姻中幸福吗？对此他提出 8 种理由：不幸的风险、费用、警惕、单调、不育、鳏寡、结亲、戴绿帽。又如，财产呢？不仅有穷人、富人，还有紧张度日者、勉强度日者、宽裕者。在傅立叶看来，幸福/不幸福，穷人/富人这种聚

① 〔法〕罗兰・巴尔特：《中性》，张祖建译，中国人民大学出版社 2010 年版，第 182 页。

② 〔法〕罗兰・巴尔特：《中性》，张祖建译，中国人民大学出版社 2010 年版，第 90 页。

合关系，是文明阶级的谎言和装腔作势，这种简单主义的统一式是对欲望的审查，将无法纳入聚合链的趣味统统加以排除，并确立尊卑、优劣、善恶关系。傅立叶则划分了更多的类别，缓和聚合关系两项间的对立。这些过渡项、转换项即中性类，它连接了不同的领域、趣味、性格，使各项次处于和谐期。巴特认为中性是一种欲望，一种暴力，中性打破了聚合关系划分的等级秩序，不打算纠正、改正、取消一种趣味，不论它多么奇怪，而是对一切趣味加以肯定、强调、认可、合法化。

巴特的中性观是对差异的尊重，但禅宗语言是取消差异性，强调一切合一。禅宗以“无生”为本体，认为这个“无生”是一切创造的可能性之源，在无生之域众生平等，日常生活中即体现了“道”。禅宗公案表明，一个人不是为概念或定义而活，而是为生活本身。有一次，一个僧人问赵州从谂：“我的自我是什么？”赵州说：“你吃了早粥没有？”僧人答：“我吃过了。”于是赵州对他说：“那么，洗钵盂去。”另一个僧人问赵州同一个问题，赵州说：“你见到庭前的柏树了吗？”① 可见，禅宗语言强调的是本体的空无，禅宗语言不是通过语言去开拓现实，语言是被轻视的对象，由于语言的介入，使得“无生”进入“有生”，形成主客二分。禅宗语言通过打破语言的逻辑规则忘掉自我，达到无意识，摆脱相对认识，与见者合一，达到“无生”的最高境界。禅宗语言有很多矛盾的说法，如“骑在毛驴上行走”“弹无弦之琴”，甚至使用粗暴的行动，如棒喝等；更著名的例子是一和尚问禅师：“如何理解祖师西来意？”这相当于问：“佛法的根本意义是什么？”和尚被禅师当胸一脚踢倒，当他从震惊中恢复过来，爬起身来，却拍手呵呵笑着说：“真是奇怪！一切三昧无量妙义竟然都在一根毛发尖

① 〔日〕铃木大拙，耿仁秋译：《禅风禅骨》，中国青年出版社 1991 年版，第 155 页。

上，而我已经识得了它最本源的含义！”[①]因此，可以说禅宗语言完全放弃了聚合体，禅宗世界是一个“一”的世界，不是通过语言去建构世界的多元性。

巴特的中性语言观强调的是语言，将一切形而上学拉回到语言，语言之外不存在任何立足点。中性只是破除聚合链建构的等级秩序，还原世界的多样性存在。禅宗语言强调本体“空无”，语言成为被否定的对象。巴特之所以认为禅宗语言是真正符合“答非所问”的中性语言，是因为巴特认为聚合关系是西方文明实施欲望审查制度的手段。他取道禅宗语言破除聚合链；而禅宗语言也扰乱语言的逻辑秩序，实现了巴特以中性语言偏离文化的梦想，但他并没有看到这种偏离，是一种扬弃，是“离于世”的冷漠与退让。

三　罗兰·巴特的语言悖论与老庄“道通为一”的思想

巴特希望以俳句式的文本写作对抗意识形态话语，裂解意义，因为他误认为俳句不关注意义。巴特的理想是以排除意义的文本写作破除聚合关系，但实现的途径为中性，中性不是破除聚合关系，而是以浸染着意识形态的用语扩增聚合关系。以扩展聚合体的方式实现非聚合体的文本写作，产生了巴特的语言悖论。巴特一言说，便遭遇语言权势，陷入语言的苦役而不能自拔。他称：“我毕生都在经历这种循环往复：身陷语言的高扬（享受冲动）［因此：跟我的社会存在相关，我写作、说话因为我发表和教书］和欲望之间，亟欲暂歇、中止和豁免言语行为。”[②]在读到“天地与我并生，而万物与我为一。既已为

---

① 〔日〕铃木大拙、〔美〕弗洛姆、〔德〕马蒂诺，洪修平译：《禅宗与精神分析》，辽宁教育出版社 1998 年版，第 63～64 页。

② 〔法〕罗兰·巴尔特：《中性》，张祖建译，中国人民大学出版社 2010 年版，第 149 页。

一矣，且得有言乎？既已谓之一矣，且得无言乎？一与言为二，二与一为三。自此以往，巧历不能得，而况其凡乎！”这段话时，巴特称这话我从心里感到千真万确：有一种对于言语行为的疲惫感，而且像一切疲惫感那样没有尽头：言语行为如同一场苦役。[①]

巴特提出以沉默对抗语言发问的权势，“中性 = 主张缄口不语的权利——缄口不语的可能性”。老子的“知者不言，言者不知”就成为巴特试图效法的对象。“老子说：‘了解道的人不谈论道，谈论道的人不了解道。’（我本人恰好属于这种情形哦！仍需注意中性的这个难题：哪怕是蜻蜓点水地介绍、推荐不语，到了某个时刻却非得说出它不可。中性 = 做不到：言说即说破它，不说则错失其‘构造’。）”[②]巴特认为“知者不言，言者不知”恰恰说明了中性不可为的尴尬境地：一论说中性，便有违中性；但不说，又错失“构造”。巴特只知其一，不知其二。道家虽提倡“大道不称，大辩不言”的“不言之教”，却将言与道并提，称“夫道未始有封，言未始有常”。道家反对的是“小言”，唯有“大言”才能实现“道”的轮回。在庄子看来，天地一指，万物一马也，庄子称：

> 物无非彼，物无非是。自彼则不见，自知则知之。故曰：彼出于是，是亦因彼。彼是，方生之说也。虽然，方生方死，方死方生；方可方不可，方不可方可；因是因非，因非因是。是以圣人不由而照之于天，亦因是也。是亦彼也，彼亦是也。彼亦一是非，此亦一是非。果且有彼是乎哉？果且无彼是乎哉？彼是莫得其偶，谓之道枢。枢始得其环中，以应无穷。是亦一无穷，非亦一无穷也。故曰莫若以明。[③]

---

① 〔法〕罗兰·巴尔特：《中性》，张祖建译，中国人民大学出版社 2010 年版，第 147 页。

② 〔法〕罗兰·巴尔特：《中性》，张祖建译，中国人民大学出版社 2010 年版，第 48 页。

③ 陈鼓应注释：《庄子今注今译》，商务印书馆 2012 年版，第 67 页。

世界上的事物没有不是彼的,也没有不是此的,彼和此相对而生。任何事物随起就随灭,随灭就随起;刚说可就转向不可,刚说不可就转向可了,有因而认为是的就有因而认为非的,有因而认为非的就有因而认为是的。是与非只是语言设定的,因为言语道断,在肯定一面时必然否定另一面,如果顺从语言以肯定的一面与否定的一面进行争辩,只会落得以己之矛攻己之盾的下场。所以圣人不走这条路子,而观照于事物的本然,这也是因任自然的道理。此也就是彼,彼也就是此。彼有它的是非,此也有它的是非,彼此不相对待,就是道的枢纽。合于道枢才能得入环的中心,以顺应无穷的流变。

然而,小言执着于是非之辩,以其片面性隐匿了道,小言者自认为掌握了真理标准,唇枪舌剑,互相攻击,落入语言的圈套却全然不知。文中称"夫随成心而师之,谁独且无师乎?奚必知代而心自取者有之?愚者与有焉","故有儒墨之是非,以是其所非而非其所是"。如果依据自己的成见作为判断标准,那么连愚人都有一个标准,人们却以这些标准作为讨伐征战的武器,所以有儒家和墨家的争论。文中形容了当时人的生存境况:"大言炎炎,小言詹詹。其寐也魂交,其觉也形开,与接为构,日以心斗。"小言者论辩不休。他们睡觉的时候精神交错,醒来的时候形体不宁,和外界接触纠缠不清,整天钩心斗角。大言则调和一切是非,摒弃一切等差尊卑,寄寓于无穷的境域,即道的轮回。庄子将大言的境界描述为:

> 化身之相待,若其不相待,和以天倪,因以曼衍,所以穷年也。何谓和之以天倪?曰:是不是,然不然。是若果是也,则是之异乎不是也,亦无辩;然若果然也,则然之异乎不然也亦无辩。忘年忘义,振于无竟,故寓诸无竟。[1]

大言合于自然的分际,散漫流衍,悠游终生。什么叫合于自然的分

① 陈鼓应注释:《庄子今注今译》,商务印书馆2012年版,第105~106页。

际？任何东西有是便有不是，有然便有不然。是果真是是，就和不是有区别，这样就无须辩论；然果真是然，就和不然有区别，这样也就无须辩论。忘掉生死年岁，忘掉是非仁义，遨游于无穷的境界，这样也就能寄寓于无穷的境域。巴特无法理解大言“道通为一”的真谛，只能打心底赞同道家思想，而无法做到像道家那样“游刃有余”，失陷于小言的纷争而不能自拔。从巴特的理论实践，我们不难发现，东方学术思想能有效弥补西方人文学术的不足，从而推动符号学的理论发展。

第二章　中国古典文论发展的内因需要

自 1995 年曹顺庆提出中国文论“失语症”以及重建中国文论话语以来，学术界围绕以下几个方面讨论中国古代文论的现代转化。一是融入和转化说。以钱中文、童庆炳为代表，两位学者认为不但要将古代文论融入现代文论之中，而且要直接将古代文论转化为现代文论。二是融合说。顾祖钊、张海明提出中西古今文论融合，生成一种新的既具世界意义，又有中国特色的文论。朱立元指出，中国当代文论的问题不在“失语”，而在于同文艺发展的现实语境的疏离或脱节，因此，建设、发展新文论须以现代文论传统作为优先或主要的选择对象，而不能以古代文论为本根，对中西文论要采取现代阐释学的立场，在理解和解释中借鉴。三是重建说。曹顺庆等人提出整个 20 世纪中国文论都失语了，需要通过“古代文论现代转换”来重建中国文论。曹顺庆认为重建中国文论话语，需要西方文论的积极参与，但不再是以西方文论为主，而是要在“以我为主”的学术规则下，将西方文论融汇到中国文论建设中来，亦即西方文论中国化。四是传统资源的重新利用说。蔡钟翔、蒋述卓强调了对具有异质性的古代文论资源的重新利用。张少康认为，要以古代文论为母体或本根来建设中国当代文论。五是复语说。杨曾宪称古代文论要在现代“复语”，那就必须依赖古代文论的“用”，用古代文论固有或转化后的“话语”系统地写出漂亮的批评当代文学的文章。六是不可转换论。陈洪、沈立言认为，传统文论的某些命题被广泛采用，并不能说明它可以再生、复兴，由于命题本身的一些缺点，难以真正进入现代意义的文论话语系统。王志耕则从语境的角度进行分析，认为古代文论的语境已经缺失，因此，中国古代文论在今天看来，只能作为一种背景的理论模式或研究对象存在，而将其运用于当代文学的批评，则正如两种编码系统无法兼容一样，不可在同一界面上操作。而余虹直接提出“中国古代文论与西方诗学的不可通约性”①。

一　中国古代文论现代转换的理论误区

对中国古代文论现代转换的研究弊端是将中国古典文论当作西方文论的阐释对象，充当西方文论的注脚本。如韦遨宇在《中国古典文论与法国后结构主义》一文中，运用罗兰·巴特的不及物原理、多元性原理和非确定性原理等文本理论分析中国古典文论。韦遨宇认为《庄子》中“……独与天地精神往来，而不敖倪于万物，不谴是非以与俗处”。即对不及物的解释，称“文学艺术思维的方式，亦必然是不及物的、间接的方式，即不是直接地模仿与反映，不是反映与某一所指对象的逻辑规定的对应关系，而是通过隐喻的、象征的、暗示的、婉讽的思维方式，来创造出美的意境。”②韦遨宇认为不及物性使文学拥有了广阔的艺术联想，中国古典文论的“精骛八极、心游万仞”“观古今于须臾，抚四海于一瞬”正是不及物追求的艺术境界，从而将中国古典文论“离形得似”“超以象外、得其环中”“不著一字，尽得风流”的艺术品质贴上不及物的标签，并称这是不及物的极致

---

①　余虹：《再论中国古代文论与西方诗学的不可通约性》，《中外文化与文论》2006年第1期。

②　韦遨宇：《中国古典文论与法国后结构主义》，《国外文学》1991年第2期。

状态。

巴特的不及物写作是在主客二分的逻辑框架下提出来的，韦先生意识到这一问题，他说："（不及物写作是）基于语言哲学关于主体（借助语言进行思维的主体）与思维客体，与认识对象之间的辩证关系的认识之上的。"①然而，中国古典文论中的"独与天地精神往来，而不敖倪于万物""精骛八极、心游万仞"认为主体与客体原为一体，强调的是创作主体的心境，只有一颗纯真而正的诗人之心才能"怀六合""镜万有"。中国文化与西方文化主客对立的二元论相反，提倡"天人合一"，强调"反求诸己""尽心、知性、知天"，"天道"本来存乎人心，穷尽人心，乃知天理，对世界的认识不假外求，而只要从内心去发掘。最要紧的是一颗空灵、虚静、澄明的心。中国诗学强调的不是如何去听、视、观察、反映世界，而是"收视反听，耽思旁讯"。

可见，韦先生用不及物写作解释中国古典文论，不但没有加深对古典文论的理解，而且使得中国文论丧失自身的特性。同时，他还误解了不及物写作，造成了中国古典文论的"失语"。不及物写作是巴特为解构资产阶级意识形态提出的文学样式。在《法兰西学院就职讲演》中，巴特指出了语言与权势的关系，他认为语言结构是不折不扣的法西斯，是一种被普遍化了的支配力量。为对抗语言结构的意识形态功能，巴特提出了去权势化的文本写作的文本的特点即非及物性。不及物写作通过玩弄语言形式获得感官享乐，通过重新编码打破资产阶级建构的似真性语言结构。因此，不及物写作关注的对象是语言形式。"言"在中国古典文论中的地位不高。老子曰，"道不可道"，孔子曰，"辞达而已"，孟子曰，"说《诗》者不以文害辞，不以辞害志"，庄子曰，"筌者所以在鱼，得鱼而忘筌；蹄者所以在兔，得兔而忘蹄；言者所以在意，得意而忘言"。"不著一字，尽得风流"表现的是对语言的扬弃，语言在中国古典文论中只是表意的工具，而且

---

① 韦遨宇：《中国古典文论与法国后结构主义》，《国外文学》1991 年第 2 期。

还是蹩脚的工具，所以需要通过隐喻、象征、暗示等方式去填充语言所不及的领域，这与不及物写作强调语言形式背道而驰。当代西方文论因过于拔高语言的逻辑性而消解了人的主体性，巴特深陷语言理性的泥潭，他希望非及物的文本写作成为生命的启新仪式，将人从语言的束缚中解脱出来，但他过于执着于语言，不及物写作仍强调语言的重要性，通过更新语言形式解构意识形态。中国古典文论则是为了实现人的本真澄明，行不言之教，失之于没有理论的感性主义。两者本应相互借鉴，取长补短，韦先生却张冠李戴地将“不著一字，尽得风流”称为不及物写作的极致状态。韦先生以西方文论解释中国古典文论，似乎认为中国古典文论唯有借助西方文论才能得到说明与认同，这是一种西方中心主义的体现。中国古典文论有其自身的特征，它不仅不需要他者的认可，而且能与他者形成优势互补，推进人类文明的总体进程。

二 中国符号学传统研究的理论误区

这一研究思路同样体现在对中国符号学传统研究中。1926 年，赵元任在一篇题为《符号学大纲》的长文中提出“符号学”这个中文词。20 世纪 80 年代中后期以来，国内学界对符号学的兴趣陡增。1988 年 1 月，李幼蒸、赵毅衡、张智庭等在北京召开“京津地区符号学讨论会”，这是中国符号学界的第一次集会；同年 12 月，李先焜发表《符号学通俗讲座》。中国符号学最早几本专著开始出版：林岗的《符号·心理·文学》(1986) 是我国第一本将符号学应用于文学研究的专著；赵毅衡的《文学符号学》(1990) 进一步从文学理论的角度系统地阐述了符号论的基本原理；何新的《艺术现象的符号——文化学阐释》(1987)、俞建章和叶舒宪的《符号：语言与艺术》(1988)以及杨春时的《艺术符号与解释》(1989)尝试将符号学应用于艺术研究；肖峰的《从哲学看符号》(1989) 是第一本符号学哲学专著。步入21世纪，中国已经成为符号学运动最为活跃的国家，符号学在中国已经成为一门跨学科的显学。

中国符号学研究呈现三个重要趋势：一是中国符号学传统的发掘。20世纪80年代末，中国学者的眼光已经开始注视到中国自身的符号学传统，胡绳生、余卫国的《〈指物论〉，文化史上的第一篇符号学论文》，是第一篇讨论中国符号学传统的文章。1995年，苟志效、沈永有、袁锋的《中国古代符号思想史纲要》，虽然并不完美，却是第一次以专著形式对此课题做系统的讨论。陈宗明的《汉字符号学：一种特殊的文字编码》(2001)，孟华的《汉字：汉语和华夏文明的内在形式》(2004)，运用符号学解读了汉字的形成过程。陈来生的《无形的锁链：神秘的中国禁忌文化》(1993)，孙新周的《中国原始艺术的文化破译》(1998)，叶舒宪的《中国古代神秘数字》(1996)从符号人类学的角度开拓中国特色的符号学领域。二是中国符号学家开始有自己的符号学理论体系，出现了一系列符号学理论书籍。首先是李幼蒸的《理论符号学导论》，对自20世纪初以来的西方符号学做了较系统的介绍，并对符号学在中国的发展前途做出展望。1999年孟华的《符号表达原理》、苟志效的《意义与符号》，2001年王铭玉的《符号学研究》，2004年黄新华、陈宗明主编的由中国符号学界八位学者合作的《符号学导论》，2008年郭鸿的《现代西方符号学纲要》等著作，都在总体介绍的名义下，从不同的方位对符号学进行开拓发展。2011年赵毅衡的《符号学：原理与推演》，则在总结各家学说的基础上，试图提出一个重在接受、重在文化制约作用的符号学体系。三是应用符号学领域的全面铺开。综观20世纪90年代以来的符号学专著，可以看到符号学的重点已经转向艺术、传播、影视、社会、文化、经济等各种非文学领域。艺术学现在已成为比文学更为重要的符号学领域。黄汉华的《抽象与原型：音乐符号论》(2005)是国内仅有的音乐符号学著作；袁立本的《演出符号学导论》(2010)

则是中国符号学者在影视与戏剧等表演艺术方面的最早努力。传播研究领域与符号学的关系极其密切而复杂，李彬的《符号透视：传播内容的本体诠释》（2003），余志鸿的《传播符号学》（2007）等著作为传播符号学的发展做出重要的理论贡献。苟志效与陈创生合著的《从符号的观点看：一种关于社会文化现象的符号学阐释》（2003），卢德平的《青年文化的符号学阐释》（2007），中国台湾地区学者林信华的《社会符号学》（2011）则试图用中西汇通的方式处理社会符号学问题。

对中国符号学传统的发掘表现为，尝试用符号学思想阐释中国历史文化现象。中国符号学传统研究主要围绕先秦"名—实"关系和《易经》符号思想两方面展开。研究界认为"名—实"与"能指—所指"，"象"与"符号"相互对应，以此证明先秦早有符号思想。对两组关系的差异辨析不足，导致中国符号学研究缺乏自身的理论建构。20世纪80年代末，中国学者开始注意挖掘中国文化的符号学传统，胡绳生、余卫国的《〈指物论〉，文化史上的第一篇符号学论文》，是第一篇讨论中国符号学传统的文章。文中套用罗兰·巴特的符号理论解释"指非指"（巴特认为"ROSE"作为一级符号系统，是能指和所指的结合体，与激情（所指）构成第二级符号系统）。胡绳生、余卫国认为，非指不是用来指向自身（第一级的所指），而是指向他物，即第二级的所指。① 这种解释误解了公孙龙的思想。在公孙龙的"名辩"思想中，"指"与"物指"、"名"与"实"是两对非常重要的概念，也是先秦名论的核心概念。"指"是用以指认事物的名或概念，公孙龙认为物没有不被概念指认的，"物指"是名或概念的指与指认物结合的产物。因而，"白"与"马"结合之后，"白马"的白成为物指，已不同于与"马"结合之前的"白"，与物（石）结合的坚、白（物指）同与物（石）

① 胡绳生、余卫国：《〈指物论〉，文化史上的第一篇符号学论文》，《宝鸡师院学报》1988年第3期。

相离的坚、白概念(指)也不相同。坚、白是独自存在的,不是依附于石头或马而存在,但不通过石头或马却无法体现。因而,用以指认事物的名或概念并不实存于天下,在现实生活中存在的只有被名或概念指认的"物"。那么,"指非指"的意思是用以指认物的名或概念(前一指)一旦出现在对物的具体指认中而成为物指(后一指),就不再是原来概念的那种指了。

由于套用西方符号学思想解释《指物论》,所以胡绳生、余卫国认为《指物论》是对先秦符号学的总结,是中国古代思想史乃至人类思维发展史上的第一篇符号学论文。符号学自20世纪60年代兴起于欧洲各国,到目前不过一百年的历史。现在,却反过来说几千年前中国先秦思想已有"符号学"思想,这是将中国传统文化强行拉入西方逻辑体系,实质是西方中心主义的体现;不但曲解了先秦思想,而且抹杀了中西文化的差异性,唯西方文论马首是瞻,最终将导致中国传统文论失语。

20世纪90年代以来,出现大量追溯我国符号学传统的文章,其研究成果以李先焜为代表。李先焜在《中国——一个具有丰富的符号学传统的国家》一文中,用"能指"和"所指"对孔子、荀子的"正名"思想进行细致的分析。李先焜认为"觚不觚,觚哉,觚哉!"这句话中,第一个"觚"字指眼前这个被称之为"觚"的实体,第二个"觚"字指孔子心目中"觚"那个概念(规范),第三个"觚"字是指"觚"那个名(符号)。所谓"正名",就是指实要符合名的规范,并认为孔子的正名理论,带有复古主义的倾向,而荀子的正名理论则强调正视现实。[①] 这篇文章借助符号学的方法,对儒家"名论"思想进行理性探究,着重分析了伦理、政治因素背后的语义学因素。在《公孙龙〈名实论〉中的符号学理论》一文中,李先焜借鉴奥格登与里查兹的语义

---

① 李先焜:《中国——一个具有丰富的符号学传统的国家》,《江汉论坛》,1990年第1期。

三角重新阐释了“名”，认为公孙龙的《名实论》属于指称论，不能将它归于观念论，不能将“名”简单等同于“概念”。[①] 可以说，李先焜很好地借鉴了符号学思想，重新审视中国传统文化。但他仍拘泥于西方逻辑框架，称公孙龙是纯粹意义上的语义学家、符号学家，没有看到中国“名论”思想与西方符号学的不同之处。

21 世纪以来，国内学界从事符号学研究的学者越来越多，研究中国传统符号学思想的文章也逐渐多了起来，其中具有代表性的论文有张长明、李竞兴的《荀子〈正名〉的现代解读》[②]，张长明的《从符号学观点看孔子“正名”的意义》[③]，彭锋的《孟子论牛羊之别新解》[④]，王寅的《对“名实”与“能指所指”对应说的思考》[⑤]，李瑾的《荀子的正名论与符号学》[⑥]，李瑾的《先秦诸子的名实论与符号学》[⑦]，曾祥云的《荀子〈正名〉的现代解读——从语词符号的角度》[⑧]，李葆嘉的《先秦名论：认知—思辩论和伦理—权术论》[⑨]等。

如李瑾在《先秦诸子的名实论与符号学》一文中，认为孔子的正名论、老子的名论、墨子与公孙龙的名实论及荀子的正名论，包含了中国符号学的最初萌芽。该文运用索绪尔、皮尔士、苏珊·朗格、奥格登、理查兹等西方学者的观点印证中国先秦诸子已具符号思想。如李瑾列举《道经》第一章，“道，可道，非常道；名，可名，非常名。

---

① 李先焜：《公孙龙〈名实论〉中的符号学理论》，《哲学研究》1993 年第 6 期。

② 张长明、李竞兴：《荀子〈正名〉的现代解读》，《广东社会科学》，2002 年第 4 期。

③ 张长明：《从符号学观点看孔子“正名”的意义》，《长沙电力学院学报》2003 年第 4 期。

④ 彭锋：《孟子论牛羊之别新解》，《孔子研究》2004 年第 6 期。

⑤ 王寅：《对“名实”与“能指所指”对应说的思考》，《外语与外语教学》2006 年第 6 期。

⑥ 李瑾：《荀子的正名论与符号学》，《聊城大学学报》2008 年第 2 期。

⑦ 李瑾：《先秦诸子的名实论与符号学》，《山东教育学院学报》2008 年第 2 期。

⑧ 曾祥云：《荀子〈正名〉的现代解读——从语词符号的角度》，《湖南大学学报》2009 年第 4 期。

⑨ 李葆嘉：《先秦名论：认知—思辩论和伦理—权术论》，《南京师范大学文学院学报》2010 年第 2 期。

无名,天地之始;有名,万物之母”,认为老子与索绪尔的观点不谋而合。她以索绪尔的论述,“一切都是不能论证的语言是不存在的,一切都可以论证的语言,在定义上也是不能设想的。在最少的组织性和最少的任意性这两个极端之间,我们可以找到一切可能的差异”①,分析“道”的不确定性与有名之物的确定性,认为“道”与“名”的关系即绝对任意性和相对任意性的并存。李瑾用索绪尔的观点解释老子这句话过于牵强。在老子看来,“道”和“名”是相通的,老子称:“无,名天地之始;有,名万物之母。故常无,欲以观其妙;常有,欲以观其徼。此两者,同出而异名,同谓之玄。玄之又玄,众妙之门。”无、有分别被称为天地的初始、万物的本原,同出于道而名称不同,从常无中,可以观察道的微妙,从万物之有中,可以观察道的边际。然而,所谓的有无只是命名而已,道是不可以被命名的,老子称“吾不知其名,字之曰道,强为之名曰大。大曰逝,逝曰远,远曰反”,老子勉强取名为“道”“大”,但是“大”也是暂时的,必须遗忘,有无的区分实际是对道的降格。老子提醒我们必须忘记有无的区分,回到无物状态,正所谓:“致虚极,守静笃。万物并作,吾以观复。夫物芸芸,各归其根。归根曰‘静’,静曰‘复命’。”万物纷繁众多,最后总会回复到根源,根源都是最虚静的,虚静是生命的本源,即“复命”。因此,有名的万物存在的依据即作为“道”的显现,最终回归于“一”。

这与西方语言学强调差异截然不同,索绪尔强调符号的任意性原则,认为两个符号之间存在的只有区分和对立。他说,语言是形式而不是实质。索绪尔将语言比作下棋,棋子本身不是下棋的目的,棋子离开了棋盘上的位置和其他下棋条件,对下棋的人来说毫无意义。如果棋子弄坏了或丢失了,可以换上另外一枚,甚至是一枚外形完全不同的棋子。重要的是这枚棋子与其他棋子必须按照一定规则相互保持平衡。因此,索绪尔的绝对任意性指的是棋子本身,即能指与所

① 李瑾:《先秦诸子的名实论与符号学》,《山东教育学院学报》2008 年第 2 期。

指的结合具有任意性，但符号与符号之间的差异性是绝对的。老子的“道”与“名”不存在任意性，“道”与“名”相通，只是名字不一样而已，称名必须符合“道”。

以上研究套用西方符号学思想解释先秦名学，这种思路不但不利于阐释传统文化，导致对传统文论话语的根本性否定，而且在一定程度上隔断了与传统文化的血脉。

王寅在《对“名实”与“能指所指”对应说的思考》一文中，认为名家的“名实论”不同于“能指与所指”，他认为中国古代词语与概念密切联系，两者用“名”来概括，索绪尔所用的“能指”与“所指”属于“名”的内容。“实”是一切客观存在的事物，“名”用来表明“实”，是客观事物的信号和标志。① 王寅的研究不尽完美，但表明中国学者不再唯西方学术理论是举，开始细致辨析中西符号学理论、术语的异同，由被动接受到积极消化，再到主动思辨反思。李葆嘉在王寅这篇文章的影响下，撰写论文《先秦名论：认知—思辨论和伦理—权术论》。这篇论文从中国文化背景出发诠释了先秦名论，以彰显名论与符号学思想的差异。李葆嘉通过语源学考证，认为“道”的原始义基于“产子（过程）—产道（途径）—赤子（结果）”这一生殖认知图式，认为：老子取象于“玄牝”，比类万物之“有（子）生于无（母）”，以达“效法自然”“无为而无不为”，由此构建了基于女性生殖崇拜原型的道德（小我化育）—自然（大我有无）—人伦（君王之术）三位一体的“玄牝象”认识论。②

李葆嘉推进了王寅对“名实”关系的研究，在行文过程中，李葆嘉避免使用西方语言学术语，通过阐释文本，逐一分析儒家、名家、墨家、法家名论思想，最后得出结论：“名—实”与“能指—所指”并非对

---

① 王寅：《对“名实”与“能指所指”对应说的思考》，《外语与外语教学》2006 年第 6 期。

② 李葆嘉：《先秦名论：认知—思辨论和伦理—权术论》，《南京师范大学文学院学报》2010 年第 2 期。

应,先秦“名论”之说,一支始于老子,转为名家“思辨论”而彰显为《墨辩》派,其特色在于认识论旨趣;一支始于孔子,经名家“王道论”而集成为法家“权术论”,其特色在于社会论旨趣。可以说,李葆嘉这篇论文在消化西方符号学思想的基础上,反思了中国特色的“名论”思想。然而,李葆嘉没有梳理出中国名论思想的核心概念,没有对一些概念进行现代阐释,从而缺乏重建中国传统文论术语的勇气和信心。如在分析名家的王道论“名论”时,李葆嘉指出“物莫非指,而指非指”“正其所实,正其名也”是理解公孙龙“名辩”的关键,但对“指”“非指”存在一定的误解。

李葆嘉将“物莫非指,而指非指”译为“无一事物没有指称之名,而指称之名并非所指之物”,并认为“指非指”是公孙龙所持指称与事物之间关系的基本观点,这误解了公孙龙的意思。李葆嘉接着写道:《白马论》中讨论的仅“白马非马”,强调的是个相(下位)和共相(上位)之别,而《指物论》所讨论的“马非马”(马词语≠马动物),比“白马非马”更为深刻。[①]

由于对公孙名论思想的核心概念缺乏理解,李葆嘉用词语个相(下位)和共相(上位)解释“白马非马”。《白马论》中“白马非马”表达的思想是与马结合而为马所限定的白,不同于纯然“白”的概念,“白马”成为一个物指,对颜色有取舍;“马”作为“指”,对颜色没有取舍。所以说“白马非马”表达的同样是“指非指”的观点。李葆嘉提到的(马词语≠马动物),暗指西方语言学转向,词语是声音的能指与概念的所指结合物,不再指涉具体事物。而这一思想并非比“白马非马”更深刻,《指物论》中写道:“非有非指者,物莫非指。指,非非指也;指与物非指也。”公孙龙正是由物总是被概念所指认之物,推导出名或概念一旦指认物而被指认对象规定,就不再是原来不

---

① 李葆嘉:《先秦名论:认知—思辨论和伦理—权术论》,《南京师范大学文学院学报》2010 年第 2 期。

受规定的名或概念了。

《名实论》的思想与《白马论》《指物论》一脉相承，公孙龙对“实”的解释是“天地与其年产焉，物也。物以物其所物而不过焉，实也”。从《指物论》中我们知道，物均是被指认之物，“所物”即体现了这类物所具有的实质。这个“实质”由“指”来限定。虽然“指”不存于天下，但是它是制定名的标准。只有符合“白”的概念(指)的物指才能称为“白马”与“石头”。某物如果体现这类物的实质而没有偏差，可称为“实”。所以，“实”并非指具体事物，而是指称这一类事物的概念。名，即对实的称谓。名—实，即“指”与“物指”的关系。李葆嘉没有看到这一思辨逻辑，认为《名实论》转到王道论，提出通过督察臣下的实绩以端正其名分，即转向“名分—实绩”的关系。他分析邓析、尹文的名论思想同样具有王道诉求。虽然，名家名论思想有王道之用，但我们也不能忽视其学理依据。《尹文子·大道上》曰：

> 大道无形，称器有名。名也者，正形者也。形正由名，故名不可差。……大道不称，众有必名。生于不称，则群形自得其方圆。名生于方圆，则众名得其所称也。①

正形，即以一类事物的当有属性为标准，衡量并匡正该类事物。正形的依据为“道”，万物因大道而生，众多有形之物自己获得方、圆之形。名称由于有形的万物而产生，众多名称各各相宜于它们所称谓的事物。这与老子的思想是相通的，正所谓“道生一，一生二，二生三，三生万物。”万物的产生源于道，大道本身没有形迹，由于称名产生了自然万物，称名即道的显现，即名或名称指示着这类事物的当有属性，因此，可以作为标准来衡量或匡正这类事物中的某一现实事物。尹文在强调正形的同时，也强调“归一”，尹文曰：“以万物皆归于一，百度皆准于法。归一者，简之至。”因此，先秦“名—实”论确实

① 黄克剑注释：《公孙龙子》，中华书局2014年版，第132页。

不同于“能指—所指”，但并非拉王寅所言“实”是一切客观存在的事物，“名”用来表明“实”，是客观事物的信号和标志，也不是李葆嘉对“名—实”的两种解释：①指称之名—指称之物；②名分—实绩。“名—实”论的“实”源于“道”，即一类事物的固有本性，符合固有本性的事物即可被称名。因此，“名—实”论并非“能指—所指”的形式游戏，而关乎天地之奥秘，与道相通。

除对“名—实”关系的讨论外，《易经》符号思想也是中国符号学研究的重点。较早对易学符号进行研究的是陈良运。在《论〈周易〉的符号象征》一文中，陈良运运用黑格尔的象征理论，将《周易》的符号象征形成过程分为三个步骤：化自然具象为观念符号，由观念符号组合出示“吉凶”的卦象，再由卦象生发出各种精神意义而“定大业”。①

在陈良运看来，符号象征意义的最终完成在于超越具体现象表达一般意义，意义独立于符号并获得一种绝对普遍存在的形式。可见，陈良运所说的“符号”并非真正意义上的“符号”。

第一篇从符号学角度对《周易》的符号思想进行阐发的是俞宣孟的《意义、符号与周易》，他扭转了陈良运的观点，认为“符号不是表达人们已经有领会的意义的手段，意义倒是从符号中产生出来的”。通过运用符号理论，俞宣孟认为《周易》的根本目的是让人根据符号显示的事情变化规律，采取相应的行动以趋吉避凶。② 李先焜的《论〈周易〉符号学思想》一文运用皮尔士的符号分类理论，认为《周易》“象”的理论即《周易》的意义理论。③

对《周易》的研究沿袭了“名—实”论的分析套路，借用西方的符号理论，却没有看到“易学”的中国文化基因，未能从弘扬中国文化

① 陈良运：《论〈周易〉的符号象征》，《哲学研究》1988 年第 3 期。

② 俞宣孟：《意义、符号与周易》，《上海社会科学院学术季刊》1990 年第 4 期。

③ 李先焜：《论〈周易〉符号学思想》，《湖北大学学报》2004 年第 6 期。

的层面推动中国符号学研究。最终导致中国的符号学研究只能跟随西方的脚步,缺少自身的理论建设。李幼蒸在《中国符号学与西方符号学理论互动》一文中写道:

> 符号学一般理论的学术身份是在西方文明传统内形成的,但已成为一切文化中的共同主题。原则上,现代符号学是在现代人文科学整体范围内的跨学科活动中形成的。因此,理论符号学的成就并非仅能来源于欧美学术世界。作为相对于西方和非西方学术世界的新兴跨文化符号学,也已成为促进一切学科间理论互动的新学术基地。一方面,跨文化符号学体现为将西方理论应用于东方历史文化材料,而另一方面它也可能是一般理论符号学的产生来源之一。换言之,理论符号学将成为未来东西方符号学的共同任务,因为现代非西方学科将自然地加入各国学界促进理论符号学发展的共同努力之中。①

从东西方的学术实践出发,跨文化的符号学研究迫在眉睫,此研究可以为中西人文学术比较研究提供新的方向。在人文学术跨学科发展的新时代,未来世界人文科学整合与合理化的趋势不能简单地理解为将西方理论直接扩充应用于一切非西方学术界。非西方人文科学传统,特别是内容丰富和历史悠久的中国人文学术传统,将在全球人文科学交流中扮演越来越重要的、独立批评的角色。跨文化符号学研究有助于中国人文学术传统参与世界学术交流,而不是机械地纳入现代人文科学理论系统;在弘扬本国历史文化学术的同时,推动世界文化学术。

---

① 李幼蒸:《中国符号学与西方符号学理论互动》,《文艺理论研究》2009 年第 3 期。

第三章　“名—实”说与西方符号学的理论互动

中国学者在研究中国符号学传统时，倾向于用“能指—所指”解释“名—实”，这一思维路径不利于加深对“名—实”说的理解，更没有看到两者间的差异。“名—实”说不同于“能指—所指”，辨析两者的差异有助于西方符号学思想的理论提升。先秦学者对“名”的阐发，可统称“名论”。老子之认知论的“无名天地之始，有名万物之母”为其发端，此后乃有孔子之伦理论的“正名”（端正名分），继而有名家之王道论的“循名责实”（邓析），有《墨辩》派之思辨论的“以名举实，以辞抒意，以说出故”（《墨辩》），最终有法家之权术论的“循名而督实，按实而定名”（《管子》）、“王者之制名，名定而实辨”（荀子）、“循名实而定是非，因参验而审言辞”（韩非子）。根据论“名”旨趣，大体可分为“认知—思辨之名论”（认知论名论）和“伦理—权术之名论”（社会论名论）。

一　老庄道名相通的名论思想

作为先秦“名论”的创始者，老子（约前571—前471）的“名论”可概括为“大道无名——万物有名”。《道德经》开篇即言：“道，可道，非常道；名，可名，非常名。无，名天地之始；有，名万物之母。”①

老子在这里揭示了名称与事物之间的关系。从我国语言学史的角度看，这是最早讨论名称与事物关系的记载。第一个“道”是一个抽象的概念，是老子哲学的中心，也是其哲学的最高范畴。“道”是不能用语言和名（概念）表达的。第二个“道”是称说，也就是用语言来表达。第一个“名”是给上文的“道”取一个名称。第二个“名”是表示命名的行为。“常名”表示具体语言中事物的名称。为何可以命名的道即非常道？老子称：“视之不见……绳绳兮不可名，复归于无物。是谓无状之状，无物之象，是谓‘惚恍’。”老子在描述“道”时，认为“道”混沌一体，无边无际，不可名状，无形无象，最终还原为没有物态。然而，在《老子》（二十一章）中，又写道：“道之为物，惟恍惟惚，惚兮恍兮，其中有象；恍兮惚兮，其中有物。”②老子进一步阐述了道与物的关系，道作为事物，似有似无。如此恍惚，其中却有实物。老子为何一方面称道复归于无物，一方面又称道中有物？这体现了“物”与“道”的关系。

老子说：“故常无，欲以观其妙；常有，欲以观其徼。此两者，同出而异名，同谓之玄。玄之又玄，众妙之门。”③在老子看来，道与物的关系即无与有的关系。无、有分别被称为天地的初始、万物的本原，同出于道而名称不同；从常无中，可以观察道的微妙，从万物之有中，可以观察道的边际。然而，所谓的有无只是命名而已，道是不可以被命名的，老子称“吾不知其名，字之曰道，强为之名曰大。大曰逝，逝曰远，远曰反。”老子勉强取名为“道”“大”，但是“大”也是暂时的，必须遗忘。有无的区分实际是对道的降格。老子提醒我们必

① 饶尚宽译注：《老子》，中华书局 2013 年版，第 2 页。

② 饶尚宽译注：《老子》，中华书局 2013 年版，第 53 页。

③ 饶尚宽译注：《老子》，中华书局 2013 年版，第 2 页。

须忘记有无的区分,回到无物状态。正所谓:“致虚极,守静笃。万物并作,吾以观复。夫物芸芸,各归其根。归根曰‘静’,静曰‘复命’。”①万物纷繁众多,最后总会回复到根源,根源都是最虚静的,虚静是生命的本质,即“复命”。

唯有自我虚位,即虚心,才能实现“道通为一”。虚是万物的本源,虚即不依据某一既定标准,做到“用心若镜,不将不迎。应而不藏,故能胜物而不伤”。通过虚心才能实现以物观物,镜子本身空无一物,才能“怀六合”,“镜万有”,如果它先有某种映像或污迹,就不能公正完整地理解万物。那么,虚无和实有实质同出于一体,回归到万物一体、自然而为的“道”的本源状态。庄子将虚无和实有合二为一,称为“无有”,《庄子·庚桑楚》中写道:“天门者,无有也,万物出乎无有。有不能以有为有,必出乎无有,而无有一无有。圣人藏乎是。”庄子认为自然的总门,是“无有”,“有”不能出于“有”,必定出于“无有”,“无有”是无和有的统一。只有通过虚,才能实现“无有”,庄子接着写道:

> 彻志之勃,解心之谬,去德之累,达道之塞。贵富显严名利六者,勃志也。容动色理气意六者,谬心也。恶欲喜怒哀乐六者,累德也。去就取与知能六者,塞道也。此四六者不荡胸中则正,正则静,静则明,明则虚,虚则无为而无不为也。②

庄子认为贵富显严名利、容动色理气意、恶欲喜怒哀乐、去就取与知能这四种六项不在胸中扰乱就能平正,内心平正就能安静,安静就能明澈,明澈则能虚空,虚空就能顺应自然而无所不能。那么,在老庄看来,“道”与“名”相通,我们这个世界由“名”而化成。庄子将言与

---

① 饶尚宽译注:《老子》,中华书局 2013 年版,第 40 页。

② 陈鼓应注释:《庄子今注今译》,商务印书馆 2012 年版,第 713 页。

道并提,称“夫道未始有封,言未始有常”,对世界的本源进行质疑。

> 虽然,请尝言之:有始也者,有未始有始也者,有未始有夫未始有始也者;有有也者,有无也者,有未始有无也者,有未始有夫未始有无也者。俄而有无矣,而未知有无之果孰有孰无也。今我则已有谓矣,而未知吾所谓之其果有谓乎,其果无谓乎?①

庄子认为我们不能涉足无法言及的神秘世界。宇宙有一个开始,有一个未曾开始的开始,更有一个未曾开始那未曾开始的开始。宇宙最初的形态有它的有,有它的无,更有未曾有无的无,更有未曾有那未曾有无的无。忽然间发生了有无,然而不知道这个有、无果真是有、果真是无。想在时间流上追溯一个最初的缘起,我们只会沦入无限倒退的困境。因而,我们无从确认世界的开端,那么我们又怎么确认世界的真实性呢? 我又怎么确认我是否真正存在过,说过这些话呢? 然而,这个世界已不是一个“无”产生了“有”,这个“有”是如何产生的呢?

> 天地与我并生,而万物与我为一。既已为一矣,且得有言乎? 既已谓之一矣,且得无言乎? 一与言为二,二与一为三。自此以往,巧历不能得,而况其凡乎! 故自无适有以至于三,而况自有适乎! 无适焉,因是已。②

庄子在此用一个悖论进行阐述。天地和我并存,而万物与我合为一体。既然合为一体,还需要言论吗? 既然已经说了合为一体,还能说没有言论吗? 一方面反对语言,认为大道不可言说;另一方面又不能不承认言即道,言创造了万有。因此,他说万物一体加上我所说的就

---

① 陈鼓应注释:《庄子今注今译》,商务印书馆 2012 年版,第 87 页。

② 陈鼓应注释:《庄子今注今译》,商务印书馆 2012 年版,第 88 页。

成了二,二再加上一就成了三,这样继续往下算,就是最巧善的计算家也不能得出最后的数目,何况普通人呢？这一思想与符号学将世界看成语言的世界有着相同之处。然而,老庄并不看重语言对世界的建构,而更专注于语言所传达的含义,即对“道”的领悟。因此,庄子提出:“荃者所以在鱼,得鱼而忘荃;蹄者所以在兔,得兔而忘蹄;言者所以在意,得意而忘言。”[①]老子称:“三十辐共一毂,当其无,有车之用。埏埴以为器,当其无,有器之用。[②] 凿户牖以为室,当其无,有室之用。故有之以为利,无之以为用。”老庄过于看重无的功用,这正是中国古典文论需要借鉴西方符号学的地方,以充分发挥语言带来的便利。

二 名家的王道论“名论”

“名家”在先秦称为“辩者”。《庄子·天下篇》有记载:

> 惠施以此为大,观于天下。而晓辩者,天下之辩者相与乐之。……桓团、公孙龙辩者之徒,饰人之心、易人之意。能胜人之口,不能服人之心,辩者之囿也！[③]

名家创始人邓析(约前545—前501)聚众讲学,首倡“操两可之说,设无穷之辞”“以非为是,以是为非”,开名辩之风。至战国中后期,辩风大畅。名辩家的特点是“控名责实”、以理说之。邓析的名论思想源于“形名”关系。邓析子称:“循名责实,实之极也;按实定名,名之极也。参以相平,转而相成,故得之形名。”邓析子认为依据名称责求名所指示的实质,这被指示的是实的极致;依据事物的实质确定事物的名称,这被确定的是名的极致。名与实相互检验以求彼此相

① 陈鼓应注释:《庄子今注今译》,商务印书馆2012年版,第832~833页。
② 饶尚宽译注:《老子》,中华书局2013年版,第27页。
③ 陈鼓应注释:《庄子今注今译》,商务印书馆2012年版,第1028~1029页。

副，转而相互成全，由此得以知晓所谓“形名”关系。

尹文同样认为：“故亦有名以检形，形以定名，名以定事，事以检名。察其所以然，则形、名之与事物，无所隐其理矣。”即依据有形之物来确定其相应的名称，依据名来鉴定为名所称之事与名相副的程度，依据实有之事来验证用以指事之名是否恰当。“道”是《尹文子》名论思想的至高范畴，其开篇即提出“大道无形”“大道不称”的说法，径直取自老、庄。如“大道无形，称器有名。名也者，正形者也。形正由名，则名不可差”。尹文子认为大道没有形迹，由于称呼各类事物方才有了种种名称。名或名称指示某一类事物的属性，可作为标准来衡量或匡正这类事物中的某一现实事物。既然对有形事物的衡量或匡正有赖于名，那么名就不能有差错，“实”与“道”相通。“道”无名可称，万物却有很多名称，名用以衡量事物是否与“实”相称，从而划定边界，正如老子所说：“始制有名，名亦既有，夫亦将知止，知止可以不殆。”万物出现后，就产生了各种名称，名称既然有了，也就知道各自的界限，知道界限可以没有危险。危险即社会秩序的混乱，尹文子进一步论证了名实关系与社会政治的关联。

> 名定则物不竞，分明则私不行。物不竞，非无心；由名定，故无所措其心。私不行，非无欲；由分明，故无所措其欲。然则心欲人人有之，而得同于无心无欲者，制之有道也。①

名的功用在于稳定人心，名一经确定，众人就不会像名未确定时那样争竞；分一旦明确，私念就不会像分未明确时那样肆行。人不争竞，并不是无心于争；由于名确定了，所以其争心无从引出。私念不得肆行，并不是没有了欲求；由于分明确了，所以其贪欲无从发动。私心与贪欲人人皆有，而能够做到如同没有私心、没有贪欲一样，是因为

---

① 黄克剑注释：《公孙龙子》，中华书局2014年版，第153页。

对私心、贪欲的节制得法。其最终目的是为了“以名稽虚实,以法定治乱,以简制繁惑,以易御险难。以万事皆归于一,百度皆准于法。归一得,简之至,准法者,易之极”,从而实现“道行于世,则贫贱者不怨,富贵者不骄,愚弱者不慑,智勇者不矜,定于分也”。以名察验事物的虚实,以法决定国家的治乱,以简约制裁繁乱,以简易控驭艰难,使万物皆归宗于一,使百事皆准裁于法。归宗于一,是简的至境。准裁于法,是易的极致。那么,大道通行于世间,贫贱者不会抱怨,富贵者不会骄奢,愚弱者不会恐惧,智勇者不会倨傲,因为其名分依道而确定了。

尹文子以“道”与“器”的对举引出了“形”与“名”的关系,又由“形”与“名”的关系探究“名”与“分”的关系,从而以“道行于世”的最高目标实现“法行于世”,实现道与法的结合即“万事皆归于一,百度皆准于法”。邓析子明确论证了“名—实”与法的关系。

> 循名责实,案法立威,是明王也,夫明于形者,分不过于事;察于动者,用不失于利。故明君审一,万物自定。名不可以外务,智不可以从他,求诸己之谓也。①

邓析子认为依名责实,凭借法度确立威势,这样做才是明智的君主。明了实际情形,做事就不会越出分际;洞察事物变化,行动就不会失其所宜。所以,明智的君主只悉心致力于一件事——“循名责实,案法立威”,万千国事自会由此而定。名不以向外求取,智不可以宾从他人。由此,我们发现“名—实”关系可以推演为“道—物(器)—实—名—分—法”。

作为名家的代表人物,公孙龙(前320—前250)主张“白马非马”“离坚白”。马,是用来称呼一种形体的;白,是用来称呼一种颜色的。公孙龙认为既称呼颜色又称呼形体的“白马”不同于单称呼

---

① 黄克剑注释:《公孙龙子》,中华书局2014年版,第175页。

形体的“马”,所以说:“白马”不是“马”。石头的坚性、白色、形状三者不可以同时感知,看不到坚性,看得到白色和形状,所看的只能举出白色和形状二者;摸不到白色,摸得到坚性和形状,所摸的只能举出坚性和形状二者。

公孙龙名论思想的核心是“离”。《白马论》是问答式的对话体文字,拟托的客方的再三诘难无一不是把概念混同于实存,而公孙龙的回答则在于把混同了的概念和实存分开,视概念为匡正实存的准则。当客方问:“认为马有了颜色就不再是马,可天下没有无色的马! 说天下没有马,可以吗?”论主回答说:

> 马固有色,故有白马。使马无色,有马如已耳,安取白马? 故白者非马也。白马者,马与白也。马与白,马也? 故曰:白马非马也。①

这段话中,“马与白”的“与”表明“马”的概念和“白”的概念相结合,已不同于原来的“马”。“与”同《坚白论》中所谓“坚未与石为坚而物兼,未与物为坚而坚必坚”中的“与”趣味相同。当客方问眼睛看不到坚性,手摸不到白色,但不能因此说没有坚性,不能因此说没有白色,坚性和白色存在于同一块石中。论主给出的回答是坚性不只与石结合而成为石那样的坚性,而且也为其他坚硬的物所兼有,不只与某物结合而成为这一坚硬物的坚性,而且坚性自身必定成其为坚性。但是,不与石、物结合而独立自在的坚性是天下所没有的。接着,公孙龙提出了“离”的概念,《坚白论》中写道:

> 白固不能自白,恶能白石、物乎? 若白者必白,则不白石、物而白焉。黄、黑与之然。石其无有,恶取坚白石乎? 故离也。离也者,因是。力与知果不若,因是。②

① 黄克剑注释:《公孙龙子》,中华书局 2014 年版,第 44 页。
② 黄克剑注释:《公孙龙子》,中华书局 2014 年版,第 57 页。

公孙龙认为坚、白是独立存在的,并不仅仅依附于石头成为石头的坚性和白色,因此不能说坚、白只存在一块石头中,但坚、白又必须通过具体的物表现出来,纯粹的坚、白是不存在的。白必须独立,才能指称石头或他物的白,白即便不与石头或他物结合,它也可以成为白。石头必须自身成为石头,才能与坚、白结合成为又坚又白的石头。因此,坚、白、石三个概念应该分开说,即“相离”的道理。在此,公孙龙明确将概念和实存区分开来:

> 且犹白以目,而目以火见,而火不见,则火与目不见而神见。神不见而见离。坚以手,而手以捶,是捶与手知,而不知,而神与不知。①

眼睛看到的只有与物结合的白色,心神才能看到与物相“离”的白。同样,与石或他物结合的坚性是凭借手指导的,而手又要凭借棍棒的敲击,棍棒和手可感知与石或他物结合的坚性而不能得知与石或他物相离的坚性,而心神所知道的只有坚性这一概念,却无从知晓与石或他物结合的那种坚性。公孙龙称:“神乎!是之谓离焉。离也者天下,故独而正。”与物相“离”的概念,才是天下的通则,因为可以用各自独立的概念厘正与名不相副的实际事物。在《指物论》中,公孙龙继续阐明观点:“物莫非指,而指非指。”即为人所认识的物没有不是被概念指认的,用以指认物的名或概念一旦出现在对物的具体指认中而成为“与物”之指,就不再是原来的那种指了。

客方反驳说依这种说法,天下若没有了指认活动,物将无法称之为某物。但天下所有的物都不同于指认它时所用的名或概念,这些与指认时所用概念不同的物怎么可以用名或概念称谓呢?以天下所实存的物归于天下所没有的名或概念,是不可以的。论主回答:

---

① 黄克剑注释:《公孙龙子》,中华书局2014年版,第57页。

天下无指，而物不可谓指也。不可谓指者，非指也？非指者，物莫非指也。天下无指，而物不可谓指者，非有非指也。非有非指者，物莫非指也。物莫非指者，而指非指也。①

公孙龙巧妙地回答道：当你说某某物不可以用名或概念指称时，你就是在指称某物而谈论。但公孙龙没有正面应答客方"非指者，物莫非指也"的发难，只是重复强调物总是被指认的，既然没有什么物不是被名或概念指认，那么名或概念一旦指认物成为物指，就不再是原来意义的名或概念。"指非指"中的后一指类似柏拉图的"理式"，"理式"只存在于人们的头脑中，现实生活中具体事物依据"理念"而产生，即一匹"白马"是否"白"依据的是人们头脑中对"白"的概念。指与物指对应的正是"实"与"名"的关系。公孙龙对"实"与"名"进行解释：

天地与其年产焉，物也。物以物其所物而不过焉，实也。实以实其所实而不旷焉，位也。出其所位非位，位其所位焉，正也。②

以其所正，正其所不正；不以其所不正，疑其所正。其正者，正其所实也；正其所实者，正其名也。③

这一段话讲明了"名"与"实"的关系。"物以物其所物而不过焉，实也。""实"从"物"说起，但"实"并不是事物的实际存在。在公孙龙看来，某一事物体现了这类事物的实质而没有偏差，才称得上"实"。"所物"即指，只有符合"所物"（指）才能成为"物"，即物指。物体现其实质而没有偏差，可称之为位。越出这位置是不当其位，处在其所

① 黄克剑注释：《公孙龙子》，中华书局2014年版，第77页。
② 黄克剑注释：《公孙龙子》，中华书局2014年版，第84页。
③ 黄克剑注释：《公孙龙子》，中华书局2014年版，第85页。

当处的位置上,这叫作“正”。“正”在于矫正事物使其体现该类事物的实质,这即是所谓“正名”。公孙龙处于战国乱世而“疾名实之散乱”,其学说的主旨在于“正名”,“正名”在于“化天下”。

公孙龙举了一个例子,齐湣王曾问尹文:“我很喜爱士人,可是齐国没有士,怎么办?”尹文说:“比如现在有一个人,他侍奉君主能尽忠,侍奉父母能尽孝,与朋友交往能恪守信用,与乡里相处能做到平易和顺,有这四种德行,可以称得上士吗?”齐湣王回答:可以,愿意用他做自己的臣子。于是尹文又问:“假使这个人在大庭广众之中,被欺侮而终不敢抗争,大王认为他还可以称得上士吗?还会用他做臣子吗?”齐王说:“被侮辱而不敢抗争,是耻辱,怎么能算得上士?我是不会用他做臣子的。”尹文说:虽说被侮辱没有抗争,却不曾失去四种德行,大王刚说他称得上士,现在又说他不算士。大王的法令规定:杀人的人处死,伤人的人受刑。人们中有畏惧大王法令的人,被侮辱了也终究不敢起来反抗,其实是在维护大王的法令。同时,大王又倡导勇武之风,称被侮辱了而不起反抗是种耻辱。没有过错大王却认为有错,因而取消他的任职资格,不任用他为臣子。不用他为臣子,是对他的惩罚,这是没有罪过而被大王惩罚。而且大王以不敢抗争为耻,就一定会以敢于抗争为荣;以敢于抗争为荣,是对抗争行为的肯定。没有值得肯定的地方而被大王肯定,大王一定会任用他。若用他为臣子,是对他的奖励,那是没有功绩而被大王激赏。大王所激赏的,正是吏法要责罚的;大王所肯定的,正是法度所不容的。赏、罚、是、非,四者相互错乱了,如何治理好国家。①

可见,公孙龙的名论思想仍以实行王道为最终目的,核心概念为离、指和物指,通过“离”区分“指”与“物指”。公孙龙的名论思想与西方符号学有共通之处,认为“物”总是被概念所指认之物。但公孙龙名论思想是为了实行王道论。

---

① 参见黄克剑注释:《公孙龙子》,中华书局2014年版,第34~35页。

三　荀子语义学的名论思想

荀子从语义学的角度,论证了“名—实”与社会秩序的关系。荀子将名分为后王之成名和散名,他说后王之成名即刑法、爵位、礼仪制度的名称,分别源于商朝、周朝和《仪礼》。散名即各种事物的名称,是依照中原各国的约定俗成。约定俗成是指名称定下来后,各地方的人必须凭借这些名称进行沟通。荀子在此指出了命名的过程,它是由人本身所具有的能力推演展开的。如不经过人为加工自然而然的叫作本性,本性的好、恶、喜、怒、哀、乐叫作感情,心对感情做出选择叫思虑,心中思虑而官能又按此去行动叫作人为,为了正当的利益去做叫作事业,为了正义去做叫德行……因此,命名依据的是事物的本性。

> 故知者为之分别,制名以指实, 上以明贵贱, 下以辨同异。贵贱民,同异别,如是则志无不喻之患,事无困废之祸,此所为有名也。①

制名是为了指代实物,对上表明贵贱,对下辨别同异。贵贱明确、同异有别,这样思想就不会有表达不清的忧患,事物就没有困厄废弃的祸患。那么,根据什么来区别名称的同异呢?在阐明名称与它们所表示事物之间的关系的基础上, 荀子提出了约定俗成的原则, 即“缘天官以约定”,依据的是天生的感官。凡是同一民族、具有相同感情的人,他们天生的感官对事物的感觉也相同,所以对事物的模仿能相互理解。相同的事物取相同的名称,不同的事物取不同的名称。荀子在此涉及了语词的社会因素,任何符号无论如何都是社会的,任何时候都不能离开社会事实而存在,语词作为一个符号, 社会性是其内在属性。

---

① 方勇、李波注释:《荀子》,中华书局 2011 年版,第 360 页。

在命名依据的基础上,荀子进一步分析了命名的方式:

> 同则同之,异则异之;单足以喻则单,单不足以喻则兼;单与兼无所相避则共,虽共,不为害矣。知异实者之异名也,故使异实者莫不异名也,不可乱也,犹使同实者莫不同名也,故万物虽众,有时而欲偏举之,故谓之物。物也者,大共名也。推而共之,共则有共,至于无共而后止。有时而欲偏举之,故谓之鸟兽,鸟兽也者,大别名也。推而别之,别则有别,至于无别然后止。①

荀子认为对事物命名就是相同的事物取相同的名称,不同的事物取不同的名称。用单音能够使人家懂得,就用单音;用单音的名称人家不明白,就用复音的名称(在使用语言符号表示意义时,符号的差别则喻示着内容的差别)。单音的名称和复音的名称没有什么互相违背的就用共名,即使有共名,也不会妨碍对事物的表达。"单不足以喻则兼",一个单名不能达到交际目的时就必须用复名。"单与兼无所相避则共",单名与复名重合的情况称之为"共"。这里"单不足以喻"的"单"相当于现代语词观的一个语符,"兼"类似于由语符构成的合成词,"共"则近似于一个独立使用的语符。知道不同的事物应该有不同的名称,所以不同事物具有不同的名称,这样才不至于发生混乱。事物虽然众多,有的时候要把它们概括出来,就把它们称为"物","物"就是一个大共名。把共名再往上推,共名之上还有共名,一直推到无法再有共名才停止。有的时候想要从万物中单举出一部分来,就把它们叫作"鸟""兽",这类名称就是大别名,再把别名往下推,别名之下还有别名,直到不能够再分为止,例如揭示同一概念的语言符号越多,所表示的意义越多,描述对象越具体。有了分别事物的单名即初始语言符号,便可以形成连续地表达世界

① 方勇、李波注释:《荀子》,中华书局2011年版,第362页。

的思想，即按照一定规则运作的符号系统了。荀子进一步说：

> 实不喻然后命，命不喻然后期，期不喻然后说，说不喻然后辩，故期、命、辨说也者，用之大文也，而王业之始也。名闻而实喻，名之用也，累而成文，名之丽也。用丽俱得，谓之知名。名也者，所以期累实也。辞也者，兼异名之实以论一意也。辨说也者，不异实名以喻动静之道也。期命也者，辨说之用也。辨说也者，心之象道也。心也者，道之工宰也。道也者，治之经理也。心合于道，说合于心，辞合于说。正名而期，质请而喻，辨异而不过，推类而不悖，听则合文，辨则尽故。①

荀子认为言辞由“命”“期”“说”“辩”等组成，掌握各个语言成分使用和配合才能掌握语言，才能准确无误地交流思想。名称，用来约定表示各种实物。言辞就是把不同事物的名称联合起来，从而表达一个完整意思的。辨析解说，就是分析不同实际的名称，来说明是非的道理。约定命名，是供辩论与解说之用的。辨析说明，是心对道的认识的表达。心是道的主宰，道是治理国家的根本原则。心意符合于道，解说符合于心意，言辞符合于解说；使名称正确无误并互相约定，这样就可以切合事物的实际情况而便于互相了解；辨别不同事物而不出现差错，推论事物的类别而不违背情理；这样，听取意见时就能合乎礼法，辨析事物就能弄清事情的原因。用正确的道理来辨明奸邪，就像用木工的绳墨来衡量曲直一样。所以，邪说不能够扰乱正道，各家的谬论也就没有地方可以隐蔽了。可以说，荀子从最基本的语言形式符号开始，由语符到语词、句子、篇章，逐步地向更大、更复杂的单位发展，一层一层地建立起一个等级体系来，每一级的符号总是由所指和能指构成，其复合构成物又作为上一级符号的能指

---

① 方勇、李波注释：《荀子》，中华书局2011年版，第364～365页。

进入新符号的构成过程，这样周而复始，层级符号系统便得以产生：语符到语词（语符+语符）到句子（语词+语词）到篇章（符号的大集合）。语言从而成为社会秩序的维护者。

四 《墨辩》派的思辨论“名论”

邓析、尹文，是王道论意义上的“名”者，重点讨论“循名责实”从而实现“万事皆归于一，百度皆准于法”。《墨辩》派，即思辨论意义上的“辩”者，重点讨论“以名举实，以辞抒意，以说出故”。以《墨辩》派为代表的辩者，彰显了思辨论“名论”。《墨辩》为墨子（约前468年—前376年）的弟子后学缀辑而成，成书时代通常认为在《公孙龙子》之后。何谓辩？《墨辩·经说下》载：“辩也者，或谓之是，或谓之非，当者胜也。”至于“辩”的效用、思路、技巧、注意等，《墨辩·小取》说：“夫辩者，将以明是非之分、审治乱之纪、明同异之处、察名实之理、处利害、决嫌疑。焉摹略万物之然，论求群言之比。”

“名，实谓也”（《大取》），“若实也者，必以是名也命之”（《经说上》）。《经说上》进一步解释：“举，告以文名，举彼实也。故言也者，诸口能之，出民者也。名若画俿也。言也，谓言犹石致也。”其中“名若画俿”，即名称犹如画虎，并不指向真的老虎，却要符合老虎的实质。名与实的关系为：“名：物，达也，有实必待文多也。命之马，类也，若实也者，必以是名也。命之臧，私也，是名也，止于是实也。”名：“物”是万物的通名，是个大总称，对具体事物的命名，则必须等到语言文字丰富起来。如命名某种动物为“马”，“马”是这类动物的统称，同类的每个个体，都必须以马为名。命名地位低贱的人为“奴仆”，则是针对具体的人，这个名称，只符合具体的人。也就是说，名必须有实相对应，实则是对具体事物的命名，《墨辩·经说下》写道：

> 二与一亡，不与一在，偏去未。有文实也，而后谓之；无文实也，则无谓也。不若敷与美：谓是，则是固美也；谓也，

> 则是非美;无谓,则报也。见不见,离一二,不相盈,广修坚白。[1]

墨子指出了事物一般概念与特殊概念的相同与不同之处,指出某一事物的集合与其子集合间的关联和区别。一般概念作为一个整体一旦分割为二即特殊概念,原先作为整体的概念就消失了。有名称,有实体,然后才可以加以言说;没有名称,没有实体,就无从说起。说某物是美的:如果所说符合事实,就是的确美;如果只空说美,则并不美。由此,墨子反对"白马非马"和"离坚白"说,命名白马必须符合马的属性,提及马必须要有白马作为实体。以视觉考察,只能看到石头的"白",不能看到其"坚",但坚和白已相结合共存于"石头"这一统一体中。

墨子揭示了命名的依据,却不同于荀子的语义学推论,墨子是从思辨的角度推导出名与实的关系,智成为墨子名论的核心概念。《墨辩·经说上》写道:"知,材:知也者,所以知也,而必知,若明。……知:知也者,以其知论物,而其知之也著,若明。"智慧,是赖以知晓事理的,有智慧者必然能够明晰地知晓这些。运用智慧交接外物,便能准确把握其形貌,就像亲眼所见一样。"智论之,非智无以也谓。"那么,有了知识,才能产生言论,没有知识,就没什么可以论说的。《经说上》解释了与"名—实"相关的"知"过程,即"名"的产生过程,知:闻、说、亲、名、实、合、为。

> 知,传受之,闻也;方不障,说也;身观焉,亲也;所以谓,名也;所谓,实也;名实耦,合也;志行,为也。闻:或告之,传也;身观焉,亲也。见:时者,体也,二者尽也。[2]

知识:由传授而得,是闻知:不受方域的障碍,由推论而得,是说知;由

---

① 方勇注释:《墨子》,中华书局 2013 年版,第 350 ~ 351 页。

② 方勇注释:《墨子》,中华书局 2013 年版,第 346 页。

亲身体验而得,是亲自获知。用来言说的,是事物的名;被言说的对象,是事物的实;名和实搭配无误,是合;发自意志的举动,是"作为"。闻:有时是受他人告诫而进行的举动,就是所谓"传习";亲身观察所得,是亲见。见:见到事物的独特性及其本质二者,就充分实现了"见"的目的。那么,名实如何相副?"诸圣人所先为,人欲名实。名实不必名。苟是石也,败是石也,尽与白同。是石也唯大,不与大同,是有便谓焉也。以形貌命者,必智是之某也,焉智某也,不可以形貌命者,唯不智是之某也,智某可也。"圣人首先要做的,是遵从正确的名实。墨子举例,如果石头为白色,打碎这块石头,每块碎片也是白色,与原石相同。说石头是"大"的,而不同程度的"大"各有差别,只有根据具体情况来称呼。借以说明用形貌命名事物,必须知道此物的本质成因,并清楚赖以知道的根据。不能用形貌命名的,要知道其自身的属性。因此,名是获得知识的重要途径:"夫名,以所明正所不智,不以所不智疑所明。"名称,是要用已经明白的事物来正未知事物之名,不是拿所不知道的事物来质疑已经明白的事物。名的作用在于能产生正确的认识,正确的认识需要辨识,因为各种事物有相同的地方,但并非全都相同。事物呈现某种形态,有其之所以如此的原因;呈现的形态相同,背后的原因不一定相同。有时事物在某方面具有普遍性,在另一方面却不具备普遍性。

> 故有智焉,有不智焉,可。有指:子智是,有智是吾所先举,重。则子智是,而不智吾所无举也,是一。谓"故有智焉,有不智焉",可。若智之,则当指之智告我,则我智之,兼指之以二也。衡指之,参直之也。[①]

由于事物的复杂多变,有知道的,有不知道的,是可以成立的。你知道这一点,并且知道我没有举出的另一点,这就是双重"知"。如果

---

① 方勇注释:《墨子》,中华书局2013年版,第359页。

你知道这一点,而不知道我没有举出的另一点,是单一的“知”。说“有知道的,有不知道的”,是可以成立的。如果你知道一点,并且将你的意指告知我,我原本知道的和你告知我的意指相结合,就有了双重的“知”。再对意指加以权衡,“权衡”与原先的二重“知”合二为三,就能得出恰当的认识。由此可见,墨子的名论思想更注重认知,“名—实”的关系可以推演为“物—知—实—名—知”,通过智慧认识到与事物本质相符的实,并通过名加以确定,由名又可产生新的认识。

五　名论与西方符号学的对话

无论是老子的“有名”(始制有名)、公孙龙的“指名”(物莫非指,而指非指)、邓析、尹文的形名说(循名责实),还是荀子正名说(制名指实)、《墨辩》派的“实名”(以名举实)。先秦的“名论”都不是语言学研究:一支经名家的“王道论”而集成为法家“权术论”,其特色在于社会论旨趣;一支转为名家“思辨论”而彰显为《墨辩》派,其特色在于认识论旨趣,两条路径最后合流为明是非、审治乱、明同异。先秦“名论”之说的“名”可分为两大类,一是认知－思辨意义上的“名(名称)”,一是伦理－权术意义上的“名(名分)”。但两大类的“名”都必须符合“实”,老庄的“实”即道,名与道同出而异名,命名的最终目的是为了悟“道”,这成为中国传统美学思想的源头。公孙龙区分指与物指,其目的在于以指作为衡量物指的根据,通过正名实现化天下的目的。这一区分具有哲学思辨意味,兼有西方本体论与语言论的特性。“指”与柏拉图的“理式”有相似的地方。“理式”(Idea)论是柏拉图哲学体系的理论基石。他所说的“Idea”不依存于物质存在,也不是人的意识,而是一种超时空、非物质、永恒不灭的“本体”。这种本体是一种由低向高的体系,最低层的理式是具体事物的理式,如“桌子”“树”的理式,再往上是数学、几何方面的理式,如三角、正方、圆等，再往上是艺术、道德方面的理式，如公正、美等；越往上，理式越完美，而最高最完美的理式是善，善是真善美的统一，是神的化身。这样一个精神的理式体系又是和现实的自然世界相对应的，现实的"床"是理式的床的影子，是理式造出来的具体的特殊的外在形象。他说："理式"不仅有本领造出一切器具，而且造出一切从大地生长出来的，造出一切有生命的，连他自己在内；他还不以此为满足，还造出地和天，各种神，以及天上和地下阴间所存在的一切。这里所说的创造一切的理式，就是"最高理式"，就是创世主、是神。柏拉图以理式论否定了感觉经验的可靠性，否定了现实世界的真实性，现实世界是以理式世界为蓝本的，只有"理式"才是真实的存在。但公孙龙的"指"没有"理式"创造万物的能力，"指"是衡量物是否体现物的实质，从而与物结合成"物指"以指称万物。因此，公孙龙"指"的最终目的是使万物的命名符合物的本质，从而实现"王道"。正如《名实论》曰："至矣哉，古之明王！审其名实，慎其所谓。至矣哉，古之明王。"这与柏拉图以"理式"否认现实世界，推崇理性是完全不同的。

在理性语言建构的世界中，人与物质世界相隔离，只是生活在冰冷的符号中，一切变得苍白。因为语言的概括性使得语言丧失了对对象细节的感性方面的描写，剩下的只是没有生命的一堆符号。卡西尔在《人论》中写道："特别在人的求知过程中，使得日常言语中使用的词汇符号前进到算术的、几何的、代数的符号，前进到化学公式一类的符号，这是人客观化进程的决定性步骤。但是人不得不为这个收获付出极高的代价。人向着较高的理智目标前进了多少，生命的具体体验就消失了多少，留下的是一个理智符号世界，而不是直接经验的世界。"①人认识不了自身，只是在自我编织的网络中将事物分析得条分缕析，试图掌握规律，进而征服它。对外物的知识获得突

---

① 〔德〕恩斯特·卡西尔：《人论》，甘阳译，上海译文出版社 1986 年版，第 33 页。

飞猛进的增长，而人却变得孱弱，要遵从客观规律的必然性，不能出自本能地去想、去做。在符号的条条框框中人感到窒息，却无法逃遁，因为这就是人赖以生存的世界，试图摆脱它，就会变得疯癫。

西方符号学认为语言即现实，因此可以通过语言来促进社会的变革，变更语言也就是变更社会。奥斯汀提出“述行语言”的概念。这不是描述一种状况的言语，而是在完成许诺的行为，言语本身即行为。我们重复使用语言，是以现有的价值标准将违例者纳入规约中来，通过语言的述行行为，使对方在行为中成为我们要他成为的人。那些重复使用的语言已成为权威的力量，规范着人们的行为。

在《结构主义——一种活动》中，巴特称：“结构主义并不取消世界的历史：它努力将历史与某些形式、心智以及美学联系起来，而不仅仅是与某些内容（这种事情已经发生过上千次）、物质、意识形态联系起来。”①

巴特在《历史的话语》中，质疑了历史“事实”的客观真实性，他认为“事实”只能作为话语中的一项存在于语言中，叙事话语造就了历史之“真”。《神话学》更无情地剖析了“由法国大众传播媒介创造的‘神话’，揭露了它为自身目的而暗中操纵代码的行径”②。巴特认为不存在“自然”“客观”的文学，文学是由代码加工并创造的，文学作为一个“结构”，是由于代码的相互作用而产生的。资产阶级写作通过遵循唯一、稳定的代码秩序，将自身的生活方式、价值观悄悄披上自然性、普遍性的外衣。要打破旧的价值标准，就必须创造新的语言。

法国女权主义者用语言来研究文学与社会的关系，来改变不合理的社会秩序。女权主义者认为女人不是天生的，而是生成的，是在

---

① 〔法〕罗兰·巴特：《结构主义——一种活动》，张小鲁译，《外国文学报道》，1987年第6期，第13页。

② 〔英〕特伦斯·霍克斯：《结构主义与符号学》，瞿铁鹏译，上海译文出版社1987年版，第112页。

菲勒斯(男人)中心主义的象征秩序中形成的。在拉康的理论中,想象与象征是两个与现实界相异的基本术语。想象阶段,孩子与母亲合而为一,没有压抑,没有缺失。象征界阶段,孩子与母亲分离,而与父亲认同。象征秩序就是现代社会中父权制的性别和社会文化秩序。无论主体是否愿意,都必须进入象征界,才不至于成为精神病人。因此,女人就是在男性的话语方式中被建构的。要改变自己的命运,必须拥有自己的话语体系,来挖掘女人的天性。女人同男人的差别并不大于一个人同另一个人的差别。这种创新是对原有体系的突破,而不是重新使用一套新的体系。女权主义者用语言促进了社会的变革。正如特里·伊格尔顿指出的:

> 克里斯蒂娃期望把这种符号学的"语言"作为破坏象征秩序的一种方式。在一些法国象征主义诗人和其他先锋派作家的作品里,"普通"语言中相对确定的意思受到这种字义流动的扰乱和破坏,它极大限度地榨取语言符号,评价它的声调、节奏和物质特征,发挥原文中无意识动机的作用,企图打破公认的社会意义。符号学是流动的、复性的,是对确切意思所做的一种令人愉快的创造性的超越,而且它在破坏和否定这样一些符号中获取虐待式的乐趣。它反对一切固定、抽象的含义;而且,由于在男性支配的现代阶级社会里,思想意识依赖于这种固定的符号来说明它们的力量(上帝、父亲、国家、秩序、财产,等等),所以这种文学在语言领域里变成了一种相当于政治领域里的革命的东西。①

我们要深入这个世界,就要不断更新语言,语言就是要给杂乱无章的

---

① 〔英〕特里·伊格尔顿:《当代西方文学理论》,王逢振译,中国社会科学出版社1988年版,第271~272页。

世界安排秩序,对不可界定的事物加以界定,人才能在其中生存。但西方符号学凭借理性语言安排了一个等级森严的秩序结构,人被置于世界的中心,理性被放到中心的中心,认为理性的发展能更好地揭示世界的本来面目和最大限度地彰显人的优越性。而恰恰相反的是这个秩序使世界变得面目可憎,人居于他物之上,不仅使他物丧失生存的空间,也造成人自身的分裂,人在世界上找不到居所,灵魂开始漂移。但是,人仍然是秩序的追求者,他希望看到一个更加合理的社会,惬意舒适地生活其中。

先秦名论思想与西方符号学的结合有助于将这一合理世界变成当下的现实世界,沟通虚构与现实。这个世界是虚构的,却是真实的,人生活于其中,将自己的生命灵魂注入其中,不断完善自我。人类需要虚构,虚构作为自我揭示的呈现,是文学一直能够得以存在和发展的深刻的人类学根源,而人的自我揭示能力几乎是无限的。人的未完成性促使他不断地追求使自己完善起来并给自己以确定的形式,而人的自我解释便是自我塑造的一个基础与目标。文学虚构正是人类的一种自我解释,它使自我向世界敞开,去探究人的无限的可能性,因此,文学是物质 - 精神世界总体性的一个缩影。现在这个缩影变成世界的全景,这种想象性的关系参与主体的建构过程,人就在这个虚构的世界中不断延续,化为自己的当下实践。因此,虚构变成了现实。如果语言能更好地揭示自我,那么现实就更能适于生存,人就不会感到压抑。先秦名论有助于打破理性语言建构的秩序,建立一个更合理的秩序,以最有利于人性发展的方式建构一个和谐的世界。这个世界在人与物的和谐关系中达到自由境界。20 世纪 90 年代以来,中国学者借用巴特的话语理论,意识到文学话语的意识形态功能,明白文学话语不仅是现实的模仿,还通过字、词、句以及既定的语言惯例强迫现实就范。[1] 因而,虚构一词的含义远远超出了技术

---

① 参见陶东风:《文体演变及其文化意味》,云南人民出版社 1994 年版。

层面，而具有本体论的意义，它不但是标示文学活动和语言活动之本体状态的术语，而且是标示生活、现实甚至整个意义世界的本体状态的术语。可见，文学是虚构的这一文体学的命题是与世界是虚构的、人生是虚构的、意义是虚构的等文化哲学命题联系在一起的，它深刻揭示了人类对于人生与世界之真实意义的怀疑。

中国学者通过结构主义符号学认识到语言的建构功能，却没有看到中国的名论思想中的符号因子。在公孙龙、邓析、尹文、墨子、荀子等先秦诸子的思想中，我们这个世界即是一个名的世界，通过命名来指认事物的本质，从而维护人伦世界。我们可以促成西方符号学与先秦名论的对话，既看到符号的虚构性，也要维护符号属人的本性。符号不能单单成为一套意义系统，从而愚弄人、否定人，而应该有助于人解释世界、认识世界。我们应该将先秦名学纳入对世界的建构，不能一味套用西方符号学。将中国名学思想融入西方符号思想中，能够矫正西方“逻各斯中心主义”的弊端。物指表明我们存在的是一个概念的世界，事物都是被指认的，而指认的标准依据的是人们头脑中的概念。因而，物指包含了能指-所指，而且能指-所指的结合要符合更高一级的指。公孙龙没有正面回答更高一级指的由来，荀子认为“指”要“缘天官以约定”，墨子认为“智论之，非智无以也谓”。无论是天生的感官，还是智力的运用，都表明“指”必须通过人认识事物本质，认识事物的最终目的是为了维护人伦秩序。

这可以为西方唯意义论的符号学注入人本主义的关怀。“墨辩”派认识到语言能提升人的认知能力，这与西方注重符号的认知功能相一致。然而，其不同之处在于墨家强调的是“以名举实，以辞抒意，以说出故，以类取，以类予。有诸己不非诸人，无诸己不求诸人”①。用名称反映事物实质，用言论揭示原因，最终目的是自己有坚持的观点，不因此非议别人的观点，自己所不具有的，也不强求他

---

① 方勇译注：《墨子》，中华书局 2013 版，第 386 页。

人具有。在墨子看来，名必须来源于事物的本质，从而了解到言辞是多方面、多类别、多差异、多缘由的，不能偏执地观照事物，偏执是不正确的。由此，他告诫人要衡量利、害两方面，不可偏于其一；进而调和儒墨两家的矛盾。“圣人有爱而无利”是儒家的话，但墨家认为，“仁：仁爱也；义，利也。爱、利此也；所爱、所利，彼也。爱、利不相为内外，所爱、利亦不相为外内。”①即爱和利不分内、外、所爱所利的对象彼此也不分内外。墨家借晏子之口说：“言听于君必利人，教行下必于上，是以言明而易知也，行明而易从也，行义可明乎民，谋虑可通乎君臣。”②墨家正言的目的是为了让君主采纳以有利于百姓，因为言论明白而且容易知晓，行动便明确容易跟从。可以让百姓奉行道义，让君臣谋划思考。接着批评孔子深谋远虑去侍奉贼人，劳费思考、竭尽智慧去推行邪恶的事，鼓动下面去犯上，教唆臣下去谋杀君主，不是贤良人的行为。由此可知，墨家的名论思想归根结底也是为了教化天下。这与西方将能指与所指视为语言的游戏有着本质上的不同，西方符号学关注的是意义，先秦名论关注的是人伦，而且墨辩派巧妙地结合了符号与现实（人伦）的关系。由此，我们可以建构先秦名学的结构图。如图 1 所示：

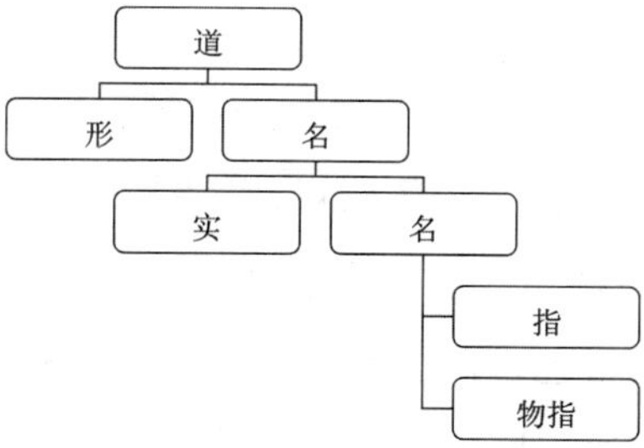

图 1　先秦名学结构图

① 方勇译注：《墨子》，中华书局 2013 版，第 337 页。

② 方勇译注：《墨子》，中华书局 2013 版，第 319 ~ 320 页。

第四章　道家思想与西方符号学的对话

西方逻各斯中心主义对语言的重视几乎到了迷信的程度，逻各斯是理解最终实在的最高范畴，理性（逻各斯）是人们获得认识或知识的内在能力。语言结构成为束缚人的牢笼，为攻击西方文明的理性中心主义，罗兰·巴特提出文本写作，在他眼中，理想的文本的类型是句子具有不完整结构，但是文本写作并没有使他走出语言困境，他说："我毕生都在经历这种循环往复：身陷语言的高扬（享受冲动）［因此：跟我的社会存在相关，我写作、说话，因为我发表和教书］和欲望之间，亟欲暂歇、中止和豁免言语行为。"①巴特通过借鉴日本俳句、中国禅宗及老庄思想对西方文明进行了反思。然而，东方文化在巴特眼中只是一个参照性的乌托邦，巴特是站在西方的视角认识东方，将东方文化视为西方文化对立面的。东方文化在巴特文本思想中虽然扮演了核心角色，却是建立在被误读的基础上。通过对"卮言"的再阐释，我们发现卮言跳出了语言结构的限制，有助于解构西方的"逻各斯中心主义"。

---

① 〔法〕罗兰·巴尔特：《中性》，张祖建译，中国人民大学出版社2010年版，第149页。

一　卮言与反语言结构

“卮”是古代盛酒的器皿，空则仰、满则倾，在倾仰之间不断往复，永不停滞，以“卮”喻言正是《庄子》语言不守常规的形象体现。惠子与庄子对人、情进行的辩论，是卮言的体现。

> 惠子谓庄子曰：“人故无情乎？”
>
> 庄子曰：“然。”
>
> 惠子曰：“人而无情，何以谓之人？”
>
> 庄子曰：“道与之貌，天与之形，恶得不谓之人？”
>
> 惠子曰：“既谓之人，恶得无情？”
>
> 庄子曰：“是非吾所谓情也。吾所谓无情者，言人之不以好恶内伤其身，常因自然而不益生也。”
>
> 惠子曰：“不益生，何以有其身？”
>
> 庄子曰：“道与之貌，天与之形，无以好恶内伤其身。今子外乎子之神，劳乎子之精，倚树而吟，据槁梧而瞑。天选子之形，子以坚白鸣。”①

庄子认为人没有情，惠子困惑于“人若没有情，怎么能称为人？”，“既然称为人，怎么没有情？”，可见，惠子心中早已有了标准，即人必须有情，才能称为人，称为人的必然有情，“人”“情”不可分，这正是庄子所称的“成心之言”。然而，在庄子看来，“人”“情”的概念并不是恒定不变的，庄子跳出惠子先入为主的定见，认为“道给了人容貌，天给了人形体，怎么不能称为人？”同样，庄子也没有遵从惠子对“情”的定义，称“无情”乃是不以好恶损害自己的本性，经常顺任自然而不用人为去增益。庄子跳出了“人”“情”的分际，并跳出语言结构的圈套，将二者均纳入“道”的轮回，并指出惠子错误的根源在于

---

① 陈鼓应注释：《庄子今注今译》，商务印书馆2012年版，第193～194页。

自鸣得意于坚白之论，即自鸣于语言的区分游戏。惠子错误之处恰是巴特的困境。巴特无法摆脱语言结构的束缚，只能通过改变字母写法试图改变结构，他说：

> 可是，我的整个躯体进入了这些规则错误：今天早晨，我由于错误地起得很早，我便不停地搞错，不停地改动我的稿件，于是我在写一篇新的文本（这种毒品，即疲劳）；在通常的情况下，我总出现相同的错误：例如通过难以改正的字母换位或是用字母“Z”（不好的字母）代替复数“S”（在用手写作的时候，我总是经常地出现一种错误：我把“m”写成“n”，我去掉了一条腿，我想要两条腿的字母，而不要三条腿的字母）来改变“结构”。①

这种试图改变结构的方式只是枉然，因为语言的逻辑结构不会因为字母的换位或变异发生任何改变。庄子则意识到成心之言即巴特所说的意识形态用语导致了人的生存困境，庄子采取“卮言”论道，巴特提倡“文”。“卮言”与“文”的共性都是一种求新求异的语言，是对俗套用语的悖反。但“文”是以否定的方式切断与文化的一切关联，打破一切陈规，巴特认为“文”必须偏离意义，句子具有不完整性。然而，巴特以命名的方式定义“文”仍是关于意义的哲学，巴特的语言悖论使得“文”成为空想之物。“卮言”摆脱了语言结构的束缚，以肯定语言的方式实现了“文”的构想。对于庄子来说，所谓的是非只是一组概念游戏，最终要达到的是一。庄子认为所谓的生与死、是与非等区分对立来源于语言的遮蔽性，语言必然有所断定，在肯定一面时，必然否定另一面，如果顺从语言以肯定的一面与否定的一面进行争辩，只会落得以己之矛攻己之盾的下场。将矛与盾两词

---

① 〔法〕罗兰·巴特：《罗兰·巴特自述》，怀宇译，百花文艺出版社 2001 年版，第 68 页。

合用正体现了中国人的智慧，实际上矛与盾皆备于我，为何要使两者互相残杀？矛盾合用，同中求异，异中求同。

二　寓言与解构真理

巴特寄希望于文学符号学以反对系统科学及理论，所谓体系只是一种自圆其说的方法，体系建造者认为自己建造的体系具有完整性和统一性而具有真理性质，人们总是相信这一真理具有客观真实性，是世界的本质，在铁板一块的事实面前，人们只能遵从、只能恪守，任何偏离便会以不符合事实真相而受到驳斥，因而变得呆板、迟钝、僵化、陈旧，缺乏想象力。巴特的符号学是想象的戏剧性的科学，他称符号学家不是理论家，而是艺术家，他把记号当作一种有意地圈套加以玩弄，甚至当作虚构来加以玩弄。因此，他的分析带有个人表演性质，他的写作带有自传性质。庄子可谓是运用语言的艺术家，通过组合能指虚构人名，这些符号只有能指，缺乏所指。这正实现了巴特的"能指狂欢"，摆脱意义的束缚，隐喻道的境界。如支离疏者、无趾、哀骀它、申徒嘉、王骀等兀者，均为德全形残之人，他们是至人无己，神人无功、圣人无名的化身，庄子给他们一个虚名，他们"死生亦大矣，而不得与之变；虽天地覆坠，亦将不与之遗；审乎无假而不与物迁，命物之化而守其宗也"。人名仅仅为道的载体，在道的轮回中，一切为一，因而，意义的区分对立变得无关紧要。庄子通过想象，随意组合能指，无须受真实性、客观性的束缚。庄子不仅虚构人名，而且通过讲述寓言故事为浑沌、象罔、罔两、鸿蒙这些名词赋予生命，如庄子写道：

> 南海之帝为倏，北海之帝为忽，中央之帝为浑沌。倏与忽时相与遇于浑沌之地，浑沌待之甚善。倏与忽谋报浑沌之德，曰："人皆有七窍以视听食息，此独无有，尝试凿之。"

日凿一窍，七日而浑沌死。[1]

南海的大帝名叫倏，北海的大帝名叫忽，中央的大帝名叫浑沌。倏与忽常常相会于浑沌之处，浑沌对待他们十分殷切。倏和忽商量报答浑沌的美意，说："人人都有眼耳口鼻七个窍孔用来视、听、吃和呼吸，唯独浑沌没有，我们试着为他凿开七窍。"他们每天凿出一个孔窍，凿了七天浑沌也就死去了。倏、忽是时间在寓言中的拟人化，汉语中至今仍有"倏忽"一词，意为极短暂的时间。庄子赋予倏、忽生命，讲述倏、忽与浑沌之间的友谊。倏、忽象征了时间的有限性，与道的无限性相对立。他们之间的相处，告诉我们有限性与无限性相互依存，道的无限性通过倏、忽的有限性才得以表现，所以庄子称道"在蝼蚁""在稊稗""在瓦甓""在屎溺"，但无限性一旦被降格为有限性，道便丧失了。因为道是未分状态，"有物混成，先天地生。寂兮寥兮，独立而不改，周行而不殆，可以为天下母"[2]。道是天下之母，即道孕育了倏、忽。道法自然，"为学者日益，为道者日损。损之又损，以至于无为。无为而无不为。将欲取天下也，恒无事。及其有事也，又不足以取天下矣"[3]。道即去除私欲妄见，从而返朴归真，倏、忽为道凿开七窍，打破了道的浑然未分状态，使道获得片面成就，以饱耳、腹之欲，道便隐匿了。庄子不是以倏、忽意指时间的短暂性，以浑沌意指道的无限性，而是赋予倏、忽、浑沌以生命，让我们领悟道境。庄子不仅通过浑沌凿窍的故事，告诉我们道的浑然未分状态，也通过皇帝遗玄珠的故事，告诉我们道的无知状态。在《天地》篇中，庄子写道：

黄帝游乎赤水之北，登乎昆仑之丘而南望，还归遗其玄

① 陈鼓应注释：《庄子今注今译》，商务印书馆2012年版，第265页。

② 饶尚宽译注：《老子》，中华书局2013年版，第63页。

③ 饶尚宽译注：《老子》，中华书局2013年版，第117页。

> 珠。使知索之而不得，使离朱索之而不得，使吃诟索之而不得也，乃使象罔，象罔得之。黄帝曰："异哉！象罔乃可以得之乎？[①]"

黄帝游历于赤水的北面，登上昆仑的南山向南眺望，返回时，遗失了玄珠。让知寻找不着，让离朱找也找不到，让吃诟找也找不到。于是请象罔寻找，象罔找到了。黄帝说："奇怪啊！象罔才能找到么？"玄珠喻道，知通智，喻智慧，离朱喻眼睛明亮，吃诟喻善言辞，象罔喻无知无心，"象"即形痕，"罔"同无，同忘，象罔即无形迹。这个寓言告诉我们道不能用心智、眼睛、言辞去获得，要无知无心才能得道。因为道隐于小成，知、目、言限于某一方面的成就，这种成就具有片面性，而且违背了道的无为状态。庄子通过拟人化，使我们不拘泥于所指的概念，从能指的游戏中悟道。

浑沌、象罔象征了道的未分状态，一旦有了区分，道便丧失了，因此，庄子说"故为是举莛与楹，厉与西施，恢恑憰怪，道通为一。其分也，成也；其成也，毁也。凡物无成与毁，复通为一。"[②]有了"道通为一"的视角，庄子以谬悠之说，荒唐之言，无端崖之辞言道，让我们享受语言的美。因为在庄子看来，一切都不是稳定不变的，庄子质疑一切的真实性，称"俄而有无矣，而未知有无之果孰有孰无。"[③]（突然产生了有无，而不知道是否是真正的"有""无"。）有"真君"存在吗？"其有真君存焉？如求得其情与不得，无益损乎其真。"[④]（难道有什么"真君"存在？无论求得真君的真实情况与否，那都不会对它的真实存在有什么增益和损害。）因而，没有什么客观存在的真实性。我们又何必执着于语言的分际，视现实为铁板一块的真理。

---

① 陈鼓应注释：《庄子今注今译》，商务印书馆 2012 年版，第 354 ~ 355 页。

② 陈鼓应注释：《庄子今注今译》，商务印书馆 2012 年版，第 75 ~ 76 页。

③ 陈鼓应注释：《庄子今注今译》，商务印书馆 2012 年版，第 87 页。

④ 陈鼓应注释：《庄子今注今译》，商务印书馆 2012 年版，第 58 页。

三　重言与反聚合链

聚合链是意义之源，意义经权势运作转化为意识形态的暴力之源。聚合链是巴特亟待破除的对象，但他未能走出聚合链的阴影。巴特成为形式的囚徒，因为他认为聚合链是意义之源，陷入非此即彼的语言悖论中。巴特试图通过“中性”来摆脱这一语言悖论。在此，他误解了道家思想，认为道家是“非此非彼”“非是非否”的墙头草。道家并非毫无立场的左右逢源，而是通过肯定否定并举的方式实现道的轮回。庄子讲述了一个关于知、无为谓、狂屈的故事。知向无为谓问道，问了三次无为谓都不回答，并不是不回答，而是不知道。知得不到解答，便去问狂屈，

狂屈说：“唉！予知之，将语若，中欲言而忘其所欲言。”

知去问黄帝，黄帝说：“无思无虑始知道，无处无服始安道，无从无道始得道。”

知问黄帝：“我与若知之，彼与彼不知也，其孰是耶？”

黄帝曰：“彼无为谓真是也，狂屈似之；我与汝终不近也。夫知者不言，言者不知，故圣人行不言之教。道不可致，德不可至。仁可为也，义可亏也，礼相伪也。故曰，‘失道而后德，失德而后仁，失仁而后义，失义而后礼。礼者，道之华而乱之首也。’故曰，‘为道者日损，损之又损之以至于无为，无为而无不为也。’今已为物也，欲复归根，不亦难乎！其易也，其唯大人乎！

“生也死之徒，死也生之始，孰知其纪！人之生，气之聚也；聚则为生，散则为死。若死生为徒，吾又何患！故万物一也，是其所美者为神奇，其所恶者为臭腐；臭腐复化为神奇，神奇复化为臭腐。故曰‘通天下一气耳。’圣人故

贵一。”

知谓黄帝曰：“吾问无为谓，无为谓不应我，非不我应，不知应我也。吾问狂屈，狂屈中欲告我而不我告，非不我告，中欲告而忘之也。今予问乎若，若知之，奚故不近？”

黄帝曰：“彼其真是也，以其不知也；此其似之也，以其忘之也；予与若终不近也，以其知之也。”

狂屈闻之，以黄帝为知言。①

庄子通过虚构无为谓、狂屈、黄帝、知四个人，区分了道的四个境界。如图1所示：

无为谓——知道

狂屈——近乎道

黄帝——知言

知——不知道

图1　道的四个境界

道的悖论是“知者不言，言者不知”，知道的人不说话，说话的人不知道，所以圣人施行不言之教。庄子称“得之于手而应于心”的精意是不能用语言言传的，言语传下来的只是糟粕。他一方面轻视语言；另一方面又不得不说，说就以否定的方式，如“大道不称，大辩不言，大仁不仁，大廉不嗛，大勇不忮”。因为一有所断定，必然有所遮蔽，为了去蔽，就必须“正言若反”。所以黄帝作为知言者，论道采用否定的方法。他说：“没有思索、没有考虑才懂得道，没有居处、没有行为才安于道，没有途径、没有方法才获得道。”

再者，庄子彻底否定语言非此即彼的二元思维模式，语言与生俱来具有遮蔽性，在呈现一面的时候，必然隐匿另一面。庄子以重言来

① 陈鼓应注释：《庄子今注今译》，商务印书馆2012年版，第645～646页。

齐是非之辨。重言不是简单的重复,而是肯定否定并举的方式。一正一反,破除对待,就指向那个不可言说的世界。所谓是非也只不过是语言划定的分际,而实际上是天地一指,万物一马也。所以黄帝说:“生是死的连续,死是生的开始,谁知道其中的规律!人的出生,乃是气的聚积,聚积便成生命,消散便是死亡。如果死生是相属的,我又有什么忧患呢!所以万物是一体的,这是把所称美的视为神奇,把所厌恶的视为臭腐;臭腐又化为神奇,神奇又化为臭腐。所以‘整个天下就是通于一气罢了’。所以圣人珍视无分别的同一。”尽管庄子称“知者不言,言者不知”,然而,道必须借助语言才能获至,黄帝言说的方式正好符合论道的方式。因而,庄子认为黄帝将无法结合的知、言巧妙地结合起来,称黄帝为知言。无为谓知“道”,因为他采取无为之姿,行不言之教,故称无为谓。狂屈自称知“道”,却忘其所欲言,在庄子看来,自称自己知“道”的人为狂。知则是言者不知的代名词。庄子的重言并不是非此非彼,而是通过既是又不是的方式破除语言的遮蔽性。

巴特认识到聚合关系是法西斯暴力之源,文本应该攻击西方文明的象征系统和语义系统,中性是抵制语言暴力的有效方式,中性成为巴特的价值依托。然而,巴特不得不承认聚合关系同时也是意义、生命、艺术之源,中性只能成为一种体验,一种欲望。巴特以中性突破西方意义封闭圈的努力,最后是以失败告终。庄子语言观真正实现了道、言、人的合一,这正是巴特的乌托邦之梦。通过重新阐释卮言、寓言、重言三个术语,不仅让我们认识到中国古典文论的精髓,而且可以与西方文论取长补短,实现真正的中西对话。

第五章《周易》与中国符号学传统起源

《周易》以天、地、雷、风、水、火、山、泽八种基元事物为表现因素，并上升为阳刚、阴柔两大观念，进而揭示两大观念的功能："阴阳变化""刚柔相摩"，其结果是"化生万物"。由此便"获得了一种绝对普遍存在的形式：⚊、⚋。这两个符号，本是对天与地的最简化的形象模拟："以'⚊'象天，以'⚋'象地。盖古人目睹天体混然为一，苍茫无二色，故以一整画象之；地体分为水陆两部分，故以两断画象之。"①但是，在实际运用当中，它们被完全当作观念符号，不再以感性事物的本来面目出现，被称为"阳爻"与"阴爻"。它们自身组合或互相组合，便出现了观念化的事物：☰（天）、☷（地）、☳（雷）、☴（风）、☵（水）、☲（火）、☶（山）、☱（泽）。八种基元事物化为八种卦象，被称为八经卦。为体现这八个符号已超脱具象，它们所蕴含的阴阳刚柔观念具有更高、更普遍的意义，卦名被更名为"乾""坤""震""巽""坎""离""艮""兑"。观念符号的变位及其新的指代意义，完全取代了基元事物的本来形象，这就决定了《周易》符号的特殊性质。这种观念符号无疑还是极简单的，后来，解释古老

① 高亨：《周易大传通说》，清华大学出版社，2010 年版，第 12 页。

《易经》的《易传》即《十翼》出现了。《十翼》中尤以《彖传》和《象传》创造性地发挥了六十四别卦的象内之义和象外之义，赋予了这些卦象以丰富的意义。

《易经·系传》曰:“圣人有以见天下之赜,而拟诸其形容,象其物宜,是故谓之象。”“赜”就是奥秘,圣人想了解宇宙的奥秘,拟测其形态的种类,(归纳为八个基本卦)以象征其物象的适宜,叫作“象”。“卦象”通过“仰以观于天文,俯以察于地理”而获得。通过“始作八卦,以通神明之德,以类万物之情”,宇宙的本源“道”变为有形天体,就有风云雷雨日月星辰等现象;在地上就有山川动物植物等,“象”即通过观察天文、地理、生物所得,圣人通过这些卦象来判断吉、凶、悔、吝。

如困卦䷮,上面是兑,兑为泽,下面是坎卦,坎为水。水池在大水的中间,就叫困。因此,卦象就是图案。《周易》通过“象”模拟自然,展示自然的奥秘。《易经》则以“象”喻人类文明的发展。

> 作结绳而为罔罟,以佃以渔,盖取诸离。包牺氏没,神农氏作,斫木为耜,揉木为耒,耒耨之利,以教天下,盖取诸益。日中为市,致天下之民,聚天下之货,交易而退,各得其所,盖取诸噬嗑。①

编绳结网,作为捕捉鱼、鸟的工具,以猎兽捕鱼,大概取自离卦。离是太阳,代表光明,是人类文明开始的标志。而后进步到农业社会,取益卦的卦象。益卦䷩上巽为木,下震为动,二至四卦坤卦为土,木动于土中,是发明耒耜耕种的现象。进步到商业社会,聚合天下之人互相交换所需要的货物,解决食的问题。“噬嗑”即咬食的意思。可见,象具有模拟人类社会的作用。

---

① 南怀瑾:《易经系传别讲》,东方出版社 2015 年版,第 329 页。

一　象的解释功能

“象”作为符号建构了一套解释宇宙的意义系统，涵盖了人类世界的全部领域。“丽天之象”“理地之形”以及“无识之物”“动植皆文”都和人类的语言、文字一样，都是一种符号形式。用一阴一阳两种爻表现天地万物的变化，共六爻表示卦象。六画卦中，爻的位置由下往上，依次叫初、二、三、四、五、上；阴爻表示为数字六；阳爻表示为数字九。每一爻都预示着事物的发展变化。爻就是交，一爻一爻相互关联，模拟日月盈仄、刮风下雨。然后，通过卦辞、爻辞等对每一卦、每一爻做出解释，即赋予意义。以实现“易与天地准，故能弥纶天地之道。……与天地相似，故不违；知周乎万物而道济天下，故不过；旁行而不流，乐天知命，故不忧；安土敦乎仁，故能爱”[①]。

阳爻意指阳刚，阴爻意指阴柔。阳爻和阴爻数量及位置的不同决定了卦象不同的意义，体现刚柔相推而生变化。以“家人”卦䷤为例：火在风下，卦名与风与火无多大关系。《象传》撇开经卦本义，专从六爻中阴、阳所处的位置来解释家庭：下卦即内卦之中位为阴爻，上卦即外卦之中位为阳爻，这是“女正位乎内，男正位乎外。男女正，天地之大义也”。阴、阳各正其位，是封建社会对家庭的要求。大过卦䷛则以阴阳的数量对比来指意。大过，指阳刚太过分了，中间四爻为阳刚，初六和上六为阴，阴柔承受不了中间的四阳，由此，衍生出伦理含义。柔在下，表示虔诚顺从才能取得阳刚的信任和支持，九二以阳居阴位，性格上刚柔相济，与初六为邻而相处亲密，其爻辞为“枯杨生稊。老夫得其女妻，无不利。”[②]象曰：“老夫女妻，过以相与。”九二有枯萎的杨树重生枝芽的象征，意指老夫得少女为妻。“九五。枯杨生华。老妇得其士夫。无咎无誉。象曰：枯杨生华，何

① 南怀瑾：《易经系传别讲》，东方出版社 2015 年版，第 60 页。

② 南怀瑾、徐芹庭注释：《周易今注今译》，重庆出版社 2014 年版，第 194 页。

可久也,老妇士夫,亦可丑也。"[①]由枯萎的杨树又生花的形象,得出老妇得少男为夫,是可丑的事。由此,爻辞是根据其阴、阳,位置被赋予了不同的意义,即便同为阳爻,在不同的位置也有不同的含义。如:

乾䷀:元,亨、利、贞。

初九:潜龙,勿用。

九二:见龙在田,利见大人。

九三:君子终日乾乾,夕惕若;厉无咎。

九四:或跃在渊,无咎。

九五:飞龙在天,利见大人。

上九:亢龙,有悔。

用九:见群龙无首,吉。

彖曰:大哉乾元,万物资始,乃统天。云行雨施,品物流行。大明终始,六位时成,时乘六龙以御天。乾道变化,各正性命,保合太和,乃利贞。首出庶物,万国咸宁。

象曰:天行健,君子以自强不息。潜龙勿用,阳在下也。终日乾乾,反复道也。或跃在渊,进无咎也。飞龙在天,大人造也。亢龙有悔,盈不可久也。用九,天德不可为首也。[②]

对爻辞的解释,完全从德业修养的人事立场讲,通过解释给每一爻赋予意义,使得卦象成为一套符号系统,乾卦代表了人生的六个阶段。初九,是人生的第一个阶段要做好充分的准备,勿用就是要等待时机。九二爻犹如一个人的德业,已经普遍施展出来。一天到晚,必须终日小心谨慎,这是九三爻的现象,它具有盛极则衰的反复作用。也许从深渊跳跃出来,这是九四爻的现象,它正在进可取、退可守的未

① 南怀瑾、徐芹庭注释:《周易今注今译》,重庆出版社 2014 年版,第 196 页。

② 参见南怀瑾、徐芹庭注译:《周易今注今译》,重庆出版社,2014 年版,第 1～29 页。

定阶段，如果求进步，也不会有错过和灾难。在天上的龙，是九五爻的现象，它犹如已经有伟大的成就的大人物的造诣情况。过于高亢的龙，就会遭遇困难而返回，这是上九爻的现象。天道能生万物，而自不居功。通过效法天道，《周易》建立了一套对人事的解释系统。

二　象的变通性

卦象是具有意义的符号，但其意义并不是唯一稳定的，而是具有多义性和变化性的。这一变化不仅体现在同一卦中，也体现在相邻相对的错卦和综卦中。通过“相柔相摩，八卦相荡”，八个基本卦象两两组合成为六十四卦。如图 1 所示：

图 1　六十四卦

文王后天八卦表明，坎卦跟离卦，像荡秋千一样，离卦原来在上面，一甩甩到坎卦的下面。碰拢，叫水火既济卦，坎卦荡到离卦下面，产生一个新卦，火水未济卦。如果离卦荡到艮卦的上面，就是火山旅卦。荡到艮卦下面，便是山火贲卦。这样一卦一荡就荡成了八个卦；一个卦荡成八个卦，八八就是六十四卦。[①] 错卦、综卦相对正卦而

① 参见南怀瑾：《易经系传别讲》，东方出版社 2015 年版，第 26 页。

言,正卦即占卜时所卜出的卦,错卦即将正卦各爻阴阳互变,另成一卦,综卦是将正卦旋转 180 度,另成一卦。学《周易》的原则是"参伍以变,错综其数,通其变,遂成天地之文;极其数,遂定天下之象。非天下之至变,其孰能与于此?"①"错综"告诉我们,看一个卦要多方面地看,事情是在正卦情境下发展的,但仅代表一个方面的观点,事情在不同的角度下有不同的认知与看法,这叫错综复杂。

既济䷾　　错䷿未济　　综䷿未济

既济。亨小利贞。初吉终乱。

彖曰:既济亨。小者,亨也。利贞,刚柔正而位当也。初吉,柔得中也。终止则乱,其道穷。

象曰:水在火上,既济。君子以思患而豫防之。②

既济卦,表明事情既已做成。水在火上,是既济的象征,但并不意味着事情会朝着正卦的方向一直发展下去,最初是吉利的,最后终会呈纷乱的状态,君子要预先防备。所以,既济卦的错卦和综卦均为未济卦。初吉,是因为六二以柔得内卦之中,最后一爻上六,有渡河而沾湿他的头的象征,这是危险的。

未济䷿

未济。亨。小狐汔济,濡其尾,无攸利。

彖曰:未济亨,柔得中也。小狐汔济,未出中也。濡其尾,无攸利,不续终也。虽不当位,刚柔应也。

象曰:火在水上,未济。君子以慎辨物居方。③

未济卦,表明事未成。火在水上,是未济的象征。彖辞说:未济

① 南怀瑾、徐芹庭注释:《周易今注今译》,重庆出版社 2014 年版,第 419 页。

② 南怀瑾、徐芹庭注译:《周易今注今译》,重庆出版社,2014 年版,第 392 ~ 397 页。

③ 南怀瑾、徐芹庭注译:《周易今注今译》,重庆出版社,2014 年版,第 398 ~ 403 页。)

能得亨通，是因为六五柔顺而得中道。虽然六爻不当正位，但刚柔互相应援，终能亨通。因此，君子要慎于辨别，有条不紊，处之以道，使之必济。未济卦作为《周易》最后一卦，也是告诉我们人生没有结论，历史也没有结论，人类历史将永远发展下去，永无定论。从既济卦和未济卦可以得出，象通过模拟自然，将“变通”的自然之道寓于其中，传达了语言所未能表达的精义。

三　象的多义性

“巽为风”是基本卦象，随风，表顺从的意思。如恒卦：

恒卦：亨，无咎。利贞，利有攸往。

《彖》曰：恒，久也。刚上而柔下。雷风相与，巽而动，刚柔皆应，恒。①

刚指上卦震，柔指下卦巽。巽在此又有“柔”“顺”的意思。雷风相与是从卦象说明雷鸣风起是自然界的常见现象。巽而动表明顺着规律动是长久之道。

从“小畜”卦得出巽又有“畜养”意思。

象曰：小畜，柔得位而上下应之。曰小畜。健而巽。刚中而志行。乃亨。密云不雨。尚往也。自我西郊，施未行也。

象曰：风行天上，小畜。君子以懿文德。②

密云不雨指实现以阴蓄阳需要经历一段时间，不能急于求成。风行天上，比喻阴柔能影响阳刚。健而巽，是说阳刚谦虚能接受畜养，为了实现抱负需要“畜养”。从风吹树木而摇摆，又推导出“巽

① 南怀瑾、徐芹庭注释：《周易今注今译》，重庆出版社，2014 年版，第 218 页。

② 南怀瑾、徐芹庭注释：《周易今注今译》，重庆出版社 2014 年版，第 82 ~ 83 页。

为木”。如井卦：

井卦，改邑不改井，无丧无得，往来井井。汔至，亦未繘井，羸其瓶，凶。

象曰：木上有水，井；君子以劳民劝相。①

木指下体巽卦，水指上体坎卦，木瓶入水，示井中取水之意。由“木”而木瓶、由“入”水而及井，联想井水汲干，木瓶毁败，“是以凶也”。《象传》从“木上有水”生出新义：木瓶可汲到水，吃水不忘挖井，挖井必须发动民众共同劳动才能成功，才能共享井之利益，因此，“君子劳民以劝相”。

涣卦“巽”兼有风、木、柔之义，涣。

亨，王假有庙，利涉大川，利贞。

象曰：涣亨，刚来而不穷，柔得位乎外而上同。王假有庙，王乃在中也。利涉大川，乘木有功。

象曰：风行水上，涣。先王以享于帝立庙。②

上体巽卦为风，下体坎卦为水。柔在上，风行水上，推波鼓浪，水流顺畅，好比君王德教行于天下，不可阻挡。在此，以风比道德教化，水比大众，风行水上即用统治阶级的思想去教育人民。同时，巽又有木的意思，舟行水上，因此引申出“利涉大川”，乘木有功，以乘木比喻推行教化。《系辞》进一步解释：“刳木为舟，剡木为楫，舟楫之利，以济不通，致远，以利天下，盖取诸涣。”③涣即把大木头中间挖空，放在水中不会沉下去，这样发明了船，有了船，人类文明又向前推进一步。

---

① 南怀瑾、徐芹庭注释：《周易今注今译》，重庆出版社 2014 年版，第 312 页。

② 南怀瑾、徐芹庭注释：《周易今注今译》，重庆出版社 2014 年版，第 372 页。

③ 南怀瑾：《易经系传别讲》，东方出版社 2015 年版，第 329 页。

四　象的属人性

“象”以其形象性模拟天文、地理，通过“象”定吉凶在于人心，系辞曰：“极天下之赜者存乎卦，鼓天下之动者存乎辞，化而裁之存乎变，推而行之存乎通，神而明之，存乎其人，默而成之，不言而信，存乎德性。”如《周易》对“困”卦的解释：“亨，贞。大人吉，无咎。有言不信。”①在穷困之时，能进而求得出困之道，则能亨通，但必须守正。大人虽困，但能守道不二，便能吉而无咎。孔子提出九个卦的忧患意识。无论时代是治世，还是乱世，人生必须具备这九个条件：

> 是故履，德之基也；谦，德之柄也；复，德之本也；恒，德之固也；损，德之修也；益，德之裕也；困，德之辨也；井，德之地也，巽，德之制也。②

履卦教人行礼，是建立德业之根基。谦卦教人卑己尊人，虚心忍受，是道德的把柄。复卦教人除去物欲，教人从善，是德性的根本。恒卦教人始终如一，恒久不已，是道德稳固之所由。损卦教人惩忿窒欲，是修德的功夫。益卦教人迁善改过，使德性日益宽大。困卦教人穷困不乱，守着正道，是道德的分辨。井卦教人德泽似井，取之不尽，用之不竭，是道德的地位。巽卦教人因势利导，是道德的制宜。履是人立身行事的准则。谦虚待人，则易得他人敬仰。复卦能教人迷途未远即回复，辨明事物的是非善恶。事物过于复杂，唯有恒心才能克服一切。“益”是我们追求的目标，但光求利益不行，随时要给自己一些困苦磨炼身心。井卦告诉我们要知晓变通，因势利导，日月迁徙而弥新。

可见，“象”不单单关乎意义，而是关乎“人”的学问。“象”可以

---

① 南怀瑾、徐芹庭注释：《周易今注今译》，重庆出版社 2014 年版，第 305 页。

② 南怀瑾：《易经系传别讲》，东方出版社 2015 年版，第 424 页。

说为中国符号学理论奠定了基础。《易经》的学问便是了解宇宙间万事万物一切的法则,唯有效仿自然,使人生境界与宇宙法则、天地法则合在一起,即天人合一,才能实现无为而无不为。"象"作为符号与西方符号学强调意义的唯一、稳定性有着较大的差异,卦最大的特点在于它的变动,无论在一个卦中,还是其错卦、综卦中都体现了事物的发展变化。易的大道在于"穷则变,变则通,通则久"①。

① 南怀瑾:《易经系传别讲》,东方出版社 2015 年版,第 329 页。

第六章 《文心雕龙》的符号学意义

刘勰在卷首《原道》中开章明义探讨"文"的内在含义。《原道》篇曰：

> 文之为德也大矣，与天地并生者，何哉？夫玄黄色杂，方圆体分；日月叠壁，以垂丽天之象；山川焕绮，以铺理地之形。此盖道之文也。仰观吐曜，俯察含章，高卑定位，故两仪既生矣。①

《原道》一开头提到"文之为德"，在《情采》中刘勰认为文德有三种：一叫形文，如颜色的玄黄，形体的方圆满；二叫声文，像风吹树林，泉水激石；三叫情文，像抒情达意的文章。他认为在没有人类以前，就有了"文"，文跟天地一起产生。从天地产生之时起就有了黑色和黄色、圆形和方形的区别。日月有如重叠的璧玉，来显示附在天上的形象；山川好像灿烂的锦绣，来显示大地的形貌富有纹理，这些都是大自然的文章。向上看天空，日月发射出耀眼的光芒；向下看大地，山川万物蕴涵着丰富的文采。天高地卑的位置确定了，于是产生了天地"两仪"。因此，文根源于自然之道，唯有忠实于自然原貌，才是符

---

① 刘勰：《文心雕龙》，范文澜注，人民文学出版社 2014 年版，第 1 页。

合自然之道的文。人类的语言、文字和文章与“丽天之象”“理地之形”，以及“无识之物”“动植皆文”一样，是宇宙大“道”的“文”的表现方式。“文”泛化为一切事物存在的符号形式，不是文章学或文学学的“文”，已具有符号的性质。《原道》篇接着写道：

> 爰自风姓，暨于孔氏，玄圣创典，素王述训，莫不原道心以敷章，研神理而设教，取象乎河、洛，问数乎蓍龟，观天文以极变，察人文以成化；然后能经纬区宇，弥纶彝宪，发挥事业，彪炳辞义。故知道沿圣以垂文，圣因文以明道，旁通而无滞，日用而不匮。①

刘勰认为圣人的言论从伏羲到孔子都是通过观察天文来穷究变化，考察人事，完成教化，然后治理世界，制定包举一切的经典法制。因此，圣人用文章将知道的自然奥秘彰显出来；圣人用文章明道，讲天地人经久不变的道理的书叫做“经”。“经书”效法天地，检验鬼神，深究事物的次序，制定人和人的各种伦理关系。“经书”成为礼制社会的符号系统，是制度与秩序的创造者和维护者。《征圣》篇写道：“夫鉴周日月，妙极机神；文成规矩，思合符契。”②圣人能够知晓自然的奥秘，写成的文章成为社会的规范，文取代事物本身，自然、人事的法则唯有通过“文”才能得以显现，意义由文产生，成为政治教化的凭证。在《明诗》中，刘勰进一步提出了诗的符号属性，“诗者，持也，持人情性；三百之弊，义归‘无邪’，持之为训，有符焉尔。”③“诗者在心为志，发言为诗。”对“持”范文澜的注释是，“诗有三训：承也，志也，持也。作者承君政之善恶，述已志而作诗，为诗所以持人之行，使不失队。”④诗能够扶持端正人的性情。“符”即一种文化标识的代

① 刘勰：《文心雕龙》，范文澜注，人民文学出版社 2014 年版，第 2 ~ 3 页。
② 刘勰：《文心雕龙》，范文澜注，人民文学出版社 2014 年版，第 15 页。
③ 刘勰：《文心雕龙》，范文澜注，人民文学出版社 2014 年版，第 65 页。
④ 刘勰：《文心雕龙》，范文澜注，人民文学出版社 2014 年版，第 68 ~ 69 页。

码，诗成为标志社会人的符号。刘勰以宗儒家经典为楷模，他写道：

> 至夫子继圣，独秀前哲，熔钧六经，必金声而玉振；雕琢情性，组织辞令，木铎起而千里应，席珍流而万世响，写天地之辉光，晓生民之耳目矣。①

《原道》《征圣》《宗经》《正纬》就是对儒家礼教思想的膜拜，通过儒家之文实施教化，建立人伦等级关系。冯宪光在《〈文心雕龙〉的符号学问题》一文中，写道："刘勰的《原道》《宗经》《征圣》所表达的中国传统语言、符号观，显示着中国长期封建专制的社会统治制订和推行一种语言、符号的权力结构。这种语言权力结构的存在，在中国是清楚和明晰的。"②冯宪光的论述触及了中国古代阐释话语对权力的依附，但是对《文心雕龙》的符号特质却缺乏深入探讨。

《文心雕龙》的符号思想不同于西方符号思想，刘勰强调了人类之"文"的特异性，他说：

> 惟人参之，性灵所钟，是谓三才。为五行之秀，实天地之心。心生而言立，言立而文明，自然之道也。③

只有人与天、地相配，他们身上才孕育天地的灵性，这就是"三才"。人为万物之灵，实际是有思想的天地之心。有了思想活动，语言才得以跟着确立；语言确立了，文章才能鲜明，这是自然的道理。天地之"文"与动植物之"文"，从刘勰的描述来看，都是这些实际事物的外在形貌。而人类之"文"则与人的外貌没有丝毫关系。人类之"文"不是由耳目感官所能够感知的外形、外貌，而是心灵之"思"的"文"，人与其他有机物不同之处是有"性灵"，为"天地之心"，"心生而言立，言立而文明，自然之道也"。人类之"文"与动植物之"文"的区

---

① 刘勰：《文心雕龙》，范文澜注，人民文学出版社 2014 年版，第 2 页。

② 冯宪光：《〈文心雕龙〉的符号学问题》，《重庆师范大学学报》，2004 年第 1 期。

③ 刘勰：《文心雕龙》，范文澜注，人民文学出版社 2014 年版，第 1 页。

别,在于它不是外部的装饰、外在形貌的显现,而是内在“性灵”与“心”的活动和显现,其存在动因在于人的“性灵”和“心”。人之“文”归根结底是语言、文字、符号及其符号文本这些由人的精神性所产生的文化形态,而不是人的外表和饰物。“心生而言立,言立而文明”,表明语言和符号是人之“心”的一种功能性活动的产物。这里强调的是语言和符号的主体性原则,语言和符号与人的主体活动的联系,这是中国传统符号学认识的理路。在刘勰看来,语言、符号所显现的终极意义是宇宙之大道,但是其直接显现的则是人“心”之思,内心的感情、意识、认识、欲望、意志等等。

刘勰在《文心雕龙·神思》篇中进一步论证了神思与物色的关系,文中写道:

> 神居胸臆,而志气统其关键;物沿耳目,而辞令管其枢机。枢机方通,则物无隐貌;关键将塞,则神有遁心。是以陶钧文思,贵在虚静,疏瀹五藏,澡雪精神。①

“疏瀹五藏,澡雪精神”出自《庄子·知北游》,指情性不可妄动,使人烦闷,即要做到虚静,刘勰认为这才是写文章的关键。只有虚静才能消除意志的错乱,贯通大道的障碍,做到由耳目去接触外物,文辞使外物表达无遗。表达功能活跃,那么事物的形貌就可充分描绘。在《物色》篇中,刘勰进一步写道:

> 写气图貌,既随物以宛转;属采附声,亦与心而徘徊。故灼灼状桃花之鲜,依依尽杨柳之貌,杲杲为出日之容,瀌瀌拟雨雪之状,喈喈逐黄鸟之声,喓喓学草虫之韵;皎日嘒星,一言穷理;参差沃若,两字穷形:并以少总多,情貌无遗矣。②

---

① 刘勰:《文心雕龙》,范文澜注,人民文学出版社2014年版,第493页。

② 刘勰:《文心雕龙》,范文澜注,人民文学出版社2014年版,第693~694页。

刘勰认为描写天气和实物的形状，要随着景物声色的变化而婉转起伏；绘写景物的色彩，临摹自然的声律，与心徘徊。所以用“灼灼”来形容桃花色彩的鲜艳，用“依依”来表尽杨柳轻柔的形貌，用“杲杲”来描绘太阳出来时光明的形状，用“瀌瀌”来比拟下大雪的样子，用“喈喈”来追摹黄鹂鸟的鸣叫，用“喓喓”来学纺织娘的叫声。“皎日”“嘒星”，一个“皎”字和一个“嘒”字就把太阳的明亮和星星的微小形容穷尽了；“参差”“沃若”，一个双声连词和一个叠韵连词就把荇菜和桑叶的形状不整齐润泽的样子描绘了出来，上面的这些例子都是用少数字来总括众多的事物，把事物的情思和形状毫不遗漏地描写出来了。因此，刘勰认为文章之道在于形似，文中写道：

> 自近代以来，文贵形似，窥情风景之上，钻貌草木之中。吟咏所发，志惟深远；体物为妙，功在密附。故巧言切状，如印之印泥，不加雕削，而曲写毫芥；故能瞻言而见貌，印字而知时也。①

刘勰说自从晋、宋以来，作品描写重在逼真，从风景里观察它的情态，从草木里钻研它的情状。作者吟唱歌咏的出发点，应该只是抒发深远的情志；描写事物巧妙，功夫全在于紧密贴切。所以巧妙的言辞和事物的形状贴切吻合，就如在那印泥上盖印章一样，不需要雕琢刻削，却详尽地把极细微处都表现了出来。因此看到这些语言描述就像看到了具体的景物一样，就其字辞而知道当时的时令景色。但是“至于思表纤旨，文外曲致，言所不追，笔固知止。至精而后阐其妙，至变而后通其数，伊挚不能言鼎，轮扁不能语斤，其微矣乎！”②即文思以外的细微奥妙的旨意，文辞之外的隐幽委曲的情趣，这些都是语言所不能言明，笔墨不能表达的。达到最精通的境界才能阐明它的

---

① 刘勰：《文心雕龙》，范文澜注，人民文学出版社 2014 年版，第 694 页。

② 刘勰：《文心雕龙》，范文澜注，人民文学出版社 2014 年版，第 495 页。

奥妙，掌握它的微妙变化之后，才能精通它的规律，这好比厨师伊挚不能说出鼎中调味的微妙，巧匠轮扁不能说出运用斧头的规律一样。刘勰提出文之首为：

> 独照之匠，窥意象而运斤，此盖驭文之首术，谋篇之大端。夫神思方运，万途竞萌，规矩虚位，刻镂无形，登山则情满于山，观海则意溢于海，我才之多少，将与风云而并驱。①

刘勰首次将“意”与“象”合二为一成“意象”，并用作诗学术语。意象即以一颗虚静之心，才能实现登上高山，情思中就充溢着山间的景色；看到大海，情意就出现了海涛汹涌澎湃的风光。最后赞曰：“神用象通，情变所孕。物以貌求，心以理应。刻镂声律，萌芽比兴。结虑司契，垂帷制胜。”②那么，文是运用神思，并以象的方式表现，以象之文能够传达出语言所不能传达的精义。刘勰在《隐秀》篇中提出了“文”的特征。

> 隐也者，文外之重旨者也；秀也者，篇中之独拔者也。隐以复意为工，秀以卓绝为巧。斯乃旧章之懿绩，才情之嘉会也。夫隐之为体，义主文外，秘响傍通，伏采潜发，譬爻象之变互体，川渎之韫珠玉也。故互体变爻，而化成四象；珠玉潜水，而澜表方圆。
>
> 赞曰：深文隐蔚，余味曲包。辞生互体，有似变爻。言之秀矣，万虑一交。动心惊耳，逸响笙匏。③

所谓“隐”，就是文外所隐藏的言外之意，所谓“秀”，就是篇章中最独特突拔的语句。隐秀之文恰能传达轮扁只可意会不可言传的妙处。叶维廉的《中国诗学》对“秘响傍通”做出解释。“傍通”指每卦中阴

---

① 刘勰：《文心雕龙》，范文澜注，人民文学出版社 2014 年版，第 493 页。
② 刘勰：《文心雕龙》，范文澜注，人民文学出版社 2014 年版，第 495 页。
③ 刘勰：《文心雕龙》，范文澜注，人民文学出版社 2014 年版，第 632 页。

阳爻的互异产生另一个卦，即错卦。如“泰”与“否”互为错卦。泰卦是个吉卦，具有亨通的德性，表明天地交而万物通，否卦则有闭塞黑暗之意，天地不相交感，万物不能互相沟通。错卦表明每一个事物的出现不是全然独立的，它的出现会引起或唤起相对的事物。同理，一个字的出现的情况亦如此。“互体变爻”指，一卦除上下二体外，还有内外互体，如“睽”卦䷥，下面是兑，兑为泽；上面是离卦，离为火，就是火泽睽。内互体指二至四爻，睽卦的内互体是离卦；外互体指三至五爻，在此即坎卦。互卦指将外互体为上卦，内互体为下卦，那么睽的互卦为水火既济卦。如果朋友或夫妻卜到火泽睽卦，是不吉利的，但如果内部变成水火既济卦，就会雨过天晴，因为水火既济，不会相离。将水火既济卦上体与下体互换变成水火未济。水火未济表明事未成。“互体变爻”指一个卦中含有互体和卦变，一卦含有变为另一卦的可能。秘响傍通指文辞中含有类似互体和卦变的交相呼应、变化。

“四象”，据《系辞》：“易有太极，是生两仪，两仪生四象，四象生八卦”指的是以阴阳的变化成四象，“—”“－ －”组合，再变化而生八卦，八卦再派生为六十四卦。刘勰用“化四象”指文辞派生文意的情况。在第五章中，我们注意到象与辞表现的是一个可以贯通许多层面的变动的文。“文”即自然界的纹理，取自卦象。始创卦象的人，即从自然之“象”的变动中，得出卦象的复杂多变。刘勰取模“象”，以说明文辞取法自然，且互为指证、交相引发。在《比兴》篇中，刘勰进一步指出了比兴手法与物象的关联。

> 故比者，附也；兴者，起也。附理者，切类以指事，起情者，依微以拟议。起情故兴体以立，附理故比例以生。比则畜愤以斥言，兴则环譬以记讽。①

---

① 刘勰：《文心雕龙》，范文澜注，人民文学出版社2014年版，第601页。

“比”,就是比附的意思;“兴”,就是起兴的意思。比附事理的,用贴切的类比方法来说明事物;因物起兴的,依靠含义微隐的事物来寄托情意。刘勰说:

> 观夫兴之托喻,婉而成章,称名也小,取类也大。……盖写物以附意,扬言以切事者也。故金锡以喻明德,珪璋以譬秀民,螟蛉以类教诲,蜩螗以写号呼,浣衣以拟心忧,席卷以方志固:凡斯切象,皆比义也。①

以起兴寄托讽喻,措辞委婉而又自然成章,它所举的名物虽小,但取其相类之点以托喻的含义却很大。《诗经》的作者用金和锡来比喻君子美好的德行,用珪和璋的配合来比喻教导臣民,用螟蛉来类比教诲子女,用蝉噪来比喻描写殷的饮酒呼号之声,用衣服脏了也不浣洗来比拟内心的忧愁,用我的心不似席子那样可以卷收来比拟心志的坚固,这些例子均用事物来比拟,以表达情志。但是由物引发的情感各有不同,范文澜在注释中写道:“原夫兴之为用,触物以起情,节取以托意,故有物同而感异者,亦有事异而情同者,循省六诗,可榷举也。”②范文澜先以柏舟在邶风和鄘风中不同的用法为例。邶风以柏舟喻仁人之不用,“泛彼柏舟,亦泛其流。……忧心悄悄,愠于群小”③;用舟载渡物者,今不用而与众物泛泛然俱流水中,兴者喻仁人之不见用而与众小人并列。鄘诗以譬女子对爱情的坚贞,“泛彼柏舟,在彼中河。髧彼两髦,实维我仪,之死矢靡它”④。以舟在河中,喻妇人在夫家,是其常处。接着,他又以杕杜在《诗经·国风》和《诗经·小雅》中不同的寓意为例。《诗经·小雅》以杕杜喻得时,“有杕

---

① 刘勰:《文心雕龙》,范文澜注,人民文学出版社 2014 年版,第 601 页。
② 刘勰:《文心雕龙》,范文澜注,人民文学出版社 2014 年版,第 603 页。
③ 刘毓庆、李蹊译注:《诗经·国风》,中华书局 2011 年版,第 62 ~ 63 页。
④ 刘毓庆、李蹊译注:《诗经·国风》,中华书局 2011 年版,第 115 页。

之杜，有睆其实。王事靡盬，继嗣我日”[①]；以野地里独生的棠梨树，累累的果实生得圆润新鲜，喻无休止的战事。唐风以杕杜叶子繁茂譬自己孤立无援，“有杕之杜，其叶菁菁。独行睘睘，岂无他人？”[②]以杕杜兴武公初期兼并其宗族，不求贤者。事物不同而寓意相同的例子是《九罭》。豳风《九罭》以九罭鳟鲂、鸿飞遵渚二件不同的事物喻文公之失所，“九罭之鱼鳟鲂，我觏之子，衮衣绣裳。鸿飞遵渚，公归无所，于女信处！”[③]这首诗讲述了一位姑娘，无意间遇到一位地位很高的流亡公爷，他们相好了，她对他一往情深。以细眼小网捕得大鳟鲂，比喻贱女获得贵人。以大雁沿着沙洲翱翔，比喻“公”要归去，不能在这里长久待下去。比兴之妙在于取义差在毫厘，情则幽隐，如果不加以推敲，很难明白其中的含义。比兴通过诸举草木鸟兽称义，从而实现文已尽而义有余。

可见，中国传统语言、符号观念中，虽然对文本意义的解读始终应当纳入圣人解经的规范，但是圣人的文本也无非是一种对“道心”“人心”的体察，正所谓“道心惟微，神理设教”。《文心雕龙·原道》篇写道：“鼓天下之动者存乎辞。辞之所以能鼓天下者，乃道之文也。”[④]人心与道心的相通，人心对精微的道心的体察，是语言意义解读的基础。通过有限的语言、符号可以达致天人合一的境界，成为天人沟通的渠道。语言、符号活动是这种体察道心精微之思、把握天人之际复杂深刻联系的活动。其归宿，不是得出一个观念式的结论，也不仅仅是分析出符号能指的所指意义，而重要的是要探索圣人之经对道心精微体察的过程和方式。

---

① 刘毓庆、李蹊译注：《诗经·雅颂》，中华书局2011年版，第422页。
② 刘毓庆、李蹊译注：《诗经·国风》，中华书局2011年版，第293页。
③ 刘毓庆、李蹊译注：《诗经·国风》，中华书局2011年版，第385页。
④ 刘勰：《文心雕龙》，范文澜注，人民文学出版社2014年版，第12页。

第七章　从符号学的观点解读王夫之的言意观

《易经》中“象”的概念是中国符号思想的核心概念，大量文学批评家都受益于《易经》的象，刘勰《文心雕龙》关于文学的起源和本质的解释直接从《易经》发展而来。魏晋玄学家王弼限定了言、象、意之间的层级关系：

> 夫象者，出意者也；言者，明象者也。尽意莫若象，尽象莫若言。言生于象，故可以寻言以观象；象生于意，故可以寻象以观意。意以象尽，象以言著。故言者，所以明象，得象而忘言；象者，所以存意，得意而忘象。犹蹄者所以在兔，得兔而忘蹄；筌者所以在鱼，得鱼而忘筌也。然则，言者，象之蹄也；象者，意之筌也。是故，存言者，非得象者也；存象者，非得意者也。①

王弼的认识逻辑是：“言”生于“象”，而说明“象”；“象”生于“意”，而说明“意”。要得“意”，必须借助“言”“象”，但又不能执着于“言”“象”。执着于“言”“象”，便得不着“意”。只有不执着于“言”“象”，才能得到“意”。正如经典文本《老子》与《庄子》所表述，上述

---

① 王弼、楼宇烈校注：《周易略例》，中华书局2011年版，第54页。

符号与意义的关系概念代表了典型的道家立场。通过“言”可以认识“象”；通过“象”可以认识“意”。但明白了意，就不要再执着于象；明白了卦象，就不要执着于言辞。清代学者王夫之在《周易外传》中，通过评论六经，批判了道家的言意观，将符号思想扩展到所有领域，可以说王夫之是中国符号思想的集大成者。

一　一阴一阳谓之道

王夫之在《周易外传》开篇表明想要弄明《周易》之道，应泾渭分明地同老子《道德经》的观点划清界限，只有摆脱老子的影响，才可深入领会《周易》。王夫之是在完成《老子衍》的基础上研究《周易》，提出与老子相反的观点的。他批判“有物混成，先天地生”，写道：

> 非也。道者，天地精粹之用，与天地并行而未有先后者也。使先天地以生，则有有道而无天地之日矣，彼何寓哉？而谁得“字之曰道”？天地之成男女者，日行于人之中而以良能起变化，非碧霄黄壚取给而来贶之，奚况于道之与天地，且先立而旋造之乎。①

王夫之认为老子先有道后生天地的观点是错误的，所谓道与天地同时并行，要有同有，要无同无，不分先后。比如生男生女，完全是生理作用的一种自然变化，并不是由什么在上的碧霄之天与在下的黄土之地赐予人的。王夫之认为《周易》中道最重要的一点是，乾坤并建为首，作为总摄一切的大始，从而统帅震、艮、巽、兑、坎、离乾坤六子。所谓乾坤并建，是说乾坤同时存在，时无先后之分，同时运行。《系辞传》曾形象地说：“阖户谓之坤，辟户谓之乾；一阖一辟谓之变，往

---

① 王夫之：《周易外传》，中华书局 2011 年版，第 2 页。

来不穷谓之通。”[1]《系辞下传》第六章又说：“乾坤其易之门邪”，把乾坤并建比作门户的两扉，阴阳的一来一往比作户扉的一开一合。所谓户扉之材，其实就是阴阳，所谓开合之情，就是阴阳自动的一往而一来。因此，王夫之认为《系辞上传》所言，“《易》有太极，是生两仪，两仪生四象，四象生八卦”，并不是在一阴一阳之上还有一个什么太极，“易有太极”四个字不过是说，一阴一阳的相互变易之中便含有太极的精神。乾坤并建，阴阳自动，即合两仪、四象与八卦而共成其太极的性能，并不能说成别有一个什么太极，作为两仪、四象、八卦之父。如一阳居上，五阴居下的剥卦，阳并不孤；一阴居上，五阳居下的夬卦，阴并不虚，因为剥夬二卦相错，合起来看，仍是六阴六阳，乾坤同在，因而仍然固有太极的性能。王夫之写道：

> 虽然，此阴阳者，恶乎其著而由之，以皆备而各得邪？《易》固曰：“一阴一阳之谓道。”一之一之云者，盖以言夫主持而分剂之也。[2]

万物通过遵循阴阳二气，从而得以显现的奥秘在于，阴阳二气既是对立，又是相互转化、错综变化之义，就在这对立转化，运动不停之中，化生万物。阴阳固有其道，没有一个高于阴阳之道在主使。[3] 在此，王夫之批判老子，认为“道生一，一生二，二生三，三生万物”，“有物混生，……吾不知其名，强字之曰道”。[4] 将阴阳与道分而为三，而以其一之道统一阴阳，实属谬论。

二 盈天下之间皆器

在乾坤并建的基础上，王夫之提出了形器说。他说：

---

① 南怀瑾：《易经系传别讲》，东方出版社 2015 年版，第 266 页。

② 王孝鱼注释：《周易外传选要译解》，中华书局 2014 年版，第 220 页。

③ 饶尚宽译注：《老子》，中华书局 2013 年版，第 105 页。

④ 饶尚宽译注：《老子》，中华书局 2013 年版，第 63 页。

> 盈天地之间皆器矣。器有其表者，有其里者。成表里之各用，以合用而底于成，则天德之乾，地德之坤，非其缊焉者乎？①

《系辞上传》第十二章写道：“乾坤其易之缊耶邪！乾坤成列，而《易》行乎其中矣。乾坤毁则无以见《易》，《易》不可见则乾坤或几乎息矣。”②这几句话的意思是，《周易》乾坤并建而后阴阳才可以错综变易，生出六十四卦的多种变化，所以阳德之乾与阴德之坤就是阴阳所以变易生化的内在因素。乾坤二德是天地所以生化不已的原因，万类生化于天地。因此，我们可以说，盈于天地之间的都是有形之器。器有其表必有其里，表里合一才能化成天下。他反对老子过分强调虚空的作用，说：

> 老子曰：“三十辐共一毂，当其无，有车之用。”夫所谓“无”者，未有积之谓也。未有积，则车之无即器之无，器之无即车之无，几可使器载货而车注浆？③

王夫之认为老子所谓的“无”就是我们所说的既不凝聚，又不充满，无所谓积与不积。一无所积而完全虚空的话，则大车的空虚等于任何器物的空虚，任何器物的空虚也等于大车的空虚。那么几乎可以用任何器物来载货，可以用大车来注浆了。由此，他提出：

> 器不死，则凡器皆虚也；道不虚生，则凡道皆实也。岂得有坚郛峙之以使中屡空也？岂得有庬杂窒之而表里不亲邪？故合二以一者，既分一为二之所固有矣。④

---

① 王孝鱼注释：《周易外传选要译解》，中华书局2014年版，第252页。

② 南怀瑾、徐芹庭注释：《周易今注今译》，重庆出版社2014年版，第424页。

③ 王孝鱼注释：《周易外传选要译解》，中华书局2014年版，第77页。

④ 王孝鱼注释：《周易外传选要译解》，中华书局2014年版，第252页。

在他看来,道器犹如表里,道不虚生,凡道都成为实,器可依道而有成,没有离器之道。器的表里如同天地的阴阳二气。阴阳既然可以相反相成,对立而和,表里二用当然也可只成一用,合二用为一。王夫之对《系辞》"是故形而上者谓之道,形而下者谓之器"做出解释:

> 形而上者,非无形之谓。既有形矣,有形而后有形而上。无形之上,亘古今,通万变,穷天穷地,穷人穷物,皆所未有者也。①

王夫之认为,所谓"形而上"绝不可认为是无形无象的。既然说"形而上",显然离不开形,有形才有"形而上"。《周易》六十四卦就是六十四象。《系辞传》十二章说:"圣人有以见天下之赜,而拟诸其形容,象其物宜,是故谓之象。"②可见,象是天下若干形器的形象。又说:"圣人有以见天下之动,而观其会通,……是故谓之爻。"③可见,爻就是天下若干形器在运动时所表现出的功效。《周易》每卦每爻都有系辞。这章又说:"系辞焉以断其吉凶,……鼓天下之动者存乎辞。"④可见,辞就是辨明形器在运动时所表现出的吉凶利害,从而对人提出警示。所以所谓圣人,就是善于治理形器而已。王夫之说:

> 故"作者之谓圣",作器也;"述者之谓明",述器也。"神而明之,存乎其人",神明其器也。……君子之道,尽夫器而已矣。辞,所以显器而鼓天下之动,使勉于治器也。⑤

王夫之提出天下唯器的命题,认为充满于天地之间的,只有具体的形器,此外一切都是由形器派生出来的。既然天下唯器,那么君子之道

---

① 王孝鱼注释:《周易外传选要译解》,中华书局 2014 年版,第 260 页。

② 南怀瑾、徐芹庭注释:《周易今注今译》,重庆出版社 2014 年版,第 425 页。

③ 南怀瑾、徐芹庭注释:《周易今注今译》,重庆出版社 2014 年版,第 425 页。

④ 南怀瑾、徐芹庭注释:《周易今注今译》,重庆出版社 2014 年版,第 425 页。

⑤ 王孝鱼注释:《周易外传选要译解》,中华书局 2014 年版,第 261 页。

就惟尽量发掘形器的体性，发挥形器的功能。在此，他批判了庄子和王弼。《庄子·外物》篇中写道："荃者所以在鱼，得鱼而忘荃；蹄者所以在兔，得兔而忘蹄；言者所以在意，得意而忘言。"[①]王夫之认为庄子错在忘，主张得了鱼，就可把捕鱼的筌忘掉。但是，庄子明智的地方在于知道得鱼才忘筌，王弼却说出"筌非鱼，蹄非兔"的话，认为言、象代表不了言外之意。他说：

> 若夫言以明象，相得以彰，以拟筌蹄，有相似者。而象所由得，言固未可忘已。鱼自游于水，兔自窟于山，筌不设而鱼非其鱼，蹄不设而兔非其兔。非其鱼兔，则道在天下而不即人心，于己为长物，而何以云"得象""得意"哉？故言未可忘，而奚况于象？况乎言所自出，因体因气，因动因心，因物因理，道抑因言而生。则言、象、意、道，固合而无畛，而奚以忘邪？[②]

王夫之高明之处在于不仅看到，筌、蹄，鱼、兔皆为器，不能相通为一，"筌、蹄一器也，鱼、兔一器也，两器不相为通，故可以相致，而可以相合"[③]，因而有时虽可相互影响，相互招致，但有时也可以相互违背，相互抵触，因此不能得鱼忘筌，得兔忘蹄。更重要的在于，他看到"得象""得意"的过程在于人心，没有"得"，鱼、兔非得鱼之鱼，得兔之兔。道因言而生，言因心而出，言、象、意、道乃为一体，没有边界。

三　苟非其人，道不虚行

王夫之称"天下无象外之道"，道乃器之道，离器无道。天地之器品汇繁多，人唯有用自己的认识能力去仰观俯察，穷理追求，才能

---

① 陈鼓应注释：《庄子今注今译》，商务印书馆2012年版，第832～833页。
② 王夫之：《周易外传》，中华书局2011年版，第214页。
③ 王夫之：《周易外传》，中华书局2011年版，第215页。

形成对世界的基本认识。在《说卦传》中，王夫之写道：

> 是故廖然虚清，确然凝立，无所不在，迎目而觉，游心而不能越，是天地也。故曰“天地定位”。谓人之始觉知有此而定也，非有所在有所不在者也。①

在上天下地的自然环境中，人与天地并存，人的心思可随意游骋，但不能越过天地的界限。“天地定位”意在指出，人的认识，首先觉知了有天有地，而后人在天地之间的位置才随之而定，也就是说，上天下地普遍存在，随时随地对人产生影响，从而生活在这一上天下地之中的人，应当以三才统一人居中心的原则，作为自己一切思想行动的基本准绳。那么，天地的效能是什么呢？王夫之对“乾以易知，坤以简能”做出解释：

> 夫天下之大用二，知、能是也；而成乎体，则德业相因而一。知者天事也，能者地事也，知能者人事也。……乃天则有其德，地则有其业，是之谓乾坤。知、能者，乾坤之所效也。夫知之所废者多矣，而莫大乎其忘之。忘之者，中有间也。万变之理，相类相续而后成乎其章，于基始统其终，于其终如其始。非天下之至健者，其孰能弥亘以通理而不忘？故以知：知者惟其健，健者知之实也。②

王夫之认为天下的伟大作用，不外知和能二者，知是天的事，能是地的事。人既贯通三才，立于天地之间，则知且能，应该是人的事。人之所贵在于，天人合用之道只可由人来担当。天下万变之理彼此相互联系，各有其类，又前后连贯，各有其序。因此，人必须依其类别，多方推求，追问因果，才能条理分明，得其始而可统其终，由其终而可

---

① 王夫之：《周易外传》，中华书局 2011 年版，第 250 ~ 251 页。

② 王孝鱼注释：《周易外传选要译解》，中华书局 2014 年版，第 190 页。

溯其始，始终一贯，构成一个完整的体系。这一功夫实在艰巨，如果不是天下至健而不屈不挠地持之以恒，有谁能一贯到底，深通天下万变之理，而不犯忘字病呢？由此可见，知的功用在于健行不息，也可以说，健行不息就是知的实际内容。所以乾卦《大象传》说："天行健，君子以自强不息。"那么，能的效能是什么呢，王夫之写道：

能之所穷，不穷于其不专，而莫穷乎窒中而执一。执一而窒其中，一事之变而不能成，而奚况其赜！至善之极，随事随物而分其用，虚其中，析其理，理之所至而咸至之。非天下之至顺者，其孰能尽亹亹之施而不执乎一？故以知：能者惟其顺，顺者能之实也。①

我们对于任何事变，都应分析其理，理在哪里，心就随之到哪。如果不是天下至顺而不执不窒地持之以恒，有谁能够不嫌繁杂，历尽天下万变的曲折过程，而不犯执一病呢？由此可见，能的功用，就只有在于以顺承物，因而也可以说，顺以承物就是能的实际内容。所以，坤卦《彖传》说："至哉坤元，万物资生，乃顺承天"，《大象传》又说："地势坤，君子以厚德载物。"因此，王夫之认为老子"善行无辙迹"，无迹可见，是废能，"致虚极，守静笃""涤除玄览"则是废知，违背了知、能之德性。他提出"日生而日新"的观点，他说：

理之御气，浑沦于无门，即始即终，即所生即所自生，即所居即所行，即分即合，无所不肇，无所不成。彻首尾者诚也，妙变化者几也。故天之授我以命，今日始也；物之受性于天，今日始也；成形成色，成生成死，今日始今日终也。而君子以之为体天之道：不疑未有之先何以为端，不亿既有之后何以为变，不虑且无之余何以为归。夭寿不贰而死生贞，

① 王孝鱼注释：《周易外传选要译解》，中华书局 2014 年版，第 191 页。

> 学诲不倦而仁智定。乃以肖天地之无先无后，而纯乎其天。不得已而有言，则溯而上之，顺而下之，神明而随遇之，皆无不可。①

王夫之认为形器本身的发展，生生不息，是在发展，即始即终，终而又始，永无最后之终，也不知什么最初之始。天地变化如此，做人也应当如此。以至诚至实的精神，健行不息，始终不贰地永不间断；以知己察物的明智开动脑筋，顺理达情。如果我们认为人天授我以命，今日也正是开始之时，天命在日授，人性也在日新。形色即是天性，既以成形成色为人，就要践行践色，身体力行，而不辜负这个有形有色之人。生死一理贯通，既已生在人间，就要成生成死，视死如生，勇敢快乐地生活下去。由此，王夫之说：

> 充天地之位，皆我性也；试天地之化，皆我时也。是故历忧患而不穷，处死生而不乱，故人极立而道术正。传曰："苟非其人，道不虚行。"圣人赞《易》以俟后之君子，岂有妄哉！岂有妄哉！②

人生在世，无时无地不在道的运行之中，日新富有，天地之间没有一处不表见天地生生之心，使人可见，也没有一事一物不符合一阴一阳之道的发展规律，使人可行。天地间的一切复杂变化，教会我们经历任何忧患都能应对有余，在千钧一发的生死之际也能处变不惊。"苟非其人，道不虚行"，意思是如果没有"神而明之"之人，《周易》之道便虚行于天地之间。圣人赞《易》，就是希望读《易》者有"神而明之"之人的出现。

---

① 王孝鱼注释：《周易外传选要译解》，中华书局 2014 年版，第 319 页。

② 王孝鱼注释：《周易外传选要译解》，中华书局 2014 年版，第 344 页。

四　继之者善成之者性

王夫之称："故吉凶日流于物，大业日兴于事，知礼日行于两间，道义日存于人心。性善而情善，情善而才善；反身而诚，不远而复。"道的成就兴起于人事的作为之中，如此天道、人道相继相承。他对《系辞上传》第五章"一阴一阳之谓道，继之者善，成之者性"做出解释：

> 道无时不有，无动无静之不然，无可无否之不任受。善则天人相继之际，有其时矣。善具其体而非能用之，抑具其用而无与为体，万汇各有其善，不相为知，而亦不相为一。性则敛于一物之中，有其量矣。[①]

王夫之认为，人与物各有其性，而天地不可以称为有性。一阴一阳如能相继并行，向前发展，便可称之为善，有性存之后，所谓仁义礼知四种德行才可表现出来。天只是浑然之道，善善相继才是天人授受之际的道的作用。善养之于万物，有一定的寄寓之体。事物万类不齐，因而各有其善，既不相为知，又不相为一，于是善也参差不齐。他批判《庄子·齐物论》"天地与我并生，万物与我为一"违背人道，强调道是普遍存在，只有相继相续，才可得之善。人性相继以善的功夫，必须善善相继，向前发展。他称乍见儒子入井而心生怵惕，如果只是偶然一念随即消逝，虽是仁德之端，亦无价值。除非把这怵惕之念，延续下去，才可以称为仁德，这正符合乾健坤顺之德。王夫之在《说卦传》中写道：

> 夫言道者而不穷以理，非知道者矣；言道者而用其耳目思虑以穷理于所穷，吾不敢以为知道者也。夫疏理其义而

① 王孝鱼注释：《周易外传选要译解》，中华书局 2014 年版，第 229～230 页。

> 别之，有截然者矣；而未尽其性也，故反而求之于吾心无有也；而未至于命也，故求之于天地无有也，求之于万物无有也。天地以和顺而为命，万物以和顺而为性。继之者善，和顺故善也。成之者性，和顺斯成矣。……是故《易》以阴阳为卦之仪，而观变者周流而不可为典要；以刚柔为爻之撰，而发挥者相杂于以成文；皆和顺之谓也。和顺者性命也，性命者道德也。①

《说卦传》这一章曾说："和顺于道德而理于义，穷理尽性以至于命。"王夫之认为穷理、尽性、知命这三层功夫，关键在于和顺于道德。"和顺于道德"才能因时制宜，分析条理以尽万物之义。什么叫"和顺于道德"，指阴阳变化所具有的乾健坤顺的全部德能。《周易》以阴阳作为两仪，又以六爻的或刚或柔定每爻各爻的性能，并以卦辞、爻辞明确其意义。这些卦象错综复杂，却能把对立的东西和顺为一，掌握这一和顺的原则，就可以把尽己之性与知天知命二者统一起来，天人一致，就可以进退存亡而不失其正。因此，王夫之以如下方式道出象的无所不在：

> 乃盈天下而皆象矣，诗之比兴，书之政事，春秋之名分，礼之仪，乐之律，莫非象也。而易统会其理。②

可以理解为，王夫之认为世界对于我们的可理解性，在某种程度上因为它是一个"象"的世界，即符号世界。王夫之批判道家以虚无为本源的思想，认为象外无道，天下有象，而圣人有易，圣人通过卦象模拟自然之象，通过系辞、爻辞、彖辞等为卦象赋予意义。"故天下无非易而无非道，不待设此以掩彼，俱无所忘以皆备，斯为善言易者与！"在他看来，言、象、意、道四者一致，言不是表达象或道的工具，天下皆

---

① 王孝鱼注释：《周易外传选要译解》，中华书局 2014 年版，第 305 页。

② 王夫之：《周易外传》，中华书局 2011 年版，第 213 页。

象即天下皆言，且天道与人道相继相成，通而为一。但王夫之反对“万法归一”之说，他解释《系辞下传》“同归而殊途，一致而百虑”，认为孔子是在说明一本万殊之义，所谓理一而分殊。如果颠倒说成“殊途而同归，百虑而一致”，则意义刚好相反。同归而一致，是说明万事万物之所以来，是同其根源；殊途而百虑，是说万事万物之所以往，是各有其特点而不能强同。归一的意思则否认了事物的特殊性，以一收纳万象，将导致万象日见枯竭，有往而无来。因此，万法可以说一致即和顺，不能说归一，归一则违背事理常情。可以说，王夫之是中国古代符号思想的集大成者，他将言抬到与道、象并齐的地位，认为只有通过穷理尽象，才能知人事，尽天命。这与西方符号学思想有相通的地方，即将世界看成一个符号的世界，道无法独立于语言符号而存在，符号具有实在性，通过语言符号化生万物，教化天下，肯定了语言符号对社会发展的推动作用。这一思路扭转了道家“为道日损，损之又损，以至于无为，无为而无不为”的减法思路，认为道器相通，没有某一形器就没有某一形器之道。道是随着具体的形器而表现出来的，没有具体的形器就没有所谓的道，主张君子应践行自强不息的精神穷究万物之理。但王夫之符号思想与西方符号学不同的地方在于，他不只是看到形器各有其理，而是看到理一分殊，万理和顺一致则可以构成一个和同完美的体系，如同乾健坤顺，便是至美之极。在他看来，道、德乃相继相成，只有治理形器并非治理道，掌握了形器之道才能治理形器，道乃治理形器的必须前提。得了道，把形器治理的恰当，就是所谓的德。“天地之大德者生也，珍其德之生者人也。”王夫之符号思想最核心的地方即强调人的作用，这恰能弥补西方符号学的不足。王夫之称：

道一成而三才备，卦一成而六位备。六位备而卦成，三才备而道成。天地有与来，而人有与往。都往来之通，凝天地之交，存乎其中，人乃以省道而主天地。①

人居天地之中，动就要与天地相应，天地有其来，人有其往，一来一往之际，才可以领受天地相交的冲和之气，效法大全之道主持天地。人效法天地的途径即“易”，“夫易，天人之合用也。天成乎天，地成乎地，人成乎人，不相易也；天之所以天，地之所以地，人之所以人，不相离者也。”如前所述，《周易》的象具有符号性质，通过模拟自然万物，从而为人类社会做出自圆其说的解释。在王夫之看来，《周易》的伟大之处在于人通过效法乾坤二德作劝导之教，作整饬之威，作行动的指南，作退藏的法规，用内治其身的原则，作外治其国的纲领。由此，王夫之得出“诗之比兴，书之政事，春秋之名分，礼之仪，乐之律，莫非象也。而易统会其理。”②这一思想将象推及人类生活的所有领域，诸如政治活动、社会机构、文学艺术，人类社会的所有领域都是由符号构成，是人为世界、为自身赋予意义的过程。王夫之的哲学思想可以成为沟通中西符号学的桥梁，既强调西方符号学的语言实在性，又以和顺沟通天道与人道，为西方符号学注入人本主义血液，使得语言不但能提升人的认识能力，而且可以为“我”所用，构筑一个属己的人类家园。

---

① 王夫之：《周易外传》，中华书局 2011 年版，第 238～239 页。

② 王夫之：《周易外传》，中华书局 2011 年版，第 213 页。

下篇　实践应用

第一章 《论语》的符号学解析

《论语》是一门有关心志伦理学的书，主要是对主体(S)和其实践对象间“态度关系”的规定。《论语》的特点是以最少的具体“内容”，最清晰的结构关系建构基本伦理学模型(E)，这种基本伦理学不是纯粹理智性或理论性思考，而是一种实践学，着重于主体对基本价值的自主选择性和选择意志的自觉性，《论语》的这一基本伦理学特性源于其语言的特征。

孔子是语言秩序的维护者，他要通过语言建立一个伦理社会，使得一切尊卑有序。在此我借用奥斯汀提出的“述行语言”概念评价孔子的语言特点。“述行语言”不是描述一种状况的言语，而是在完成许诺的行为，言语本身即行为。我们重复使用语言，是以现有的价值标准将违例者纳入规约中来，通过语言的述行行为，使对方在行为中成为我们要他成为的人。那些重复使用的语言已成为权威的力量，规范着人们的行为。正如乔纳森·卡勒所说：

> 述行言语不是描述而是实行它所指的行为。我通过念出这些字词而做出承诺、发布命令，或者结婚。检验述行性有一个简单的方法，就是看在动词前是否能加上“hereby”这个英文字。这里 hereby 的意思是“通过说出这些话”，我

> "特此保证","我们特此宣布我们的独立","我兹命令你……";而不能说"我兹步行进城",因为我不能通过发出某些字词的读音而完成走路的行为。[①]

孔子正是通过第一人称、一般现在时、陈述句的动词这种最简单的句式,确保动词所指行为的完成。但是在《论语》中,我们不能通过列举"述行语言"的这些特征,定义其是否属于"述行语言"。因为缺少主语、缺乏时态变化、词语活用是古汉语的特征,如"子绝四:毋意,毋必,毋固,毋我。"(9:4)[②]四个动宾短语连用,却是一组典型的"述行语言",其完整的意思为:我确保君子不凭空猜测,不妄下断言,不固执己见,不唯我独尊。"述行语言"保证所指行为的实施,依靠的是语言的"普遍可重复性",因为只有通过重复使用,才能保证所指在任何情况下都有效,那么语言不仅是传达信息,还形成实践行为。孔子保证语言"普遍可重复性"的途径是通过正名并采用语句化的概念、固定句式,形成了关于"仁""礼""德""学""志"五个方面的规约。

一　正名

要使得语言具有规约行为的权力,孔子首先做的是正名。如《论语·子路第十三》:

> 子路曰:"卫君待子而为政,子将奚先?"
>
> 子曰:"必也正名乎!"
>
> 子路曰:"有是哉,子之迂也!奚其正?"
>
> 子曰:"野哉,由也!君子于其所不知,盖阙如也。名

---

① 〔美〕乔纳森·卡勒:《当代学术入门 文学理论》,李平译,辽宁教育出版社 1998 年版,第 100 页。

② 朱熹集注:《四书集注》,岳麓书社 1995 年版,第 158 页。

不正，则言不顺；言不顺则事不成；事不成，则礼乐不兴；礼乐不兴，则刑罚不中；刑罚不中，则民无所措手足。故君子名之必可言也，言之必可行也。君子于其言，无所苟而已矣。”①

为何孔子到卫国治理国政要做的第一件事是正名？因为在孔子看来，名称就是秩序的象征。荀子在《正名》篇中，对名称进行了详细的论证：

异形离心，交喻异物名实玄纽，贵贱不明，同异不别，如是则志必有不喻之患，而事必有困废之祸。故知者为之分别，制名以指实，上以明贵贱，下以辨同异。贵贱明，同异别，如是则志无不喻之患，事无困废之祸，此所为有名也。②

荀子道明了名的功用，制定名称用来指代实物，对上来表明贵贱，对下来辨别同异。名称确定，实物就能分别，思想就能沟通，那么就能率领民众统一行动。因此，玩弄奇辞、擅自制造名称来扰乱正确的名称，使人民疑惑，使众人起来辩论的人，就是最大的奸人。奸人借用奇辞扰乱正确的名称，使得尊卑混乱，人心涣散，法令失效，则国家不可长久。因此，一定要严格固守名称约定的功劳，沿循旧有的名称。所以当齐景公问政于孔子时，孔子对曰：“君君，臣臣，父父，子子。”(12:11)③

庄子可谓是孔子、荀子眼中最大的奸人，因为庄子以吊诡之辞言道。庄子是一个创造新词的高手，如“卮言”，“卮”是古代盛酒的器皿，空则仰、满则倾，在倾仰之间不断往复，永不停滞，以“卮”喻言正是《庄子》语言不守常规的形象体现。在庄子看来，万物一马，天地

① 朱熹：《四书集注》，岳麓书社 1995 年版，第 206 页。

② 方勇、李波译注：《荀子》，中华书局 2011 年版，第 360 页。

③ 朱熹：《四书集注》，岳麓书社 1995 年版，第 197 页。

一指也。任何东西有是便有不是,有然便有不然。是果真是是,就和不是有区别,这样就不须辩论;然果真是然,就和不然有区别,这样也就不须辩论。忘掉生死年岁忘掉是非仁义,遨游于无穷的境界,这样也就能寄寓于无穷的境域。因而庄子“以谬悠之说,荒唐之言,无端崖之辞,时恣纵而不傥,不以觭见之也”,是为了跳出语言是非之争的圈套,实现“道通这一”。在庄子看来,“夫随成心而师之,谁独且无师乎? 奚必知代而心自取者有之? 愚者与有焉。”[①]“故有儒墨之是非,以是其所非而非其所是。”[②]如果依据自己的成见作为判断标准,那么连愚人都有一个标准,人们却以这些标准作为讨伐征战的武器,所以有儒家和墨家的争论。儒家正因为执着于是与非的对立,恪守成心之言,所以建立一套行为准则规范人的言行。成心之言,即重复使用的语言,其已形成固定所指。

孔子在回答学生的问题时,大多采用成心之言。如子曰:“知者不惑,仁者不忧,勇者不惧。”(9:29)[③]。知者、仁者、勇者均为理想的君子人格,因此,不忧不惧是君子的品行。当司马牛问孔子何为君子时,子曰:“君子不忧不惧。”曰:“不忧不惧,斯谓之君子已乎?”子曰:“内省不疚,夫何忧何惧?”(12:4)[④]同样,子曰:“刚、毅、木、讷,近仁”(13:27)[⑤];“君子欲讷于言而敏于行”(4:24)[⑥]。孔子明确君子说话谨慎,做事敏捷。当司马牛问仁的时候,子曰:“仁者,其言也讱。”曰:“其言也讱,斯谓之仁已乎?”子曰:“为之难,言之得无讱乎?”(12:3) [⑦]司马牛不明白为什么不忧不惧为君子,为什么说话谨慎便叫仁。孔子回答说:“自己问心无愧,那还有什么忧愁和恐惧

① 陈鼓应注释:《庄子今注今译》,商务印书馆 2012 年版,第 62 页。
② 陈鼓应注释:《庄子今注今译》,商务印书馆 2012 年版,第 63 页。
③ 朱熹:《四书集注》,岳麓书社 1995 年版,第 166 页。
④ 朱熹:《四书集注》,岳麓书社 1995 年版,第 193 ~ 194 页。
⑤ 朱熹:《四书集注》,岳麓书社 1995 年版,第 215 页。
⑥ 朱熹:《四书集注》,岳麓书社 1995 年版,第 104 页。
⑦ 朱熹:《四书集注》,岳麓书社 1995 年版,第 193 页。

呢?”“做起来不容易,说起话来能不谨慎吗?”孔子其实并没有正面回答司马牛的问题,他只是心中早已有了关于君子和仁的标准,所以给了司马牛一个不可争辩的答案。孔子先入为主地认为君子不忧不惧,君子讷于言,这实质已经限定了君子的心智及其言行,所以面对司马牛的提问,他根本不做任何解释,认为这是一个不争的事实。

二　固定句式

1. 并列句式

在正名的基础上,孔子采用固定句式建构“仁学”伦理体系。孔子说:“道二,仁与不仁而已”,在于凸显伦理行为的正反双向性。孔子多采取并列的句式,显示君子、小人在心志和言行方式上的对立,反映人性品德的两个极端。如:

> 子曰:“君子泰而不骄,小人骄而不泰。”(13:26)[①]
>
> 子曰:“君子怀德,小人怀土;君子怀刑,小人怀惠。”(4:11)[②]

对君子品性的单独论述有:

> 子曰:“君子矜而不争,群而不党。”(15:22)[③]
>
> 子曰:“君子病无能焉,不病人之不己知也。”(15:19)[④]

无论是将君子与小人进行对比,还是对君子的品性的单独论述,孔子都采取肯定与否定并举的方式。在义/利,德/惠,泰/骄,群/党,刑/惠等聚合体中确立等级、划分类别,将一切纳入尊/卑的聚合链,建立儒家的道德伦理。什么是聚合关系?聚合关系是指两个潜在的项次

---

① 朱熹:《四书集注》,岳麓书社 1995 年版,第 215 页。
② 朱熹:《四书集注》,岳麓书社 1995 年版,第 100 页。
③ 朱熹:《四书集注》,岳麓书社 1995 年版,第 242 页。
④ 朱熹:《四书集注》,岳麓书社 1995 年版,第 241 页。

之间的对立。如在汉语拼音中,l 和 n 产生了聚合关系,因为蓝和南意义不同。因而凡有意义的地方,就有聚合关系;凡有聚合关系的地方,就有意义。在法国学者罗兰·巴特看来,聚合关系是统治阶级实行审查制度的"秘密武器",聚合关系对不符合两项次对立的言行统统加以排除,以一种极权主义扼杀差异,以获得秩序井然、等级森严的世界。聚合关系是世界的简化原则,让世界变得清晰而单调,消解了人类活动的复杂性。如幸福/不幸福,穷人/富人这种聚合关系,在巴特看来,是文明阶级的谎言和装腔作势,这种简单主义的统一式是对欲望的审查,将无法纳入聚合链的趣味统统加以排除,并确立尊卑、优劣、善恶关系。

孔子则是聚合链的推崇者,他不仅围绕仁与不仁建立了君子/小人的聚合链,还建立了狂者(士)/狷者(君子)这个聚合链表示仁者的两种类型。"子曰:不得中行而与之,必也狂狷乎。狂者进取,狷者有所不为也。"(13:21)[①]狂者偏于勇进风格,狷者偏于保守风格,两者也存在二元对立结构:内外、出处、狂狷、进守等等,这些二元对立构成了孔子人格学特有的内容。孔子为了维护统治秩序不断建立聚合链,并对聚合链的两项采取明显的好恶态度。积极推崇义、德、泰、矜等道德标准,而对利、惠、骄、党等行为进行贬斥。因而,在儒家的伦理体系中,我们清楚地看到了仁/非仁的价值导向。孔子习惯用肯定、否定的句式,来明确表述自己的价值取向,希望当时的人民根据他所建立的聚合关系来规范自己的行为举止。

2. 语句化的概念

孔子用语句化的概念、常用论点、固定说法建立一套仁学观念体系,这一观念体系为确保其真理性,被重复使用。孔子常用的语式是:"……为……矣",如:

---

① 朱熹:《四书集注》,岳麓书社 1995 年版,第 213 页。

子曰:"温故而知新,可以为师矣。"(2:11)①

子曰:"父在,观其志;父没,观其行;三年无改于父之道,可谓孝矣。"(1:11)②

子曰:"君子食无求饱,居无求安,敏于事而慎于言,就有道而正焉,可谓好学也已。"(1:14)③

这是以下定义的方式,规定了何为师,何为孝,何为好学。衡量一个孝子的标准是他父母还在的时候看他的志向,父母死了的时候看他的行为,三年当中,没有改变他父母所走的路线就是孝。何为师呢?温习旧知识,能有新体会、新发现,就能做老师。同时,孟子指出:君子,吃饭不要求饱,居住不要求舒适,对工作勤劳敏捷,说话谨慎,到有道的人那里去匡正自己,这样,可以说是好学了。孔子对师者、孝者、好学者的言行举止都做出了可予以效仿的模式,只要按照孔子的话去实施,便可以成师、成孝子、成好学者。孔子的语言特色是强调行为,而不进行论证,这一特征与孟子语言形成鲜明对比。孟子与孔子一样都是仁学道德伦理的维护者,但孟子不是为了规范人的行为,而是为了论证"性本善"的哲学命题,因而他的语言具有论辩色彩。孟子多以比喻的方式阐明自己的道德观念。如:

孟子曰:"仁之胜不仁也,犹水胜火。今之为仁者,犹以一杯水救一车薪之火也;不熄,则谓之水不胜火,此又与于不仁之甚者也,亦终必亡而已矣。"④

孟子曰:"五穀者,种之美者;苟为不熟,不如荑稗。夫仁,亦在乎熟之而已矣。"⑤

① 朱熹:《四书集注》,岳麓书社 1995 年版,第 80 页。
② 朱熹:《四书集注》,岳麓书社 1995 年版,第 70 页。
③ 朱熹:《四书集注》,岳麓书社 1995 年版,第 72 页。
④ 朱熹:《四书集注》,岳麓书社 1995 年版,第 481 页。
⑤ 朱熹:《四书集注》,岳麓书社 1995 年版,第 481 页。

孟子曰："仁，人心也；义，人路也。舍其路而弗由，放其心而不知求，哀哉！人有鸡犬放，则知求之；有放心而不知求。学问之道无他，求其放心而已矣。"①

孟子以水、火之间的关系比喻仁与不仁，称如今行仁的人用一杯水试图扑灭一车柴木的火，火焰不熄灭，便说水不能灭火，这种"仁人"与不仁的人没有什么分别，最后连自己的一点仁义也消失了。同时，孟子又将仁比作五穀，五穀是庄稼中的好品种，假若不能成熟，反而不及稊米和稗子。那么仁也在于使它成熟。另外，仁是人的心，义是人的路。放弃了正路而不走，丧失了善良之心而不去找，真是可悲！一个人，有鸡和狗走失了，便晓得去寻找，有善良之心丧失了，却不晓得去寻求。所以，孟子说学问之道没有别的，就是把那丧失的善良之心找回来。孔子不像孟子一样用比喻的手法让人民去领悟仁，而是明确地表述告诉人民应该如何实施仁。如：

子张问仁于孔子。孔子曰："能行五者于天下为仁矣。"

"请问之。"

曰："恭，宽，信，敏，惠。恭则不侮，宽则得众，信则人任焉，敏则有功，惠则足以使人。"

子夏曰："博学而笃志，切问而近思，仁在其中矣。"(17:6)②

孔子告诉子张，能实行庄重、宽厚、诚实、勤敏、慈惠五种品德，便是仁人。子夏则明确表示广泛地学习，坚守自己的志趣；恳切地发问，多考虑当前的问题，仁就在这中间。

---

① 朱熹：《四书集注》，岳麓书社1995年版，第477页。

② 朱熹：《四书集注》，岳麓书社1995年版，第257页。

3. 直陈式

孔子使用的句式的另一个特征是直陈式，如子曰："知者乐水，仁者乐山。知者动，仁者静。知者乐，仁者寿。"（6:23）孔子没有论证知者为什么乐水，仁者为什么乐山，他只告诉你一个事实，知者好动而乐，仁者好静而寿。孔子使用的语言不似禅宗层层递进的论证语式，禅宗以语言揭示了人生的三个境界。

看山是山，看水是水；
看山不是山，看水不是水；
看山是山，看水是水。

第一个阶段，是看山只是山，看水只是水，通过意义去认识世界。第二个阶段，产生了庄周梦蝶，蝶梦庄周的疑惑，开始怀疑世界的真实性，这只是一个名相世界，[①]如《金刚经》中称："诸微尘如来说非微尘。是名微尘。如来说世界非世界。是名世界。"因而"不应住色生心。不应住色香味触法生心。应生无所住心"[②]。如此，便进入第三个阶段，不执着于名相，透过名相悟空。此时，山则不只是山，水则不只是水，而达于仁者乐山，知者乐水的"澄怀观道"之境。这样，禅宗借助肯定、否定、肯定的语言形式，通过打乱语言的正常秩序，曲径通幽般地达至"万籁此俱静，唯闻钟磬声"的清晨古寺之景。禅宗语言是语言的破坏者，禅宗语言就是要打破语言的逻辑规则，摆脱理智束缚。所以，禅宗语言有很多矛盾的说法，如"骑在毛驴上行走""弹无弦之琴"，甚至用粗暴的行动，如棒喝。禅宗以"无生"为本体，认为这个"无生"是一切创造的可能性之源。在无生之域，众生平等，一切合一，而语言的产生使得"无生"进入"有生"。个体利益便侵袭了无染之境，不再能成为物自身。因为语言为万物安排秩序，划分事物

① 《金刚般若波罗密经》，高雄文殊讲堂 2004 年版，第 31 页。
② 《金刚般若波罗密经》，高雄文殊讲堂 2004 年版，第 48 页。

的等级,从而确立了人在宇宙中的中心地位。拥有语言,人就产生了理智和自我意识,将事物变成客体,形成主客二分,不断认识物我、物物关系。所以,禅宗要扰乱语言,实现“一切有为法,如梦幻泡影。如露亦如电,应作如是观”。孔子强调的是秩序井然的“有生世界”,所以他要维护语言的正常秩序,他的句式多采用直陈句式。在对君子德行的论述中,我们可以清楚地发现孔子语言的这一特征。

> 孔子曰:“君子有三戒:少之时,血气未定,戒之在色;及其壮也,血气方刚,戒之在斗;及其老也,血气既衰,戒之在得。”(16:7)①
>
> 孔子曰:“君子有三畏:畏天命,畏大人,畏圣人之言。小人不知天命而不畏也,狎大人,侮圣人之言。”(16:8)②
>
> 孔子曰:“君子有九思:视思明,听思聪,色思温,貌思恭,言思忠,事思敬,疑思问,忿思难,见得思义。”(16:10)③

对君子三戒、三畏、九思的论述,孔子都采用同样的句式,这实质是以一种命令的口吻促使君子必须保证以下行为的完成。语言要具有规范行为的功效,必须具有延续性和不可变更性,要通过重复使用才能成为促使社会稳定的价值标准。所以,孔子采用固定的说法、稳定的句式,形成了关于“仁学”的整套纲常伦理。

孔子通过正名及固定的句式从精神信仰、价值观念、言行方式等方面建立了“仁学原型”,任何阐释都可以从“原型”中找到答案。因此,《论语》不具有逻辑性、辩论性、系统性,“仁”“礼”“德”“学”“志”这五个方面,通过正名、固定句式相互包容,相互贯通。如:“君子务本,本立而道生。”(1:2)④君子有特定的人生方向和精神信仰,

---

① 朱熹:《四书集注》,岳麓书社 1995 年版,第 251 页。
② 朱熹:《四书集注》,岳麓书社 1995 年版,第 251 页。
③ 朱熹:《四书集注》,岳麓书社 1995 年版,第 252 页。
④ 朱熹:《四书集注》,岳麓书社 1995 年版,第 66 页。

“本”可指信仰和基础，“道”指目标和方向，这句话强调了目标和手段的一致性。然而，道、本、仁、德等均可用于表达动机、目标、方向、途径等观念，随语境而发生变化。这句话的“本”强调信仰和基础，下句中“孝弟也者，其为仁之本与”[①]，表明孔子仁学以孝学为本，这个“本”是仁的具体实践性表现。这种通融性另一方面源于汉语意指方式的特点，具体语境只凸显个别意指，即突出该字在语境中的核心意义，却可以不同程度地引生出若干相关的边缘意义，形成一种综合性的意指集合体，从而建构“仁学原型”。在古汉语中，仁字与人字亦可以相通。如“井有仁焉”。仁字除有基本义外，还含有许多其他意义。仁学即人学，“仁”字的象形指示义为“二个人”，也就是“人际性”，因此，仁字也表示慈与爱，即人际之爱（德、礼），但是作为人际关系表达之仁字的真正意义在“心”上，仁即仁心，这又造成人际学转化为心志自我学（志、学），孔子便建造了一座用材最少、占地最小的仁学大厦。大厦分三层。第三层（最高层）：道、仁、义、德；第二层：礼、孝、志、政、友；第一层：智、勇、恕、谦。

仁学的基本价值：仁爱。

“樊迟问仁，子曰爱人。”（12：22）[②]仁爱具体表现在孝学、友学、政学。

“君子笃于亲，则民兴于仁。”（8：2）[③]亲孝是培养和扩充仁爱之心的自然途径，由亲子之情扩充而成对他人之情。

“君子成人之美，不成人之恶。”（12：16）[④]与人相交，不以利争，义礼为则，不仅不做损人之举，且须遇事相助，成就他人功业和美善。

“政者，正也。”（12：17）[⑤]“正”为方正、端正、正确、中正之意，这

① 朱熹：《四书集注》，岳麓书社 1995 年版，第 66 页。
② 朱熹：《四书集注》，岳麓书社 1995 年版，第 201 页。
③ 朱熹：《四书集注》，岳麓书社 1995 年版，第 147 页。
④ 朱熹：《四书集注》，岳麓书社 1995 年版，第 199 页。
⑤ 朱熹：《四书集注》，岳麓书社 1995 年版，第 199 页。

句话明确了政治与伦理的关系，政治是实现人际正义和社会公正的手段。

"老者安之，朋友信之，少者怀之。"(5:26)[①]这句话表明仁者为政的目标在于百姓安居乐业，仁政理想不是服务于统治者，而是为了通过统治者来实现仁爱的社会理想。

仁学的实践途径：礼。

颜渊问仁。子曰："克己复礼为仁。一日克己复礼，天下归仁焉。为仁由己，而由人乎哉？"颜渊曰："请问其目。"子曰："非礼勿视，非礼勿听，非礼勿言，非礼勿动。"颜渊曰："回虽不敏，请事斯语矣。"(12:1)[②]孔子以礼释仁，仁是内在心志学，礼是外在规约，但对仁学而言，重要的不是礼仪行为本身，而是行礼者的心态，因而，礼与仁相通，礼仪的目的是为了实现仁学理念。所以，子曰："人而不仁，如礼何？人而不仁，如乐何？"(3:3)[③]礼乐追根溯源是发自人(仁)心的内在情感，对孔子来说，礼乐的真正意义就是正人心、塑造完美的人性心理。所以，失去了仁这个内在核心，礼乐就不成其礼乐，而只剩下一个无用的空壳了。如此，仁、礼、乐便相通为一。

仁学实践的技术性准备：学。

"古之学者为己，今之学者为人。"(14:24)[④]为己指求学为了加强个人自身的修养，为人指求知是为获取名利。孔子的为学观为求仁，实现了学与仁的相通。

仁学的意志方向：志。

"朝闻道，夕死可也。"(4:8)[⑤]孔子认为志向的最高标准是道。

---

① 朱熹：《四书集注》，岳麓书社 1995 年版，第 117 页。
② 朱熹：《四书集注》，岳麓书社 1995 年版，第 191 页。
③ 朱熹：《四书集注》，岳麓书社 1995 年版，第 86 页。
④ 朱熹：《四书集注》，岳麓书社 1995 年版，第 226 页。
⑤ 朱熹：《四书集注》，岳麓书社 1995 年版，第 100 页。

实现道的途径为："人能弘道，非道弘人。"（15:28）[①]人（仁）道源于人性本心，非来自任何外力。

志的技术性层面为学。

"吾十有五而志于学，三十而立，四十而不惑，五十而知天命，六十而耳顺，七十而从心所欲，不逾矩。"（2:4）[②]学的目标为提升自己的心性。如此，打通了志、学、仁的边界。最后，孔子得出"志于道，据于德，依于仁，游于艺"（7:6）[③]的结论。道、德、仁最后统一于艺，一个有艺术涵养的人，必然有正确的人生目标，能培养支持志向追求的品德，并有一颗仁爱之心。

由此，孔子可以游刃有余地回答学生关于仁的提问。如：仲弓问仁。子曰："出门如见大宾，使民如承大祭。己所不欲，勿施于人。在邦无怨，在家无怨。"（12:2）[④]这段话孔子将礼学、友学、政学并置，回答仁学。同理，樊迟问仁。子曰："爱人。"问知，子曰："知人。"樊迟未达。子曰："举直错诸枉，能使枉者直。"（12:22）[⑤]孔子用"善于识别人"（友学）回答什么是智。樊迟不解，孔子便说："把正直的人提拔出来，使他们的地位在邪恶的人之上，这就能使邪恶的人正直起来。"（政学）因为友学、政学在孔子看来都是仁学的目标。

---

① 朱熹：《四书集注》，岳麓书社1995年版，第243页。
② 朱熹：《四书集注》，岳麓书社1995年版，第76页。
③ 朱熹：《四书集注》，岳麓书社1995年版，第134页。
④ 朱熹：《四书集注》，岳麓书社1995年版，第192页。
⑤ 朱熹：《四书集注》，岳麓书社1995年版，第201页。

第二章　从符号学的角度分析韩非对《老子》的解读

汉字语义具有多义性，即一个汉字可以指称一组意义上互有关联而内容上相异的对象，汉语意指方式的特点是突出该字在语境中的核心意义，但却可以不同程度地引生若干相关的边缘意义，从而形成一种综合性集合体。因此，同一个字在不同的语境中意义不同，读者必须从文本整体环境中把握相关字词的意义，试图用一个确定的意义解读不同文本只会导致阐释的混乱。韩非正是利用汉语的这一特性，通过重新解释道、德、义、礼等词，使得老学成为法家的理论支撑，同时又对老学进行功利主义的活学活用，将老学的人生观无为论转换为法家的权术观无为论。采取虚实策略，以其出世无为的修辞学掩护其入世有为的计谋学。

《老子》的“道”强调自然主义的力势观，以达到无为而无不为的最高境界。“人法地，地法天，天法道。道法自然。”[①]老子认为道是世界的本源，支配自然和人事，自然和人的行为必须效法道这一最高力势。老子的“道”有效实现了强弱、大小、有无、阴阳的转化。如“万物负阴而抱阳。……天下之至柔，驰骋天下之至坚。无有入于

① 饶尚宽译注：《老子》，中华书局 2013 年版，第 63 页。

无间。”[①]表面阴柔，实则阳坚。表里不一，使前者驾驭后者，以后者掩护前者，充分玩弄虚实真伪策略，即“当其无，有器之用”，“有之以为利，无之以为用”。《老子》称：“上善若水，水善利万物而不争。处众人之所恶，故几于道。”[②]在老子看来，水的品性近乎道，因为水具有不争的表象，处于众人厌恶的最低处，却实现了“天下莫柔弱于水，而攻坚强者莫之能先也”。[③] 老子总结了“道”的境界：“知其雄，守其雌，为天下谿。为天下谿，常德不离，复归于婴儿。知其白，守其黑，为天下式。为天下式，常德不忒，复归于无极。知其荣，守其辱，为天下谷。为天下谷，常德乃足，复归于朴。朴散则为器，圣人用之则为官长，故，大制不割。”[④]因而，老子并非不知道雄、荣、白的功用，老子总结了世俗的功用之学，只有欲得故纵，欲进故退，以虚避实，才能取胜。所以称“道常无为而无不为。侯王若能守，万物将自化。”[⑤]老子的“道”是实现积极入世的迂回之策，以“不与人争”的姿态实现“与人大争”的人生哲学。

韩非巧妙利用了“道”刚柔相济、虚实相接、阴阳相交的特性，将之转化为统治者的统治之术。“道者，万物之始，是非之纪也。是以明君守始以知万物之源，治纪以知善败之端。”韩非认为“道”，是万物的本原，是非的准则。圣明的君主通过把握这个本原了解万物的由来，研究这个准则以认识事情成败的原因。统治者通过“道”的虚静使自己变得神秘莫测，韩非认为做君主的原则在于不能让臣下看出自己的心意。因为君主表现自己的意图，臣子就会极力伪装自己的观点；君主表现出自己的爱好，臣子就会精心粉饰自己的言行。因此，君主要遵循“道”，保持虚静无为的态度，如此才能让臣子表现出

---

① 饶尚宽译注：《老子》，中华书局 2013 年版，第 105 ~ 107 页。
② 饶尚宽译注：《老子》，中华书局 2013 年版，第 20 页。
③ 饶尚宽译注：《老子》，中华书局 2013 年版，第 186 页。
④ 饶尚宽译注：《老子》，中华书局 2013 年版，第 71 页。
⑤ 饶尚宽译注：《老子》，中华书局 2013 年版，第 91 页。

自己的本真之情，以便隐蔽地观察臣下的过失，以此实现“明君无为于上，群臣竦惧乎下”。

一 “道”的说明依据：理

君主的无为并非无所作为，“夫物者有所宜，材者有所施，各处其宜，故上无为”。事物有它适宜的用处，才能有它施展的地方，各自处在适当的位置上，君主才能无为而治。要使得物者有宜，必须知道事理。在《解老》篇中，韩非用“理”重新阐述老子之“道”：

> 道者，万物之所然也，万理之所稽也。理者，成物之文也；道者，万物之所以成也。故曰：道，理之者也。物有理不可以相薄。物有理，不可以相薄，故理之为物之制，万物各异理。万物各异理，而道尽稽万物之理，故不得不化；不得不化，故无常操。[①]

在这里，韩非明确地将理定义为“成物之文”“物之制”，即事物所遵循的具体规律，而道则“尽稽万物之理”，是各种事理的总和，是万物所以如此的总根据。韩非将老子对“道”的普遍性论述，深入到更具体的事物的理的层面。“道”以此被悬置，“虚静无为，道之情也；参伍比物，事之形也”[②]。虚静无为，是道本来的面貌；验证和联结事物，是由事物的实际情形决定的。“理”成为“法”的依据，韩非称：

> 凡物之有形者易裁也，易割也。何以论之？有形则有短长，有短长则有小大，有小大则有方圆，有方圆则有坚脆，有坚脆则有轻重，有轻重则有白黑。短长、大小、方圆、坚脆、轻重、白黑之谓理，理定而物易割也。故议于大庭而后言则立，权议之士知之矣。故欲成方圆而随其规矩，则万事

---

① 高华平、王齐洲、张三夕译注：《韩非子》，中华书局2012年版，第208页。

② 高华平、王齐洲、张三夕译注：《韩非子》，中华书局2012年版，第62页。

之功形矣。而万物莫不有规矩。[1]

大凡有形状的物体就容易裁断，容易分割。为什么这样说？有形状，就有长短；有长短，就有大小；有大小，就有方圆；有方圆，就有坚脆；有坚脆，就有轻重；有轻重，就有黑白。长短、大小、方圆、坚脆、轻重、黑白就叫作理。理确定之后，事物就容易分割。要做到虚静无为就必须遵循万物的法则，“理”成为“道”的实现途径，“道”必须借助于“理”才能得到说明。韩非通过《解老》使理获得道的支撑，他说：

> 凡理者，方圆、短长、粗靡、坚脆之分也。故理定而后可得道也。故定理有存亡，有死生，有盛衰。夫物之一存一亡，乍死乍生，初盛而后衰者，不可谓常。唯夫与天地之剖判也俱生，至天地之消散也不死不衰者谓“常”。而常者，无攸易，无定理。无定理，非在于常所，是以不可道也。圣人观其玄虚，用其周行，强字之曰“道”，然而可论。故曰：“道之可道，非常道也。”[2]

韩非认为理确定了，事物才能得到说明。理有存亡、生死、盛衰，不能称为恒常。只有那个与天地的开辟一起产生，到天地消散而仍然不死亡衰败的才叫作恒常。恒常，就是无所变化，没确定的理，便无法说明。韩非以此解释“道之可道，非常道也。”老子的“道”并非没有常理，也不依附于理。老子的“道” 乃“有物混成，先天地生。寂兮寥兮，独立而不改，周行而不殆，可以为天地母”[3]。可见，道先于万物，并不需要通过万物的理得到说明，相反，道是万物的始源。“道生一，一生二，二生三，三生万物。”[4]道为天地未分的混沌状态，一、

---

① 高华平、王齐洲、张三夕译注：《韩非子》，中华书局 2012 年版，第 216 页。
② 高华平、王齐洲、张三夕译注：《韩非子》，中华书局 2012 年版，第 211 页。
③ 饶尚宽译注：《老子》，中华书局 2013 年版，第 63 页。
④ 饶尚宽译注：《老子》，中华书局 2013 年版，第 105 页。

二、三、万物等语言只能用来描述道的衍生物。语言具有遮蔽性，在呈现一面时，必然隐匿另一面。对于道的任何描述都是对道的降格，令道丧失浑全性。因此，道无法用语言来表达。所以老子称“知者不言，言者不知”。

韩非不仅误解了“道之可道，非常道也”，也对“前识者，道之华也，而愚之首也”[①]做出了曲解。老庄均提倡清静无为的自然状态，任何人为的努力都会劳心伤神。庄子“道”的最高境界是“至人无己，神人无功，圣人无名”，至人、神人、圣人要堕肢体，黜聪明，离形去知，以使自己的心境清静、恬淡，升华到“忘我”的境界。老子认为：“大道废，有仁义；智慧出，有大伪；六亲不和，有孝慈；国家昏乱，有忠臣。”[②]大道被废弃了，才有提倡仁义的需要；聪明智巧的现象出现了，伪诈才盛行一时；家庭出现了纠纷，才能显示出孝与慈；国家陷于混乱，才能见出忠臣。那么，只有保持“道”无欲无知，朴实无华的状态，才能天下太平，以享天年，世俗的仁、义、礼、知、信恰恰是争执、战乱的开端。因此，老子称“为学日益，为道日损。损之又损，以至于无为”[③]。为学，只能增长知识，添加私欲，因此就会虚伪百出，忧烦众生。而求道则损知去欲，内心清静，虚怀若谷，便能做到无为无事了。那么“前识者，道之华也，而愚之首也”顺理成章地被解释为“知识，是道华而不实的外在文饰，却是愚蠢的开端”。[④] 韩非却将前识者解释为“先物行先理动之谓前识。前识者，无缘而妄意度也”[⑤]。在事物出现之前就行动、在事理表现出之前就判断叫作前识。前识，是没有根据而主观臆测。韩非举了个例子，詹子通过道术推测一头黑牛用白布缠着它的角，在屋外鸣叫，与无知小孩眼见为实的功效是

---

① 饶尚宽译注：《老子》，中华书局 2013 年版，第 93 页。

② 饶尚宽译注：《老子》，中华书局 2013 年版，第 45 页。

③ 饶尚宽译注：《老子》，中华书局 2013 年版，第 117 页。

④ 饶尚宽译注：《老子》，中华书局 2013 年版，第 95 页。

⑤ 高华平、王齐洲、张三夕译注：《韩非子》，中华书局 2012 年版，第 192 页。

一样的。韩非认为詹子的道术是前识,以此将老子的话解释为在事理表现出来以前的前识只是道的外在修饰,是愚蠢的开端。韩非对老子的曲解是为了强调事理才是道的依据,韩非以“理”释“道”,用万物的特殊性解释道的普遍性,是为了阐述自己的权术政治学。韩非称“明主之所导制其臣者,二柄而已矣。二柄者,刑德也”①。圣明的君主用来控制臣下的工具只有刑、德两个权柄。要做到赏罚分明,必须明了事物的理,君主和臣下各自遵守自己的原则,并依据臣子的本色分派事情,臣子将自动承担办理政事。由此,韩非提出法的观念。

韩非通过《解老》使“理”高于“道”,君主实行统治必须要守“理”,要保证“理”的权威性,必须采用法术。他说:

> 不以智累心,不以私累己;寄治乱于法术,托是非于赏罚,属轻重于权衡;不逆天理,不伤情性;不吹毛而求小疵,不洗垢而察难知;不引绳之外,不推绳之内;不急法之外,不缓法之内;守成理,因自然;祸福生乎道法,而不出乎爱恶;荣辱之责在乎己,而不在乎人。②

顺应自然,坚守事理,不以智巧烦扰心境,不以私利拖累自身;把国家治理的效果寄托在法术上,把事物的是非寄托在赏罚上,把物体的轻重寄托在权衡上。那么,福祸完全由宇宙的普遍法则和国家的法制决定,而不出于个人的主观好恶;荣和辱的责任在于自己,而不在于他人。如此,法获得了与道、理相同的地位。

二　道的实现手段:形名之术

法获得“道”的理论支撑,披上了无为的假面具,进而韩非推翻

---

① 高华平、王齐洲、张三夕译注:《韩非子》,中华书局2012年版,第52页。

② 高华平、王齐洲、张三夕译注:《韩非子》,中华书局2012年版,第313页。

儒家的仁、义、礼等纲常伦理,使法获得不可动摇的巩固地位。韩非称:“治强生于法,弱乱生于阿,君明于此,则正赏罚而非仁下也。爵禄生于功,诛罚生于罪,臣明于此,则尽死力而非忠君也。君通过于不仁,臣通于不忠,则可以王矣。”①韩非认为国家的安定和强大来自依法办事,国家的衰弱和动乱来自不按法办事,君主明白这个道理,就要公正地实行赏罚而不对臣民讲仁爱。爵位和俸禄来自所立的功劳,杀戮和惩罚来自所犯的罪行,臣民明白这个道理,就会卖命出力而不讲对君主个人效忠。君主明白不讲仁爱的道理,臣下明白不讲私忠的道理,就可以统治天下了。韩非为何认为不仁可以称王?然而,在孔子看来,“王道”与“仁”是一以贯之的。

孔子的“道”是实行仁政的政治理想,这种政治理想不是为了服务于统治者,而是为了通过统治者的为民服务来实现仁爱的社会,其政治理想是为人生理想服务的。孔子的政治理想不是为了成就个人功名,也不是为了实现国家富强,而是通过提高个人的心性修养,从而实现社会道德。所以孔子将社会政治的最高境界描述为“浴乎沂,风乎舞雩,泳而归”。这是一种美学境界,与建功立业、富国强兵的政治抱负背道而驰。“道”的基本价值:仁爱。如:樊迟问仁,子曰爱人。仁者为政目标在于百姓安居乐业,仁政理想不是服务于统治者,而是为了通过统治者来实现仁爱的社会理想。

那么,韩非如何假“道”而推翻孔子的仁学呢?其手段为玩弄形名之术。韩非称:“用一之道,以名为首。名正物定,名倚物徙。故圣人执一以静,使名自命,令事自定。”②以道的原则治理国家,要把确定客观事物的名称摆在首位。名称正确地反映了客观事物,事物的性质就明确了;名称有偏差,事物就捉摸不定。所以圣人把握道而虚静以待,名称要让它所反映的内容自己确定,让事物依自己的性质

① 高华平、王齐洲、张三夕译注:《韩非子》,中华书局2012年版,第504页。

② 高华平、王齐洲、张三夕译注:《韩非子》,中华书局2012年版,第60页。

去确定。名称确定,事物就能分别,思想就能沟通,那么就能率领民众统一行动。因此,玩弄奇辞、擅自制造名称来扰乱正确的名称,使人民疑惑,使众人起来辩论的人,就叫作最大的奸人。奸人借用奇辞扰乱正确的名称,使得尊卑混乱,人心涣散,法令失效,则国家不可长久。因此,一定要严格固守名称约定的功劳,因循旧有的名称。所以当齐景公问政于孔子。孔子对曰:“君君,臣臣,父父,子子。”

孔子正名是为了建立伦理社会,韩非正名是为了玩弄权术。在论证过程中,他通过正名提出了八奸、十过、三守、八经、七术等权术政策。如“何谓三守?人臣有议当途之失、用事之过,举臣之情,人主不心藏而漏之近习能人,使人臣之欲有言者不敢不下适近习能人之心,而乃上以闻人主”①。什么叫君主必须掌握的三条原则呢?臣子中有议论当权大臣的过失、执政者的过失、群臣的实情的,君主不把这些隐藏在心中而泄露给左右亲信和善于钻营而受重用的人,使得臣子中想向君主进言的人不敢不先向下顺从君主的这些亲信和靠钻营而获重用的人的心意,而后才朝上向君主进言。韩非认为这三条原则使用得不完备,就会有劫主弑君的征兆。君主通过正名做到“不见其采,下故素正。因而任之,使自事之;因而予之,彼将自举之;正与处之,使皆自定之。上以名举之,不知其名,复修其形。形名参同,用其所生。二者诚信,下乃贡情”②。君主不表现出自己的才能,臣下就会显出自己的本色。按照臣子的本色任用他们,使他们自行办理政事。君主通过名称考察臣子的言行,不知名的行为通过其具体表现命名,使得行为和名称相符,根据形名进行赏罚,而不是凭个人喜好,朝令夕改,臣子就会贡献忠诚。韩非大量使用“何谓……?此之谓……”的句型,定义臣子的阴谋手段和君主的防奸之术,这些实则算尽心机的权术通过正名,超越了主体个人意志力,

① 高华平、王齐洲、张三夕译注:《韩非子》,中华书局2012年版,第155页。

② 高华平、王齐洲、张三夕译注:《韩非子》,中华书局2012年版,第60页。

符合事理，顺乎自然，使天道压服了人力。因而，韩非通过重新阐释道、理、名，将形而上的玄学与形而下的策术有机地结合起来。

韩非认为，仁爱是人为之举，有悖于“道”“理”“名”的天道自然主义，仁爱不仅不会使得天下相亲，反而会造成天下大乱。通过《解老》，韩非重新解释义、礼，称“义者，君臣上下之事，父子贵贱之差也，知交朋友之接也，亲疏内外之分也。臣事君宜，下怀上宜，子事父宜，贱敬贵宜，知交友朋之相助也宜，亲者内而疏者外宜。义者，谓其宜也，宜而为之”[①]。韩非认为义是指君臣上下的关系，父子贵贱的差别，知己朋友的交往，亲疏内外的分别。义，即将各种关系处理适宜。因而，“上义为之而有以为也。”[②]这句话的意思是：最高的义就是要去做，而且做得非常恰当。义是儒家所提倡的美德，指正义、义气，如《孟子·告子上·鱼我所欲也》：“生，亦我所欲也，义，亦我所欲也。二者不可得兼，舍生而取义者也。”[③]《论语》“信近于义，言可复也；”(1:13)[④]讲诚信，符合义。义与利是相对的，如“君子喻于义，小人喻于利。”(4:16)[⑤]韩非将义解释为宜，即适宜地处理君臣、父子、朋友之间的关系，符合他的事理观。君臣、父子之间不能讲仁义，因为他们的地位有别，各自行事都要按照自己的规矩，破了规矩就违反了天道，只有让他们各行其是，尊卑有序才是最大的义。要维护这最大的义，必须坚持法度，任何扰乱关系的行为都必须严惩。韩非举了一个例子，秦昭襄王生病，每个里的民众都买牛祭神为他祈祷，秦昭襄王知道后说：“罚他们每人出两副甲。没有命令却擅自祈祷，这是爱我。他们爱我，我也将改变法令而以同样的心去爱他们，这样法制就不能建立；法制不建立，则会乱国亡身。不如每人罚两副

① 高华平、王齐洲、张三夕译注：《韩非子》，中华书局2012年版，第188页。
② 高华平、王齐洲、张三夕译注：《韩非子》，中华书局2012年版，第188页。
③ 朱熹集注：《四书集注》，岳麓书社1995年版，第475页。
④ 朱熹集注：《四书集注》，岳麓书社1995年版，第71页。
⑤ 朱熹集注：《四书集注》，岳麓书社1995年版，第102页。

甲来重新和他们搞好国家的治理。”[①]因此，韩非称：“爱多者则法不立，威寡者则下侵上。是以刑罚不必则禁令不行。”[②]

要维护法的严明，必须赏罚分明，而不是通过礼。礼在孔子看来，与仁相通。颜渊问仁。子曰：“克己复礼为仁。一日克己复礼，天下归仁焉。为仁由己，而由人乎哉？”颜渊曰：“请问其目。”子曰：“非礼勿视，非礼勿听，非礼勿言，非礼勿动。”颜渊曰：“回虽不敏，请事斯语矣。”(12:1)[③]孔子以礼释仁，仁是内在心志学，礼是外在规约，但对仁学而言，重要的不是礼仪行为本身，而是行礼者的心态，因而，礼与仁相通，礼仪的目的是为了实现仁学理念。所以，子曰：“人而不仁，如礼何？人而不仁，如乐何？”(3:3)[④]礼乐追根溯源是发自人(仁)心的内在情感，对孔子来说，礼乐的真正意义就是正人心、塑造完美的人性心理。所以，失去了仁这个内在核心，礼乐就不成其礼乐，而只剩下一个无用的空壳了。如此，仁、礼、乐便相通为一。

韩非将礼解释为“礼为情貌者也，文为质饰者也。夫君子取情而去貌，好质而恶饰。”[⑤]礼是内心情感的表现，文采是内在本质的修饰。君子只要内在情感而不要外在表现，喜欢内在本质而厌恶外在文饰。通过老子“夫礼者，忠信之薄也，而乱之首也”。[⑥] 这句话否认礼，认为礼仪烦琐的人内心真实情感衰弱。韩非借助老子的话瓦解了仁学的伦理学基础，却违背了《老子》的原义。

“上德不德，是以有德。下德不失德，是以无德。”[⑦]道是自然之道，德是自然之道在人世间的表现。上德的人不自恃有德，因此是真的有德，而下德之人刻意追求道德，反而不是有德。韩非将德与利得

---

① 朱熹集注：《四书集注》，岳麓书社 1995 年版，第 507 页。
② 高华平、王齐洲、张三夕译注：《韩非子》，中华书局 2012 年版，第 327 页。
③ 朱熹集注：《四书集注》，岳麓书社 1995 年版，第 191 页。
④ 朱熹集注：《四书集注》，岳麓书社 1995 年版，第 86 页。
⑤ 高华平、王齐洲、张三夕译注：《韩非子》，中华书局 2012 年版，第 190 页。
⑥ 饶尚宽译注：《老子》，中华书局 2013 年版，第 93 页。
⑦ 饶尚宽译注：《老子》，中华书局 2013 年版，第 93 页。

相举，混淆道德与义得两个概念。“德者，内也。得者，外也。‘上德不德’，言其神不淫于外也。神不淫于外，则身全。身全之谓德。德者，得身也。”[①]德，是内部具有的东西。得，是外部得到的东西。“上德不德”，是说人的精神不游移在自身之外，便能保全身体，保全身体叫作德（得）。韩非将老子无心作为的德解释为得身，表明韩非举德的目的在于得利，通过保全自己的身体获取最大的利益。接着，韩非从功用的角度解释道、德、仁、义、礼之间的关系。他说：“道有积而积有功；德者，道之功。功有实而实有光；仁者，德之光。光有泽而泽有事；义者，仁之事也。事有礼而礼有文；礼者，义之文也。”[②]德是道的功效，仁是德的功效，义是仁的功效，礼是义的功效，他们之间相互依存，前者是后者的修饰、表现。因此，“失道而后失德，失德而后失仁，失仁而后失义，失义而后失礼”[③]。

然而，老子是根据人世道德之高下合乎自然道德的程度，区分不同的道德等级，仁义（仁学最高伦理价值）降为从属级的道德。“上德无为而无以为；下德无为而有以为。上仁为之而无以为；上义为之而有以为。上礼为之而莫之应，则攘臂而扔之。”[④]合乎自然之道的上德是最高级，顺应自然无心作为，下德无为却出于有意。最高的仁有所为而出于无意，最高的义有所为而出于有意。上礼有所为却没有得到遵守，于是就要扬着胳膊来强制人们去服膺礼的要求。老子认为“仁义”与“德”相比，关键的差异在于“有为”，而真正的“德”应当是顺应自然而无所为的。所谓“仁义”，往往都是人们按照社会道德规范所做出的符合道德规范的行为，这种“仁义”从行为的外在表征来看，是符合社会的道德评价的，但是绝非是个人发自内心而出于自然的伦理选择。道、德、仁、义是逐步降级的过程，而不是相互依

---

① 高华平、王齐洲、张三夕译注：《韩非子》，中华书局 2012 年版，第 187 页。
② 高华平、王齐洲、张三夕译注：《韩非子》，中华书局 2012 年版，第 190 页。
③ 高华平、王齐洲、张三夕译注：《韩非子》，中华书局 2012 年版，第 190 页。
④ 饶尚宽译注：《老子》，中华书局 2013 年版，第 93 页。

存。“故失道而后德，失德而后仁，失仁而后义，失义而后礼。”①

仁学的仁、义、礼被韩非全盘否定后，他通过法术巩固统治集权。韩非称“故有道之主，远仁义，去智能，服之以法。是以誉广而名威，民治而国安，知用民法也。凡术也者，主之所执也；法也者，官之所师也”②。法指法令制度，术是君主为维护君权玩弄的计谋。实行法术的目的是为了维护君主的权势。韩非将国家比作君主的车，权势比作君主的马，术比作驭马的技术，拥有驭马的技术才能驾驭马，驾驭好马才能拉好马车，势是地位、权力的保障。韩非对“鱼不可脱于渊，国之利器不可以示人”③这句话进行发挥，他说：

> 势重者，人主之渊也；臣者，势重之鱼也。鱼失于渊而不可复得也，人主失其势重于臣而不可复收也。古之人难正言，故托之于鱼。④

重大的权势是君主的深潭；臣下是重大权势控制下的鱼。鱼离开了深潭就不能再得到，君主把他的重大权势落在臣子手里就不可能收回它。韩非称老子不便于直说，把这个道理寄托在鱼那里。韩非借用“鱼不可脱于渊”这句话证实，君主只有利用权势才能维护统治，实行法度，一旦失势，便会导致叛乱。韩非实质通过《解老》利用势的多义性，有意混淆态势、权势两个概念。老子称“道生之，德畜之，物形之，势成之”⑤。道是宇宙的本源，人世的道德是天道的呈现，通过物质形体得以保存，万物相互依存的态势即道的外化。那么，“鱼不可脱于渊”的意思即鱼不能离开深潭是道的使然，道将生命的一切安排得井然有序，万物油然而生，却像什么也没有做过。韩非将这

---

① 饶尚宽译注：《老子》，中华书局 2013 年版，第 93 页。
② 高华平、王齐洲、张三夕译注：《韩非子》，中华书局 2012 年版，第 627 页。
③ 饶尚宽译注：《老子》，中华书局 2013 年版，第 89 页。
④ 高华平、王齐洲、张三夕译注：《韩非子》，中华书局 2012 年版，第 359 页。
⑤ 饶尚宽译注：《老子》，中华书局 2013 年版，第 123 页。

种自然之势解释为权势，使势也获得了形而上的玄学保障。

通过《解老》，韩非将形而上的自然之道转化为法、术、势等形而下层面的权谋之策，韩非之所以能以玄虚之论掩护策术之论，源于汉语的多义性。我们发现韩非的“道”不同于仁学追求伦理政治之“道”：一方面，韩非利用老子的宇宙之道贬低仁学现实主义的人世之道；另一方面，对道进行为我所用的阐释，将理作为道的说明依据，以形名之计使得法、术成为遵循宇宙之道的大法。同时，有意混淆道德与利得、态势与权势、正义与适宜等概念，在世俗的层面强调为仁学所鄙视的权谋策术。

第三章 《庄子》的符号学解析

一 叙事技巧

《齐物论》中出现两个叙事者:吾/我。文本开篇便引出吾/我之辨:

> 南郭子綦隐机而坐,仰天而嘘,荅焉似丧其耦。颜成子游立侍乎前,曰:"何居乎?形固可使如槁木,而心固可使如死灰乎?今之隐机者,非昔之隐机者也。"子綦曰:"偃,不亦善乎,而问之也!今者吾丧我,汝知之乎?"①

吾丧我,吾是主格,我是宾格,在此,我们可以援引罗兰·巴特对叙事者的区分,"吾"是一个象征物,不是一个外化、客观、僵化的对象,永远处于未完成态。"我"是语言中的一个客体,是语言谋杀的对象。庄子对吾/我有进一步的论述:

> 非彼无我,非我无所取。是亦近矣,而不知其所为使。

---

① 陈鼓应注释:《庄子今注今译》,商务印书馆 2012 年版,第 43 页。

> 若有真宰，而特不得其眹。可行己信，而不见其形，有情而无形。百骸、九窍、六藏，赅而存焉，吾谁与为亲？汝皆说之乎？其有私焉？如是皆有为臣妾乎？其臣妾不足以相治乎？其递相为君臣乎？其有真君存焉？如求得其情与不得，无益损乎其真。①

可见，“我”是五脏六腑的躯体，而“吾”是真君、真宰。“我”并不是指庄子，而只是文中的一个叙事者，可以说文本是“吾”对“我”的讨伐，“吾”是文本所要张扬的自我意识，而“我”是文本所否定的客体。

庄子以吾/我作为大言/小言、大知/小知的代言人。文中时常以两个人物的对话展开论述，如子綦/子游，舜/尧，王倪/啮缺，长吾子/瞿鹊子，景/罔两。子綦、舜、王倪、长吾子、景是大知大言者，子游、尧、啮缺、瞿鹊子、罔两是小知小言者。如：

> 罔两问景曰：“曩子行，今子止；曩子坐，今子起；何其无特操与？”景曰：“吾有待而然者邪？吾所待又有待而然者邪？吾待蛇蚹蜩翼邪？恶识所以然！恶识所以不然！”②
>
> 故昔者尧问于舜曰：“我欲伐宗、脍、胥敖，南面而不释然。其故何也？”舜曰：“夫三子者，犹存乎蓬艾之间。若不释然，何哉？昔者十日并出，万物皆照，而况德之进乎日者乎！”③

景以“吾”自称，因为景不执着于彼不执着于此，行为无所依待。而尧心中想着讨伐争战，故以“我”自称。罔两/景，尧/舜都是虚构人物。

然而，吾/我不是截然对立，在王倪/啮缺的对话中，同时出现了

---

① 陈鼓应注释：《庄子今注今译》，商务印书馆 2012 年版，第 57～58 页。
② 陈鼓应注释：《庄子今注今译》，商务印书馆 2012 年版，第 108 页。
③ 陈鼓应注释：《庄子今注今译》，商务印书馆 2012 年版，第 95～96 页。

吾/我两个叙事者：

啮缺问乎王倪曰："子知物之所同是乎?"曰："吾恶乎知之?""子知子之所不知邪?"曰："吾恶乎知之!""然则物无知邪?"曰："吾恶乎知之！虽然，尝试言之。庸讵知吾所谓知之非不知邪？庸讵知吾所谓不知之非知邪？且吾尝试问乎汝：民湿寝则腰疾偏死，鳅然乎哉？木处则惴慄恂惧，猨猴然乎哉？三者孰知正处？民食刍豢，麋鹿食荐，蝍蛆甘带，鸱鸦耆鼠，四者孰知正味？猨猵狙以为雌，麋与鹿交，与鱼游。毛嫱丽姬，人之所美也，鱼见之深入，鸟见之高飞，麋鹿见之决骤。四者孰知天下之正色哉？自我观之，仁义之端，是非之途，樊然殽乱，吾恶能知其辩!"①

《天地》篇对啮缺进行了详细的介绍：

尧之师曰许由，许由之师曰啮缺，啮缺之师曰王倪，王倪之师曰被衣。尧问于许由曰："啮缺可以配天乎？吾藉王倪以要之。"许由曰："殆哉，圾乎天下！啮缺之为人也，聪明睿知，给数以敏，其性过人，而又乃以人受天。彼审乎禁过，而不知过之所由生。"②

尧的老师叫许由，许由的老师叫啮缺，啮缺的老师叫王倪，王倪的老师叫被衣。尧问许由说："啮缺可以做天子吗？我想借助于他的老师来请他做天子。"许由说："恐怕天下也就危险了！啮缺这个人的为人，耳聪目明智慧超群，行动办事快捷机敏，他天赋过人，而且竟然用人为的心智去对应并调和自然的禀赋。他明了该怎样禁止过失，不过他并不知晓过失产生的原因。"

---

① 陈鼓应注释：《庄子今注今译》，商务印书馆 2012 年版，第 97 页。

② 陈鼓应注释：《庄子今注今译》，商务印书馆 2012 年版，第 356 页。

可见，啮缺是小知者，王倪是大知者。然而，在此王倪以两种身份展开叙事：作为“大知”的代言人，王倪以“吾”自称；作为“小知”的代言人，王倪以“我”自称。啮缺向王倪询问天下事物是否有共同的标准。自“吾”观之，王倪称天下一指也，万物一马也，没有一个恒定的标准；自“我”观之，王倪则看到了各人以自己的标准衡量他者，引发了仁义的讨伐，是非的争辩。

在瞿鹊子和长梧子的对话中则出现了“予”第三个叙事者。

> 瞿鹊子问乎长梧子曰：“吾闻诸夫子，圣人不从事于务，不就利，不违害，不喜求，不缘道；无谓有谓，有谓无谓，而游乎尘垢之外。夫子以为孟浪之言，而我以为妙道之行也。吾子以为奚若？”长吾子曰：“是黄帝之所听荧也，而丘也何足以知之？且汝亦大早计，见卵而求时夜，见弹而求鸮炙。予尝为女妄言之，女以妄听之奚？旁日月，挟宇宙，为其吻合，置其滑涽，以隶相尊。众人役役，圣人愚芚，参万岁而一成纯。万物尽然，而以是相蕴。予恶乎知说生之非惑邪？予恶乎知恶死之非弱丧而不知归者邪！丽之姬，艾封人之子也。晋国之始得之也，涕泣沾襟；及其至于王所，与王同筐床，食刍豢，而后悔其泣也。予恶乎知夫死者不悔其始之蕲生乎！梦饮酒者，旦而哭泣；梦哭泣者，旦而田猎。方其梦也，不知其梦也。梦之中又占其梦焉，觉而后知其梦也。且有大觉而后知此其大梦也，而愚者自以为觉，窃窃然知之。君乎，牧乎，固哉！丘也与女，皆梦也；予谓女梦，亦梦也。是其言也，其名为吊诡。万世之后而一遇大圣，知其解者，是旦暮遇之也。”①

瞿鹊子本是小知的代言人，作为“吾”听说：圣人不去营谋那些俗世

① 陈鼓应注释：《庄子今注今译》，商务印书馆2012年版，第101～102页。

的事，不贪图利益，不躲避危害，没说话好像说了，说了话又好像没有说，心神遨游尘世之外。孔子说这是不着实际的无稽之谈，作为“我”不能理解这番话，因而向长吾子请教。长吾子首先责怪他太心急，称这番话即便黄帝听了都疑惑不解，便尝试着解释这番话。这便暗含长吾子不是“吾”，如果是“吾”，长吾子完全能理解这番话；但他也不是“我”，因为他能对吾、我做出解释。可见，长吾子是夹在圣人/众人，吾/我之间的一个叙事者。在解释过程中，长吾子以予自称，予怎么知道贪生不是迷惑呢？予怎么知道怕死不是像流落在外而不知返回家乡那样呢？长吾子表达了自己的困惑后，说只有非常清醒的人才知道人的一生不像是一场梦，可是愚人自以为清醒，自以为什么都知道。什么皇上，臣子呀，真是浅陋极了！予看孔丘和你，都在做梦；都是做梦！

因而，吾、我、予、无人称的叙事者四个声部共同演绎了文本。以第一人称的方式将吾/我的言行风貌直接展现出来，而不是由第三人称转述，使得叙事更加生动真实。予则是介于两者之间的一个人物，表明了自己的困惑及对人生的思索。在每段对话完成之后，又跳出第一人称叙事的局限性，以无人称的叙事展开议论，使得论述更加透彻。然而，吾/我没有绝对的界线，每个人都是吾/我的统一体，王倪和瞿鹊子同时以吾/我自称，“我”有时会由于偏见、固执蒙蔽了“吾”，但“吾”总在背后倾听。因而，要不断用语言揭示“吾”，摆脱“我”的愚昧状态。

二　构词的灵活性

然而，文本不是以下定义的方式论述“大言”是什么，因为一旦有所断定，便会落入小言的圈套。我们经常看到的句式是“其名为吊诡”“此之谓天府”“此之谓葆光”。如：

故知止其所不知，至矣。孰知不言之辩，不道之道？若有能知，此之谓天府。注焉而不满，酌焉而不竭，而不知其所由来，此之谓葆光。①

大言合乎道的轮回，道没有边界，那么大言也不能是恒常不变的语言，唯有创新语言才能言道。小言中的“我”无法理解不言之辩，不道之道的奥秘，只有胸襟无限宽广的“吾”才能领悟大言。“府”通“腑”，“人府”相对的“天府”正是“吾”的心境。这种心境“注焉而不满，酌焉而不竭”，永远保持澄明，不会被一隅之见所蒙蔽，因而称为葆光。

庄子通过重新组合能指，创造新词或赋予词语新的含义。如“卮言”，“卮”是古代盛酒的器皿，空则仰、满则倾，在倾仰之间不断往复，永不停滞，以“卮”喻言正是《庄子》语言不守常规的形象体现。天籁一词同出一辙，《齐物论》中，子綦对子游说：“女闻人籁而未闻地籁，女闻地籁而未闻天籁夫！”②

籁是古代的一种箫，人籁是指人吹竹管发出的声音，庄子将籁与地、天合起来组成地籁、天籁两个新词，并赋予新的意义。地籁，是风吹洞穴发出的声音，而天籁则借子綦之口说：“吹万不同，而使其自已也，咸其自取怒者，其谁邪！”人籁、地籁、天籁象征了人生的三个境界，层层递进，达到无待的自由境界。

三　造句的自由性

“卮言”反对稳定、唯一的标准，并不是肆意违背语言结构，而是创造性地利用汉语的特征，实现“道”的永恒复归。

夔怜蚿，蚿怜蛇，蛇怜风，风怜目，目怜心。

夔谓蚿曰：“吾以一足趻踔而行，予无如矣！今子之使

① 陈鼓应注释：《庄子今注今译》，商务印书馆2012年版，第91页。
② 陈鼓应注释：《庄子今注今译》，商务印书馆2012年版，第43页。

万足，独奈何？”蚿曰：“不然。予不见乎唾者乎？喷则大者如珠，小者如雾，杂而下者不可胜数也。今予动吾天机，而不知其所以然。”蚿谓蛇曰：“吾以众足行而不及子之无足，何也？”蛇曰：“夫天机之所动，何可易邪？吾安用足哉！”

蛇谓风曰：“予动吾脊胁而行，则有似也。今子蓬蓬然起于北海，蓬蓬然入于南海，而似无有，何也？”风曰：“然。予蓬蓬然起于北海而入于南海也，然而指我则胜我，鳍我亦胜我。虽然，夫折大木、蜚大屋者，唯我能也，故以众小不胜为大胜也。为大胜者，唯圣人能之。”①

独脚的夔羡慕多脚的蚿，多脚的蚿羡慕无脚的蛇，无脚的蛇羡慕无形的风，无形的风羡慕明察外物的眼睛，明察外物的眼睛羡慕内在的心灵。因为汉语主格、宾格没有语法变化，而且句子与句子之间没有严格的逻辑联系，因而能随意颠倒、任意延伸，以相同句式层层递进，达到心、目无所依傍却无所不往的境地。紧接着，以夔、蚿、蛇、风之间的对话，说明他们仰赖天机，自有胜与不胜的一面，而不自知。最后，以风的话结尾：“是的，我呼呼地从北海来到南海。可是人们用手来阻挡我而我并不能吹断手指，人们用腿脚来踢踏我而我也不能吹断腿脚。即使这样，折断大树、掀翻高大的房屋，却又只有我能够做到，而这就是细小的方面不求胜利而求获得大的胜利。获取大的胜利，只有圣人才能做到。”圣人能达到用心若镜，不将不迎，应而不藏，故能胜物而不伤的最高境界。因而心即圣人之境，圣人能胜物而不伤，夔、蚿、蛇、风各有胜物的一面，只要能不求小胜即看重一面而忽视另外一面，谨慎地持守自然的禀性而不丧失，返回本真，便都能达到心的境界。因而，心返回到夔、蚿、蛇、风。正是道“在蝼蚁”“在稗”“在

① 陈鼓应注释：《庄子今注今译》，商务印书馆 2012 年版，第 498 页。

瓦甓”“在尿溺”之谓。如图1所示：

夔→蚿　蛇→风　目→心

心→夔　心→蚿　心→蛇　心→风

图1　心物转化图

四　隐喻/换喻的使用

汉字具有表意特征，汉字的偏旁则具有归类作用。《庄子》充分挖掘汉字的意象特征，采取隐喻/换喻的方式言道。如《蜗角之争》：

> 惠子见戴晋人。戴晋人曰："有所谓蜗者，君知之乎？"曰："然。""有国于蜗之左角者，曰触氏；有国于蜗之右角者，曰蛮氏。时相与争地而战，伏尸数万，逐北旬有五日而后反。"君曰："噫！其虚言与？"曰："臣请为君实之。君以意在四方上下有穷乎？"君曰："无穷。"曰："知游心于无穷，而反在通达之国，若存若亡乎？"君曰："然。"曰："通达之中有魏，于魏中有梁，于梁中有王。王与蛮氏，有辩乎？"君曰："无辩。"客出而君惝然若有亡也。①

《庄子》以蜗喻魏，以触喻梁，以蛮喻王。然后，以换喻展开联想。在蜗牛的左触角上建立国家的，名字叫作触氏；在蜗牛的右触角上建立国家的，名字叫作蛮氏。两国经常因为争夺土地而掀起战争，死在战场的尸首就有几万具，他们追赶败兵，十五天才能够返回来。

蜗、触、蛮都是虫字旁，隐喻动物世界。从人的角度看，这纯属荒谬之言，蜗牛触角上岂可建国？然而将其带入道的轮回中，则物无贵贱，人世间的讨伐征战犹如"窝斗"自相残杀，愚不可及，那么王、蛮又有何区别？以动物喻人事，让人自渐形秽。如图2所示：

---

① 陈鼓应注释：《庄子今注今译》，商务印书馆2012年版，第779页。

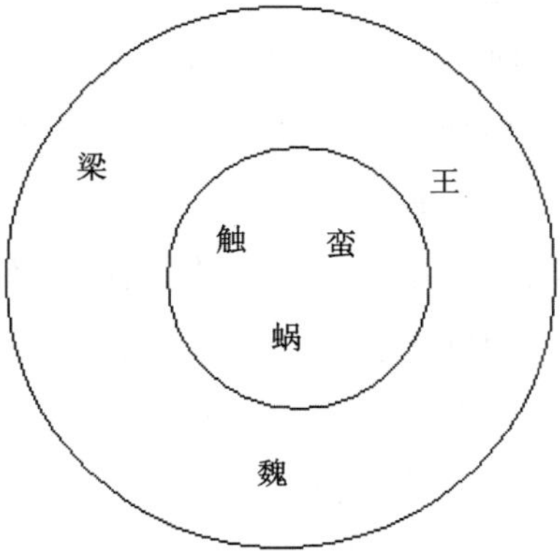

图 2　“蜗—王”齐一国

同样，《逍遥遊》以隐喻虚构了两个形象，然后以换喻展开联想，达到“若夫乘天地之正，而御六气之辩，以游无穷者，彼且恶乎待哉！”的境界。

> 北冥有鱼，其名为鲲。鲲之大，不知其几千里也。化而为鸟，其名为鹏。鹏之背，不知其几千里也；怒而飞，其翼若垂天之云。是鸟也，海运则将徙于南冥。南冥者，天池也。①

庄子想象大鱼大鸟——鲲、鹏，并将其作为海天的分际，“北冥有鱼，其名为鲲”，鲲象征海的广阔无垠，“化身为鸟，其名为鹏”，鹏象征天的无边无际，“其翼若垂天之云，迁徙至南冥”，这是一个换喻的过程。通过换喻向我们展示一幅广阔的宇宙图景：“野马也，尘埃也，生物之以息相吹也。天之苍苍，其正色邪？其远而无所至极邪？其视下也，亦若是则已矣。”②鹏拍打翅膀激起的浪花形成天地间的云

---

① 陈鼓应注释：《庄子今注今译》，商务印书馆 2012 年版，第 6 页。
② 陈鼓应注释：《庄子今注今译》，商务印书馆 2012 年版，第 8 页。

气，犹如野马奔腾扬起的尘埃，万物在云气中休养生息、悠然自得。通过鲲鹏的转换，天地浑然一体，这一混沌界正是道的境界。这一境界却被小知的蜩与学鸠耻笑："我决起而飞，抢榆枋，时则不至而控于地而已矣，奚以之九万里而南为？"①

蜩与学鸠碰到榆树和檀树就停下来，有时飞不上去便落到地面。鹏/学鸠的对比，正是大知/小知的对照。从以上分析得出，通过使用叙事学，能指/所指，隐喻/换喻等结构主义符号学分析方法，我们体察到《庄子》文本的多重、多层意义构造，而不只是将研究停留在词语考据学的层面。同时，研究发现《庄子》的文学价值在于其语言的魅力，而不仅仅是传达"道通为一"的哲学思想。

① 陈鼓应注释：《庄子今注今译》，商务印书馆 2012 年版，第 12 页。

第四章　意境论的现代阐释

一　意境论的传统解释

意境的发生甚为久远,延续至今,已有约两千多年的历史。这两千多年的历史大体可以划分为四个时期。第一个时期是孕育期:先秦至汉代;意境的第二个时期为自觉形成期:汉末至魏晋南北朝;意境的第三个时期即它的成熟、鼎盛期:为唐、宋时期;第四个时期为意境的发展延续期:为元明清时期。王国维借鉴康德的方法论对意境论做了系统性的理论总结,以意境为中心概念和最高审美范畴,构筑了他的理论体系。王国维将意境分为有我之境和无我之境,他说:有有我之境,有无我之境。"泪眼问花花不语,乱红飞过秋千去";"可堪孤馆闭春寒,杜鹃声里斜阳暮",有我之境也。"采菊东篱下,悠然见南山";"寒波澹澹起,白鸟悠悠下",无我之境也。

> 有我之境,以我观物,故物我皆着我之色彩。无我之境,以物观物,故不知何者为我,何者为物。古人为词,写有我之境者为多,然未始不能写无我之境,此在豪杰之士能自

树立耳。①

王国维将有我之境定义为以我观物，将无我之境定义为以物观物，采取的是西方主客二分的思维模式。其《文学小言》写道："文学中有二原质焉：曰景，曰情。前者以描写自然及人生之事实为主，后者则吾人对此种事实之精神的态度也。故前者客观的，后者主观的也。"在他托名樊志厚所写的《人间词乙稿序》中则称为"意"与"境"，其云："文学之事，其内足以德己，而外足以威人者，意与境二者而已。""原夫文学之所以有意境者，以其能观也。出于观我者，意余于境；而出于观物者，境多于意。"他认为意境即物与我，主观与客观之结合。然而，即便有情景交融、主客统一的艺术形象，也不一定有意境。如《人间词话》中写道："'红杏枝头春意闹'，着一'闹'字，而境界全出。'云破月来花弄影'，着一'弄'字，而境界全出矣。"虽然有艺术形象，但不用"闹"字、"弄"字，则没有意境。可见，只讲意境并没有揭示出诗的妙处。因为把意境解释为情景交融、主客观统一的艺术形象，只是说明意境作为艺术形象的一般性，而没有进一步说明它的特殊性。只要是艺术作品，它就必然有形象，任何艺术形象也都必然是情景交融的产物。

朱光潜认为王国维的"有我之境"和"无我之境"值得商榷。朱光潜借用德国美学家里普斯的"移情说"，认为王国维的"有我之境"实乃"无我之境"，因为"以我观物，故物我皆着我之色彩"正是"移情作用"，移情作用是物我两忘的结果，即叔本华所说的"消失自我"。王国维的"无我之境"是诗人在冷静中回味出来的妙境，没有经过"移情作用"，实乃"有我之境"。朱光潜将王国维的"有我之境"和"无我之境"称为"同物之境"和"超物之境"。所谓"同物之境"即将主观情感"外射"到事物，使外在事物具有主观情感，达到物我同一

① 王国维：《人间词话》，古吴轩出版社 2012 年版，第 5 页。

的境界。所谓“超物之境”指自然景物不受主观情感的影响自然成趣。因此,朱光潜将诗的意境定义为主观的情趣与客观意象的融合。依据情趣与意象的契合程度,朱光潜将中国古诗的演进分为三个步骤:第一步是因情生景或因情生文;第二步是情景吻合、情文并茂;第三步是即景生情或因文生情。朱光潜对“同我之境”和“超我之境”的划分仍是在主客二分的框架下,以主观感情对自然景物的影响程度定义诗的意境。第一步可以说,情趣优于意象;第二步可以说,情感与意象正相契合;第三步乃意象优于情趣。[①] 那么,意象与情趣的关系成为意境的两条坐标轴,这与王国维对意境的定义同样宽泛。正如朱光潜质疑王国维“诗在任何境界中都必须有我,都必须为自我性格、情趣和经验的返照”;[②]那么,情趣无法成为衡量意境高低的唯一尺度。

王国维、朱光潜对意境定义的不足之处在于,他们是用西方美学理论来解释中国古典美学。这有其合理的方面, 也有其牵强的方面。中国古代的文学和美学有与西方的文学和美学相一致的共同规律, 但也有和西方不同的特殊规律。用康德、里普斯的理论解释意境,有削足适履之弊。其存在一个前提性的误区,即意境论不是在主客二分而是在“天人合一”的文化背景下生成的。由于存在根本性的思维差异,因此,我们不可能套用任何一种西方理论来解释意境。

二　象的物化特征

意境与意象有着千丝万缕的联系,要理解意境,必须从意象入手。《易·系辞上》曰:“言不尽意,立象以尽意。”象作为言的补充,能完整表达意。道家阐释了言、象、意三者的关系。言语道断是理解道家思想的关键点,道家认为宇宙整体(道)的运作超乎语言,语言

---

① 朱光潜:《诗论》,生活·读书·新知三联书店,2012 年版,第 87 页。

② 朱光潜:《诗论》,生活·读书·新知三联书店,2012 年版,第 72 页。

的区分是对道的降格，使道丧失了完整性、浑圆性。《庄子·齐物论》曰：

> 古之人，其知有所至矣。恶乎至？有以为未始有物者，至矣，尽矣，不可以加矣。其次以为有物矣，而未始有封也。其次以为有封焉，而未始有是非也。是非之彰也，道之所以亏也。①

宇宙的本源不存在万物，即便有了万物，也没有明确的分界。即便有了分界也没有是非。一旦有了是非的语言架构，道便丧失了。老子称："吾不知其名，字之曰道，强为之名曰大。大曰逝，逝曰远，远曰反。"老子明了使用语言会产生危机，所以勉强取名为"道""大"，但是"大"也是暂时的，必须遗忘。"正言若反"即在肯定的同时要否定，才能破除语言的遮蔽性。既然言是对道的降格，如何才能呈现道。老子称："视之不见……绳绳兮不可名，复归于无物。是谓无状之状，无物之象，是谓'惚恍'。""道之为物，唯恍唯惚，惚恍中有象，恍惚中有物。"象才是道的最佳表征。

"象"成为庄子语言的特征。庄子以谬悠之说，荒唐之言，无端崖之辞言道，为何称为谬悠、荒唐之言，因为庄子的语言不是以传达概念、意义为目的，而是通过虚构艺术形象让人领悟"道"，如南伯子葵问女偊从哪里听道：

> 闻诸副墨之子，副墨之子闻诸洛诵之孙，洛诵之孙闻之瞻明，瞻明闻之聂许，聂许闻之需役，需役闻之于讴，于讴闻之玄冥，玄冥闻之参寥，参寥闻之疑始。②

文字是翰墨为之，然文字非道，不过传道之助，故谓之"副墨"。"洛

① 陈鼓应注释：《庄子今注今译》，商务印书馆2012年版，第81页。

② 陈鼓应注释：《庄子今注今译》，商务印书馆2012年版，第217页。

诵”，记诵也，犹言语言也。“副墨之子闻诸洛诵之孙”，谓文字之流传得之于语言之流传也。“洛诵之孙闻之瞻明”，谓语言之流传得之于目见也。“聂许”谓耳听。“瞻明闻之聂许”，谓目见得之于耳听也。“需役”即实践，“聂许闻之需役”，谓耳听得之于修行也。“讴”，歌谣。“需役闻之于讴”，即修行从咏叹歌吟那里得来。“玄冥”，即深远幽寂，“于讴闻之玄冥”，谓赞叹得之于玄同杳冥无形之境界。“参寥”者，参悟空虚，“玄冥闻之参寥”，谓玄冥之境界得之于寥廓无极之境界。“疑始”，迷茫之始。“参寥闻之疑始”，谓无极之境从迷茫之始得来。在《齐物论》中，庄子对世界的本源产生质疑，他说：“虽然，请尝言之：有始也者，有未始有始也者，有未始有夫未始有始也者；有有也者，有无也者，有未始有无也者，有未始有夫未始有无也者。俄而有无矣，而未知有无之果孰有孰无也。今我则已有有谓矣，而未知吾所谓之其果有谓乎？其果无谓乎？”①庄子怀疑宇宙的开始，宇宙有一个“开始”，有一个未曾开始的“开始”，更有一个未曾开始的“未曾开始”的“开始”。因此，庄子给本源取了个名字叫“疑始”，“疑始”正是对语言的质疑。“始”只有进入时间才产生，实则来自我们的偏见，我们称之为“有”则有，我们称之为“无”则无，有无只是一场语言的游戏。庄子通过“副墨”“洛诵”“玄冥”“参寥”“疑始”这些艺术形象，让我们明白“道”是语言、智力尚未介入的混沌未分状态。

因此，在庄子笔下，象即通过具体的艺术形象转达“道”，唯有通过象，才能领悟宇宙本源的状态。那么，宇宙本源是种什么状态，这种状态如果不能借助任何媒介呈现，我们又如何能悟“道”？“物”在此成为道与象的中介物。在庄子看来，万物没有共同的标准，万物并不遵循人的法则。人睡在潮湿的地方，就会患腰痛或半身不遂，泥鳅却不会。人爬到树上会惊惧不安，猿猴却不会，这三种动物中谁的生

---

① 陈鼓应注释：《庄子今注今译》，商务印书馆2012年版，第87页。

活习惯才符合标准？毛嫱和西施是世人认为最美的，鱼见了就要深入水底，鸟见了就要飞向高空，麋鹿见了就要急速奔跑。这四种动物究竟哪一种才是美的标准？因此，万物有其自身的标准，人自认为知道的并非真的知道，人的看法正是导致是非、纷争的源头。《人世间》中，庄子用一个木匠的故事，提出“以物观物”的观点。木匠看到一棵社神的栎树，称其是不材之木，才能不被砍伐。木匠回到家中，梦见栎树对他说：

> 女将恶乎比予哉？若将比予于文木邪？夫柤梨橘柚，果蓏之属，实熟则剥，剥则辱；大枝折，小枝泄。此以其能苦其生者也，故不终其天年而中道夭，自掊击于世俗者也。物莫不若是。且予求无所可用久矣，几死，乃今得之，为予大用。使予也而有用，且得有此大也邪？且也若与予也皆物也，奈何哉其相物也？而几死之散人，又恶知散木！①

栎树认为木匠是将它与有用之木相比，有用之木正由于他们的才能，不能享尽天年而夭折，栎树力求做到无所可用才得以保全。木匠既不能从自己的立场将栎树与有用之木作比，也无法了解栎树的苦心。木匠醒后明白，栎树以自己的方式保全自己，这种方式不能从常人的角度，而要从栎树的立场才能理解。庄子提出“物化论”：

> 昔者庄周梦为蝴蝶，栩栩然蝴蝶也，自喻适志与！不知周也。俄然觉，则蘧蘧然周也。不知周之梦为蝴蝶与，蝴蝶之梦为周与？周与蝴蝶，则必有分矣。此之谓物化。②

物化即还原物本身。庄子称“天地与我并生，万物与我为一”。人只是宇宙万物中的一员，没有理由以其主观情感去界定万物，万物各具

---

① 陈鼓应注释：《庄子今注今译》，商务印书馆 2012 年版，第 156 页。
② 陈鼓应注释：《庄子今注今译》，商务印书馆 2012 年版，第 109 页。

其境，各得其所，各依其性，各展其能。做到“以物观物”，意识与世界互相交参、补衬，同时出现，物物相应和、相印认。不只是蝴蝶是庄周梦中之物，庄周亦是蝴蝶梦中之物，不可单以庄周的视角去观蝶，也要以蝴蝶的视角观庄周，这样才能做到物我两化，唯持有“道通为一”的观点，才能做到“物化”，庄子曰：

> 道行之而成，物谓之而然。有自也而可，有自也而不可。有自也而然，有自也而不然。恶乎然？然于然。恶乎不然？不然于不然。恶乎可？可于可。恶乎不可？不可于不可。物固有所然，物固有所可。无物不然，无物不可。故为是举莛与楹，厉与西施，恢诡谲怪，道通为一。[1]

一切事物本来都有它是的地方，一切事物本来都有它可的地方。没有什么东西不是，没有什么东西不可。小草和大木，丑女与西施，只是从人的角度被命名出来的，从道的角度看都可通而为一。如此，物成为象的显现物。唯有自我虚位，即虚心，才能实现“道通为一”。庄子通过“朝三暮四”的寓言，告诉我们“两行”的道理：

> 狙公赋芧曰：朝三而暮四。众狙皆怒。曰：然则朝四而暮三。众狙皆悦。名实未亏而喜怒为用，亦因是也。是以圣人和之以是非而休乎天钧，是之谓两行。[2]

名和实都没有改变，而猴子喜怒不同，这是因为后者顺着猴子的心理。圣人不会困于自己的内心，从某一角度看问题，而是通过虚心顺应自然均衡，即“道通为一”的观点，这叫作“两行”。如此，物、象成为虚心的表象。因此，“物”在中国传统文论中，不是作为客体存在，不是作为自我意识的反映物而存在，而具有独立的品格，需要从各个

---

① 陈鼓应注释：《庄子今注今译》，商务印书馆 2012 年版，第 75～76 页。
② 陈鼓应注释：《庄子今注今译》，商务印书馆 2012 年版，第 76 页。

角度全方位展示。那么,根本不可能出现“有我之境”“无我之境”的区分,一切意境均是以物观物。我们发现,物、象、心、道成为象的内核,道要通过虚心,以物、象的方式实现,物、象不是以语言认知的方式出现,而是超越语言,返回宇宙本源的混沌状态。

以物观物可以说是“象”的基本特征,汉语是实现以物观物的前提条件。汉语缺乏时态变化的特征赋予了词语极大的独立性,不似西方语言中,词语是为表达同句子的关系而存在的,词语的语法形态限定了词的自由,词与词之间无法自由组合,词为了表达精确的概念而被禁止做任何联想。汉语词语无须受语法束缚,可以随意组合,任意编排。在“庄周梦蝶”的寓言中,庄周与蝴蝶没有语法变化,可以在主语、宾语的位置相互置换,却不会改变汉语结构。因此,蝴蝶既是庄周梦中之物,也是做梦者,实现了“物我两化”。叶维廉在《中国古典诗中的传释活动》一文中,引用周策纵的回文诗说明汉语语法的灵活性。这首回文诗是:

1. 星淡月华艳,岛幽椰树芳,晴岸白沙乱,绕舟斜渡荒。
2. 淡月华艳岛,幽椰树芳晴,岸白沙乱绕,舟斜渡荒星。
3. 月华艳岛幽,椰树芳晴岸,白沙乱绕舟,斜渡荒星淡。
4. 华艳岛幽椰,树芳晴岸白,沙乱绕舟斜,渡荒星淡月。
5. 艳岛幽椰树,芳晴岸白沙,乱绕舟斜渡,荒星淡月华。

这首诗不管从哪一个字开始哪一个方向读去都能够成句成诗,可以进出二十次,向不同的方向,而得四十种印象。汉语语法的自由,使得物得以从各个角度被观照。那些字,仿佛是一个开阔的空间里的一些物象,由于事先没有预设的意义与关系的“圈定”,我们可以自由进出其间,可以从不同的角度进出,而每次可以获致不同层次的美感。①

---

① 叶维廉:《中国诗学》,生活·读书·新知三联书店 1994 年版,第 27~28 页。

叶维廉称“中国古典诗里，利用未定位、未定关系，或关系模棱的词法语法，使读者获致一种自由观、感、解读的空间，在物象与物象之间作若即若离的指义活动。”①在叶维廉看来，古诗词语法的含混性正是其诗意的体现，用现代汉语翻译出来则诗意全无。他举了晏几道的词《临江仙》中的两句：

落花人独立，微雨燕双飞。

如果翻译为“有人独立在落花里，有燕子双飞在微雨中”则毫无诗意可言。这种翻译强调的是人与落花、燕子与微雨的关系，界定事物的分际，是一种认知行为。认知行为规范了世界的秩序，让世界变得井然有序，却丧失了“道”。正如庄子所说“是非之彰也，道之所以亏也”②。在原词中，景物具有独立自主性。我们可以模拟摄像机镜头，落花（全景）人独立（近景），微雨（全景）燕双飞（近景），也可以采用景深镜头：落花、微雨（前景），人独立（中景），燕双飞（背景），产生落花人/独立，落花/人独立；微雨/燕双飞，微雨燕/双飞多重境界。

这时，诗词中的物不是通过语言描述，而是以象的方式呈现。物以象的方式还原了物本身，去除了“思”的活动，将读者带入天人合一的宇宙本源状态。视觉性极强的形象，近似电影镜头，不是人的主观折射物。因为拍摄时，摄像机的机位只能位于某处，影像只能呈现外在世界的某一个侧面。我们在银幕上所见之物是从这个角度看到的这把椅子。摄像机是一架既无记忆又无意识的机器，通过具体呈现在我们面前的现实物，能够将巴赞所说的“纯真的”现实物记录下来。巴赞说：

摄影机镜头使客体摆脱了我们对它的习惯看法和偏

① 叶维廉：《中国诗学》，生活·读书·新知三联书店1994年版，第29页。
② 陈鼓应注释：《庄子今注今译》，商务印书馆2012年版，第82页。

> 见，清除了我的感知蒙在客体上的精神尘垢。唯有镜头的变种冷眼旁观的性质能够还世界以纯真，引起我的注意，激起我的爱恋。①

摄像机再现方式会改变被再现之物，因为不同的机位、不同的拍摄角度会让物在我们的头脑中产生不同的印迹，汉语语法的灵活性，使物象可以获得类似电影镜头不断换位的全方位展示，物以在宇宙中存在的自然状态将人带入天人合一的本源状态。

刘勰在《文心雕龙·神思》中首次将“意”与“象”合二为一成“意象”，并用作诗学术语。“独照之匠，窥意象而运斤，此盖驭文之首术，谋篇之大端。”②

《庄子·达生》篇中的木匠梓庆是独照之匠的代表，梓庆说：

> 臣将为鐻，未尝敢以耗气也，必齐以静心。齐三日，而不敢怀庆赏爵禄；齐五日，不敢怀非誉巧拙；齐七日，辄然忘吾有四肢形体也。当是时也，无公朝，其巧专而外滑消。然后入山林，观天性。形躯至矣，然后成见鐻，然后加手焉。不然则已。则以天合天。器之所以疑神者，其由是与！③

这揭示了创造意象的心理过程，通过斋戒七日安静心灵，忘记形体，以一颗虚静的心观察树木，实现“以天合天”，即“以物观物”，一个形成的鐻钟宛然呈面在眼前，然后加以施工，从而创造了一个惊犹鬼神的乐器——鐻。运斤用的是《庄子·徐无鬼》中“匠石运斤成风”的典故。庄子曰：“郢人垩慢其鼻端，若蝇翼，使匠石斫之。匠石运斤成风，听而斫之，尽垩而鼻不伤，郢人立不失容。”④郢地人捏白土把

---

① 〔法〕安德烈·巴赞：《电影是什么》，崔君衍译，文化艺术出版社 2008 年版，第 12 页。

② 刘勰：《文心雕龙》，范文澜注，人民文学出版社 2014 年版，第 493 页。

③ 陈鼓应注释：《庄子今注今译》，商务印书馆 2012 年版，第 568 页。

④ 陈鼓应注释：《庄子今注今译》，商务印书馆 2012 年版，第 740 页。

一滴泥点溅到鼻尖上，如蝇翼般，请匠石替他削掉。匠石挥动斧头呼呼作响，随手劈下削去泥点，那小滴泥点完全削除而鼻子没有受到丝毫损伤。这个典故在此喻指，意象必须在观照物体形象的基础上，通过熟练运用语言文字分毫不差地加以创造。可见，刘勰的“意象”思想与庄子的“象”一脉相承。

三　意境的蒙太奇功能

“境”的概念源出《庄子》，初文无“境”字，原字为“竟”。《庄子·齐物论》有云：“和之以天倪，因之以曼衍，所以穷年也。……忘年忘义，振于无竟，故寓诸无竟。”①用自然的分际来调和，我的言论顺应万物，安适于生死年岁，安适于是非仁义，遨游于无穷的境域，这样也就能寄寓于无穷的境域。“竟”即象征人生境界、精神境界的“道境”。“道”与“象”相辅相成，老子称：“视之不见……绳绳兮不可名，复归于无物。是谓无状之状，无物之象，是谓‘惚恍’。”②老子在描述“道”时，认为“道”混沌一体，无边无际，不可名状，无形无象，最终还原为没有物象。然而，在《老子》第二十一章中，又写道：“道之为物，惟恍惟惚，惚兮恍兮，其中有象；恍兮惚兮，其中有物。”③老子进一步阐述了道与象的关系，道作为事物，似有似无。如此恍惚，其中却有实物。老子为何一方面称道复归于无物，一方面又称道中有物。

在老子看来，“道”与“象”同出而异名。老子说：“无，名天地之始；有，名万物之母。故常无，欲以观其妙；常有，欲以观其徼。此两者，同出而异名，同谓之玄。玄之又玄，众妙之门。”④在老子看来，道与象的关系即无与有的关系。无、有分别被称为天地的初始、万物的

---

① 陈鼓应注释：《庄子今注今译》，商务印书馆 2012 年版，第 105 ~ 106 页。
② 饶尚宽译注：《老子》，中华书局 2013 年版，第 34 页。
③ 饶尚宽译注：《老子》，中华书局 2013 年版，第 53 页。
④ 饶尚宽译注：《老子》，中华书局 2013 年版，第 2 页。

本原，同出于道而名称不同，从常无中，可以观察道的微妙，从万物之有中，可以观察道的边际。然而，所谓的有无只是命名而已，道是不可以被命名的，老子称“吾不知其名，字之曰道，强为之名曰大。大曰逝，逝曰远，远曰反”。[①] 老子勉强取名为“道”“大”，但是“大”也是暂时的，必须遗忘。有无的区分实际是对道的降格。老子提醒我们必须忘记有无的区分，回到无物状态。正所谓：“致虚极，守静笃。万物并作，吾以观复。夫物芸芸，各归其根。归根曰‘静’，静曰‘复命’。”[②]万物纷繁众多，最后总会回复到根源，根源都是最虚静的，虚静是生命的本源，即“复命”。“境”即虚静的人生境界，万有最后都将复归于无物。

因此，意象与意境同出而异名也，唯有通过意象的众有之门，我们才能领悟意境的空无一物。我们可以借鉴蒙太奇的方式解释意境的生成。意象与意象按照蒙太奇的方式加以组合，则产生了意境，因为蒙太奇可以产生“1 +1 ＞ 2”的效果。我们继续以晏几道的《临江仙》为例。人、落花、燕子、微雨具有多重关系。我们可以用摄像机分别拍成四个镜头，四个镜头不同的组合方式可以产生不同的意境。见表1：

表1　意象组合图

组合方式	意境
落花 + 人	人因花而立
人 + 落花	花因人而落
人 + 双燕	人因双燕而立
落花 + 微雨	微雨打湿落花
人 + 落花 + 微雨	花因人而落泪
落花 + 双燕 + 微雨	双燕因花落泪
微雨 + 落花 + 人 + 双燕	花因雨而落、人因花而立、燕因人而飞

① 饶尚宽译注：《老子》，中华书局2013年版，第63页。
② 饶尚宽译注：《老子》，中华书局2013年版，第40页。

双燕、落花、微雨衬托自己的形单影只，于是引发对心爱之人的思念。然而，意象的组合，不单单传达词人的思念之情，也将读者带入人、花、燕相互映衬的浑沌之境，创造了花因人而落泪，双燕因花落泪，花因雨而落、人因花而立、燕因人而飞等多重意境。因此，我们可以说，意境是按不同方式组合的意象群，呈现物象与物象的多重关系，从而营造"天人合一"的虚无境界。我们也可以用蒙太奇的方式分析"采菊东篱下，悠然见南山"。"采菊东篱下"缺少主语，"悠然见南山"中的南山既可作主语，也可作宾语。使得采菊、东篱、南山可作为分镜头自由组合。

1. 采菊东篱下（特写）+南山（全景）：我在东篱下采菊心情舒畅，猛然抬头喜见南山。

2. 南山（全景）+采菊东篱下（近景）：南山悠然地出现，年复一年守望着在东篱下采菊的人们。

这样，南山与我实现"物我两化"，重返"天地与我并生，万物与我合一"的虚无境界。

第五章 “蝴蝶”意象的符号解析

引 言

蝴蝶，古名蛱蝶，《说文》注曰：“蛱蝶，叠韵为名。”《古今注》又云：“蛱蝶一名野蛾，一名风蝶，江东呼为挞末。色白背青者是也。”《庄子·齐物论》篇更是以梦幻的笔法对蝶梦进行了一番哲理的记载。由此可见蝴蝶在很早的时候就引起了人们的注意。不过蝴蝶作为一种意象，并不像海、月、柳等意象较早进入诗中，蝴蝶进入诗人们的视野则是较晚的，直到南北朝时，蝶意象才算正式出现。不过蝶这一意象一出现它的意义就是丰富多彩的，既有自然之蝶，也有以蝶意象来表达自己心中对知心人的爱恋的情感化的诗句（如王僧孺《春闺有怨》），也有以从庄周梦蝶借用过来的蝴蝶梦来表达自己思乡怀国的（如庾信《拟咏怀诗二十七首》第十八首）。但此时蝶意象大量的还只是作为自然之蝶出现，是作为和人们相对立的自然之物而存在着。诗人们在写蝶时，他们的感情流露得很轻，人们所关注的只是蝶的原生形质，它的轻盈舞态，它的自由身影，它的颜色等等。人们更多的只是以一种玩赏的眼光来欣赏蝶带给人们感观上的欢乐。因此我们可说自然之蝶是这一时期的主流，我们可把这一时期定名为蝶意象发现与生发期。

唐时，蝶这一意象在诗人们的作品中开始大量的出现，此时的蝶已不单是自然之蝶。特别是韩凭妻化蝶、庄周梦蝶典故的发现和运用，更使得蝶和人们的心灵相通，特有一种“感时花溅泪，恨别鸟惊心”的意味，蝶此时已和人们的思想感情融为一体，很难分出是“蝶梦庄周，还是庄周梦蝶”了。蝶的一舞一飘在人们心中掀起的是感情的涟漪，诗人们大量地用感情化的语句来写蝶。蝶成为人们抒情达意的客观对象物，人们普遍地用蝶来喻人，比物，喻爱情等等。尤其是李义山那“庄生晓梦迷糊蝶，望帝春心托杜鹃”的一呼，更使唐时蝶意象发展到了高峰。可以说，蝶意象在唐朝时走向了丰富多样。

宋时，蝶意象在唐朝丰富的基础上逐渐发展成熟。在宋朝以前诗句中不可能出现的关于蝶的意象在宋朝却出现了，如残蝶、蝶使等，蝶意象在前朝发展的基础之上走向多样化。而且，庄周梦蝶所演化而来的蝴蝶梦大量地出现在人们的词作和诗作中，除表现着宋朝这一特殊地缘政治时期人们的爱国、思乡之情等等复杂感情，更渗透着人们对本我的思考。与前之唐相比，此时人们有关蝶的诗词多了一份理性化，同时也加了一份情感化。文人们一方面在表达着自己强烈的情感，另一方面也使自己情感的抒发在一定程度上上升到了哲理的层面，表达着宋时人们的敏感心态和感受。如果我们说唐时人们运用蝶意象是心有灵犀，那么宋时则真可谓不着一字、尽得风流了。

而在宋之后，蝶意象在诗词中的发展基本是按照唐宋所开创的局面前行。其经过唐宋的高潮后已达滥熟，意义基本稳固和约定俗成化，创新已不存在。蝴蝶意象在不同历史时期的演变，体现中国符号思想的特点，即文辞通过效法自然抒发情志，通过还原物象本身的特点实现“其称文小而其指极大，举类迩而见义远”。

一 “翩翻舞袖双飞蝶，宛转歌声一索珠”——蝶之形

当严冬告别，春回大地，山花烂漫时，五颜六色的蝴蝶在百花丛中飞来飞去，翩翩起舞，将自然界点缀装饰得更丰富、美丽、更富有生机、朝气和诗情画意。深深吸引着古人的注意力，使古人、特别是古代的诗人文士对蝴蝶进行仔细观察和欣赏，并经常取蝴蝶之象赋诗作文、寄意、抒情。

1. 蝶之生

在古代的许多史料中就对蝶的产生做了详细的记载，如《搜神记·蠹化》中说：“木蠹生虫，羽化为蝶。”《列子》中也有相关的记载：“乌足之根为蛴螬，其叶为蝴蝶。”诸如此类的记载多散见于古代的各种著作中。作为以审美的眼光来审视这个世界的诗人，自然也不可能避开有关蝶产生与生存这一问题。于是在古代的有关蝶的诗句中，首先引起我们注意的便是这种对蝶的生存境遇进行描写的诗句。人们在这些诗句中以自然写实的笔法，描绘出蝶的生成与生存。下面试举几例，如较早的古乐府诗中有关蝶的一句诗云：

> 蝴蝶胡高飞，暮宿桑树间。

这首诗是发现较早的对蝶的生活习性进行描绘的诗句，诗显得质朴明朗，但却为我们客观化地描写出了八月蝴蝶的特性：高飞，暮宿桑林的情景。

又如宋朝范成大的《秋日田园诗》：

> 橘蠹如蚕入化机，机间垂茧似蓑衣。
> 忽然蜕作多花蝶，翅粉才干便学飞。

这首七绝就用比喻和直陈手法形象生动地描写了蝴蝶的出生和化生飞舞的情形。生在橘树间的蠹虫像春蚕似的先作茧化蛹，然后再蜕

化为蝴蝶。末句写幼蝶翅粉刚干便学飞舞，展现出幼小新生命急于获取本领、飞向广阔天地的情景。

再如杨万里的《观物化诗》：

蝴蝶新生未解飞，须拳粉湿睡花枝。
后来借得风光力，不记如痴似醉时。

此诗描写了刚出生的蝴蝶须蜷粉湿、睡花枝，未解飞的情景，接着又写乘风飞舞、得意忘形的情景。诗歌清丽雅致，甚是可爱。

而白居易《秋蝶》诗中"夜深白露冷，蝶已死丛中"则为我们描写出了蝶深秋而死的样子，诗自然轻快。相比之下乐府诗《蛱蝶行》中"蛱蝶之遨游东园，奈何卒逢三月养子燕，接我苜蓿间"更是为我们描写出了一幅蝶被燕所吞食的悲惨形象，渗透着作者的深刻感情。

2. 蝶之色

在写过蝶的生成之后，人们又把目光投向了蝶那美丽的身段。蝶作为春之骄儿，在春回大地时，总是以其五彩的颜色，给我们以强烈的感官享受，人们从这种各色各式的颜色中得到了一定的审美满足。在古代有关蝶的诗句中，对蝶色进行描绘的主要有以下几种：

白蝶：幽花密草错杂出，黄蜂白蝶参差飞。

王安石《忆昨诗示诸外弟》

红蝶：冒寒来、游蜂红蝶尚阻，年年占得春早。澹白轻红，清香迎芳道。

无名氏《踏青游》

彩蝶：彩蝶戏芳圃，瑞云凝翠屏。

卢纶《纶与吉侍郎中孚司空郎中曙苗员外发崔补阙》

黄蝶：武帝去来罗袖尽，野花黄蝶领春风。

王建《过绮岫宫》

粉蝶：风轻粉蝶喜，花暖蜜蜂喧。

杜甫《弊庐遣兴，奉寄严公》

青陵粉蝶休离恨，长定相逢二月中。

李商隐《蜂》

黑蝶：黑蛱蝶粘莲蕊，红蜻蜓袅菱花。

皮日休《胥口即事六言二首》

从这些诗句中，我们可以看到五颜六色的蝶的形象，它们给我们以强烈的感官刺激，从蝶的各种颜色中，我们得到了一种颜色所呈现给我们的特殊的美感，从而使我们得到一种审美上的享受。

3. 蝶之时

同时，随着四时不同的变化，诗人们还用他们那不同的笔触来描写不同时间的蝶的意象。如：

春蝶：春蝶参差命俦侣，春莺绵蛮思羽翼。

王勃《春思赋》

当春有一草。绿花复垂枝。云是忘忧物。生在北堂陲。飞飞双蛱蝶。低低两差池。

梁武帝萧衍《古意诗二首》之二

盘之所，春蝶舞晴暄。溪傍野梅根种玉，墙围修竹笋生鞭。

刘辰翁《忆江南》

秋蝶：浅濑寒鱼少，丛兰秋蝶多。

储光羲《蓝上茅茨期王维补阙》

秋花紫蒙蒙，秋蝶黄茸茸。

白居易《秋蝶》

寒鸦登故叶，秋蝶恋疏丛。

司空曙《晚秋诗》

晚蝶：晚蝶飘零惊宿雨，暮鸦凌乱报秋寒。

唐彦谦《秋晚高楼》

狂花顷刻香，晚蝶缠绵意。天与短因缘，聚散常容易。

晏几道《生查子》

霜蝶：霜蝶睡，无从觅。知多少、好词清梦，酿成冰骨。

赵彦端《满江红》

冻蝶：露萤不自暖，冻蝶尚思轻。

孟郊、韩愈《城南联句》

更没纤毫尘俗态，倚高情、预得春风宠。沈冻蝶，挂幺凤。一杯正要吴姬捧。

高观国《贺新郎》

在古代的诗词中，有关四时之蝶的描写多矣！诗人用他们那善感的心灵描绘着四时朝暮所带给蝶的变化，春天来临，蝶与春共舞，在那明媚的阳光下，蝶展开它那秀丽翅膀，谱写着一首春之曲。当秋天来时，蝶的生命时刻已不多，在这最后时刻，它仍然恋着花，恋着疏丛，唱着一曲生命的赞歌。

4. 蝶之姿

蝶给我们的印象总是伴着春风忽东忽西，一会儿在花瓣上亲吻，一会儿又在草丛里舞动；一会迎风而起，一会儿又顺风而下。蝶表现出一种悠闲自得的样子，简直就是一位曼妙的少女，随着大自然的节奏翩翩而起，舞出春之旋律，舞出大地之形。蝶那优美的舞姿使得文人骚客们产生无限的遐想，于是，有关蝶之舞姿大量出现在他们的诗歌中。如：

君看人迹蝶来轻，踏得林间路作坑。

杨万里《道中纪行诗》

蝶扬萦空舞,燕作同心飞。

梁简文帝 萧纲《春日诗》

落花随燕入,游丝带蝶警。

梁简文帝 萧纲《春日诗》

胡地少春来,三年警落梅。偏疑粉蝶散,乍似雪花开。

江总《梅花落三首》二

莺怜胜事啼空巷,蝶恋余香舞好枝。

罗隐《清溪江令公宅》

繁莺歌似曲,疏蝶舞成行。

王勃《对酒春园作》

蝶衔花蕊蜂衔粉,共助青楼一日忙。

李商隐《春日诗》

花径蝶闹无堕蕊,酒楼人散有空垆。

陆游《初夏诗》

长相思,怨成悲。蝶萦草树绕庭丝。

陈后主《长相思二首》

有关蝶之姿的诗句可谓太多,不胜枚举。诗人们用他们那五色的画笔,为我们描绘出那轻盈的蝶儿闹、恋花、飞舞、衔花等等姿态。也许是诗人们觉得蝶的姿态太优美了,竟在描写别的事物时用蝶来比,如把"梅花落"比作"蝶散",把"雪拂草"比作"连蝶"(裴子野《咏雪》)把"梨花"比作"乱蝶"(刘绘《和池上梨花诗》)等等。蝶姿在诗人的笔下显得是那样的轻盈,那样的优美,这些诗句无不使我们浮想联翩,进入诗人为我们所勾勒的自然美之境。

综观诗人们所写蝶形的诗句,多是直观感象的描写,一般都显得清新自然,呈现给我们的是原生态的自然之美。在这些诗句中,蝴蝶意象所构成的情景代表着一般意义上的美好的生存形态,蝶的新生、蝶的颜色、蝶的一舞一散,无不具有一种自然的纯美,透着一股沁人的纯真纷芳。在诗人的笔下，蝶成了自然真正的精灵。从这里我们也可以想见千载之前文人诗家的审美情怀。真可谓不是蝴蝶美，哪来句子新？

二　“蝴蝶有情牵晚梦，杜鹃无赖伴春愁”——蝶之情

华兹华斯说：诗是情感的强烈表达。情感可谓诗的灵魂，没有情感的诗，只是诗的外壳。它没有诗的意境，没有诗所具有的象外之象，它带给我们的只是生硬。蝴蝶作为一种意象进入诗中，虽说有许多关于自然之蝶的诗句，但自它进入文人们的视野之后，已很难保持住其原始意义。在诗人们的笔下，蝶已不再是原来那质实的蝶，而越来越虚拟化和情感化了。人们以特殊的审美眼光来观照这自然的生灵，充分运用比兴寄托等手法，使得蝶的意象更加丰富多彩。值得一提的是，我们上文所划分的蝶之形并不等同于完全意义上的自然蝶之形，因为自蝶进入诗的领域，他就完全随着诗人的意念而飞舞，诗人把他们各种各样的情感外化移情到蝶之上，使得不知“周之梦为蝴蝶，蝴蝶之梦为周也”。我们从蝶的舞中，仿佛看到了诗人那展开的情感羽翼。即使是我们上文所举的有关蝶形的诗句，几乎句句都夹杂着诗人的一丝丝一缕缕的情感，只不过这些情感比较轻微，我们不容易发现罢了。就拿杨万里的《物化诗》来说，蝶怎么会如痴如醉呢，很明显，诗人是以自己的经验来揣测和喻蝶的，既然这样，那么这首诗很明显的会渗透着作者的情感，认真分析，我们就会发现诗人并不是纯粹地在写蝶的生成过程，其实在这生成的过程中，副合着诗人对于新春到来的喜悦，对于蝶之这一新生生命的赞美。那如痴如醉的是诗人那逍遥的神态。所以我们有理由说，古代的咏蝶诗很少有纯粹的、真正意义上的自然之蝶，所谓蝶的意象，更多的是蝶和诗人的情感相融合而生成的一种新的蝴蝶意象。在这些诗中，诗人从蝶

的原型出发，展开他们的想象，使得蝶与他们的各式情感相融合，赋予了蝶以新的生成意义。下面我们就对古代的这种情感之蝶做一论述。

1. 自由颂

蝶呈现给我们的总是它们那本真的原始生命之态，它们伴着春而来，在春天里跳着自由的舞蹈，那迂回曲折的舞步，那飘摇的姿态，无不给人以美感和驰骋想象的空间。人们时常从蝶的悠扬舞态来抒发一种闲适的自由之情。如：

随风绕绿蕙，避雀隐青薇。映日忽争起，因风乍共归。出没花中间，参差叶际飞。芳华幸勿谢，嘉树欲相依。

南朝梁・刘孝绰的《咏素蝶》

粉翅双翻大有情，海棠庭院往来轻。当时只羡滕王巧，一段风流画不成。

南朝宋・谢无逸的《蝴蝶》

留恋戏蝶时时舞，自在娇莺恰恰啼。

杜甫《江畔独步寻花七绝句》

蝴蝶双双入菜花，日长无客到田家。

范成大《晚春田园杂兴十二绝》其三

何处轻黄双小蝶，翩翩与我共徘徊。

陆游《窗下戏咏》其三

再举几首词为例：

管驾鹤归来，为君细赏，蝴蝶上阶句。

邓剡《摸鱼儿》

春深雨过西湖好，百卉争妍。蝶乱蜂喧。晴日催花暖欲然。

欧阳修《采桑子》

乱红深翠。楼阁春风外。胡蝶成团飞照水。睡鸭无人惊起。

朱敦儒《清平乐》

一般同是采花时。蜂儿辛苦多官府，蝴蝶花间自在飞。

辛弃疾《鹧鸪天》

试看以上的诗和词，从刘孝绰到陆游，从欧阳修到辛弃疾，这许多文人都不约而同地对蝶的生存情景心存向往，他们或是采用白描的手法，或是有所寄托，但无论采用何种手法，蝶的舞，蝶的戏，蝶的飞，蝶的乱，其实都是他们内在感情的一种流露，是他们对自己心目中的生活情趣，一种自在闲适、悠然自得、清淡雅致的生活情趣的肯定。以至于在陆游的笔下，他要与蝶共徘徊。在这里作为审美主体的诗人，对这种自在之精灵进行审美观照，把这种一般意义上的蝴蝶的美好的生存形态和审美主体对自由的愉悦相对应，谱写出了一曲自由的颂歌。

2. 爱之蝶

爱之蝶，顾名思义也就是关于爱情的蝴蝶意象，或是以蝴蝶来象征、比喻爱情的蝴蝶意象。韩凭妻化蝶、梁祝化蝶就是两则关于蝶与爱情的凄美传说。这两则传说散见于《搜神记》《太平寰宇记》《乾道四明图经》之中。在这两则传说中，蝴蝶均是作为忠贞爱情的象征出现的。而历代诗人亦由此把蝴蝶和男女相思爱情结合起来，以蝶来象征爱情，使得蝶的意象越发丰富。最早用蝴蝶暗示男女爱情的诗篇是南朝梁简文帝的《咏蝶》：

空园暮烟起，逍遥独未归。翠戈藏高柳，红莲拂水衣。复此从凤碟，双双花上飞。寄语相知者，同心终莫违。

诗人首先为我们营造了一种孤独的心境，然后由自己所看到的那快活、逍遥自在成双成对飞舞的蝴蝶，于是浮想联翩，最后吐露自己的心声：希望自己心爱的人能和自己长相厮守。在这里，蝴蝶与其说是自然的蝴蝶，不如说是又是作者自己感情的外化，象征他所期望的自己与心爱的人双双飞舞的蝴蝶。

自梁简文帝之后，以蝶来比喻、象征爱情的诗句逐渐多起来。如：

> 花坞蝶双飞。柳堤鸟百舌。不见佳人来。徒劳心断绝。
>
> 梁武帝的《春歌》
>
> 光暄迟蝶弄花。景丽鸟和春。樵歌喧垄暮。渔枻乱江晨。山中芳杜若。依依独思人。
>
> 虞羲《春郊诗》

但是我们会发现这一时期的以蝶喻爱情的诗，多写得比较浅陋，艺术水平不高。真正的以蝶象征爱情的成熟之作则是在唐宋。在唐宋时期，诗人们普遍地用蝶来象征自己的爱情，写得迂回曲折，缠绵悱恻，真有一唱三叹之妙。试举几例以做分析：

> 杨花扑帐春云热，龟甲屏风醉眼缬。东家胡蝶西家飞，白骑少年今日归。
>
> 李贺《胡蝶飞》
>
> 初来小苑中，稍与琐闱通。远恐芳尘断，轻忧艳雪融。只知防皓露，不觉逆尖风。回首双飞燕，乘时入绮栊。
>
> 李商隐《蝶》
>
> 偏婀娜，太温柔。水情云意两绸缪。佯羞不顾双飞蝶，独背秋千傍画楼。
>
> 陈允平《思佳客》

燕子双高蝶对飞。风花将尽持杯送。往事只成清夜梦。

张先《偷声木兰花》

恨人去寂寂，凤枕孤难宿。倚阑不足。看燕拂风檐，蝶翻露草，两两长相逐。

欧阳修《摸鱼儿》

粉蝶多情，飞上钗头住。若遣郎身如蝶羽。芳时争肯抛人去。

周邦彦《蝶恋花》

看这些写蝶的句子，蝶明显地虚拟化和情感化了，感情也表现得更加炽烈了。唐以前以蝶喻爱情多写得质实而厚重，而在唐宋，诗人们、词人们则写得纤细，炽烈，悠长，那感情之小舟直有乘风破浪之势。如李商隐的《蝶》诗，以蝶命名，但通篇不见一个蝶字，却把感情写得淋漓尽致。他以"艳雪"比爱人为蝴蝶，接着又幻想"我"化身为蝶，飞越重楼深院的阻隔，既恐芳尘断绝、不得亲近佳人，又惧时序太久、红颜老去。诗人那种焦虑，那种无奈，那种难以言说的苦痛，宛在我们眼前。诗人用感情把各句诗联结在一起，真有催人泪下之感。再看欧阳修的《摸鱼儿》那"燕拂风檐，蝶翻露草"，不正是女主人公和自己心爱的人在一起欢娱、嬉戏的快乐之景，那"两两长相逐"唤起的不正是我们心中那一份对爱的憧憬与向往？

以上所举爱之蝶意象多为从正面来写爱情的，而在这爱之蝶的意象中还有一大类写爱情的诗句走的却是相反的方向，这就是怨诗。这类诗往往从蝶的自然意象出发，或以蝶寓人，或多用感伤的字词来抒发主人公的哀怨之情，往往从反面来写出自己对爱情的渴望。较早出现的以蝴蝶写怨的诗是在南北朝。如王僧孺《春闺有怨》：

愁来不理鬓。春至更攒眉。悲看蛱蝶粉。泣望蜘蛛丝。月映寒蛩褥。风吹翡翠帷。飞鳞难托意。驶翼不衔词。

全诗无一个怨字，但是却通过种种意象的组合为我们塑造出了一位对爱情愁怨的少女形象。尤其是通过“蛱蝶粉”来反衬主人公当时的愁苦心情，把主人公的当时的心理刻画得逼真逼肖，形象动人。南北朝之后，以蝴蝶写怨的诗逐渐地多了起来。如：

八月蝴蝶黄，双飞西园草。感此伤妾心，坐愁红颜老。

李白《长干行》

芳草连天迷远望，宝香熏被成孤宿。最苦是、蝴蝶满园飞，无人扑。

周邦彦《满江红》

看以上的诗句和词句，李白的《长干行》，那八月双飞的蝴蝶，使得那红颜感慨万千，看到那翩翩起舞的双飞之蝶，在园中嬉戏、玩耍，想到自己形单影只，孤单一人，于是对心爱之人的愁怨发了出来：自己就这样苦苦地等待，等着自己那美貌的容颜衰老吗？周邦彦的《满江红》更是把那相思的少女的那种愁怨之情抒发到极至。在这里，周邦彦以蝶喻词中自己所塑造的形象，想那满园飞的蝴蝶却舞的没有对象，没有人来扑，没有人来示意，没有人来欣赏。只孤独地唱着一曲独角戏。词人描摹的那位倍受相思煎熬的、幽怨的可怜女子跃然纸上，有一种悲剧意识。

在这些以蝶意象写怨的诗句中，还有一种值得我们注意的就是宫怨诗，宫怨诗产生于齐梁之间，是那个特殊时代的产物。读一读白居易的《上阳白发人》中那“红颜暗老白发生”“入时十六今六十”“少亦苦、老亦苦”的诗句，使得我们对古时宫女和一些妃子们的悲惨命运有更为深刻的认识，那我们就不会惊奇为什么在齐梁时宫体诗那么发达。而以蝶意象来抒发宫怨之情的作品在古代也很常见。试举两首为例：

小苑莺歌歇，长门蝶舞多。眼看春又去，翠辇不经过。

令狐楚《思君恩》

掖庭聘绝国。长门失欢谳。相逢咏蘼芜。辞宠悲团扇。花丛乱数蝶。风帘入双燕。徒使春带赊。坐惜红颜变。平生一顾重。夙昔千金贱。故人心尚尔。故心人不见。

谢朓《同王主簿怨情》

以上两句诗都以长门的典故为基础，生发出一定的蝶情。第一首诗，明显以蝶喻后宫的佳丽们，写她们盼了一年又一年，春去春又回，但是却得不到皇上的宠幸，只能红颜暗老了。第二首以数蝶喻她人，以蝶喻自己，为我们塑造了一个争宠失利的佳人形象。两首诗产生的时代虽不同，但都写出了同一种情感，那就是深深的宫怨之情，写得凄迷悲惨，颇见出另一种风流。

3. 家国之情

中国的文人，当他们漂泊在外时，他们的心中时时浮现出来的是故国或故乡的影子。自从《诗经》用“昔我往矣，杨柳依依，今我来思，雨雪纷纷”来写对故乡深刻的思念以来，人们便在去国怀乡，离井背国，颠沛流离之时借用各种物象来抒发自己的怀乡或怀国之情。如前我们所举《诗经》例中的柳的意象，还有诸如雁、子归、鱼等等意象。但是，另一种时常也被用来咏怀意象的却多不被注意，这就是蝶。自从庄子《齐物论》中那“不知周之梦为蝴蝶耶？蝴蝶之梦为周耶？”那千古以来开创性的一问之后，人们便时常在诗句中以蝴蝶之梦来喻自己的怀乡怀国之情。如庾信的《拟咏怀诗二十七首》中第十八首：

寻思万户侯。中夜忽然愁。琴声遍屋里。书卷满床头。虽言梦蝴蝶。定自非庄周。残月如初月。新秋似旧秋。露泣连珠下。萤飘碎火流。乐天乃知命。何时能不忧。

诗人借用庄周梦蝶的典故来喻自己对故国的思念。诗作开头就为我们奠定了感情的基调，在“寻思”，寻思南朝那富丽繁华的景象，但是诗人情感的笔触却在寻思中发生了变化，在那满是相思的琴声之中，诗人开始发愁了，那琴声是诗人远离故国的愁思，那琴声是“身在曹营心在汉”的真实写照。于是诗人浮想联翩，通过对庄周梦蝶的否定，来肯定自己那思乡的蝴蝶梦，并把残月和初月、新秋和旧秋做一对比，来加深自己的这种感情。那露泣，何尝不是诗人那对故国的相思之泪呢？全诗写得深情绵邈，感人至深。

再来看唐宋时的几首诗词：

魂梦只能随蛱蝶，烟波无计学鸳鸯。蜀笺都有三千幅，总写离情寄孟光。

刘兼《江楼望乡寄内》

水流花谢两无情，送进东风过楚城。胡蝶梦中家万里，子归枝上月三更。

崔涂《春夕旅怀》

客思莫牵蝴蝶梦，乡心自忆鹧鸪声。沙头南望堪肠断，谁把归舟载我行。

齐己《渚宫春日因怀有作》

一片风情无处用，寻思还有旧家心，蝴蝶时时来役梦。

欧阳修《玉楼春》

安能远举，漫目送征鸿，梦劳胡蝶，无计便归去。

李曾伯《摸鱼儿》

蝴蝶不传千里梦，子归叫断三更月。

辛弃疾《满江红》

看以上的诗句和词句，文人们多以从庄生梦蝶化用过来的蝴蝶梦为依托，来写自己对故国、故乡的依恋之情。在这些诗句和词句中，也许诗人和自己的家乡相隔千里，但是距离并不能阻隔那对故乡的特殊的情感，诗人们可以遥望，而遥望的方式则是梦。那梦紧随着故乡而飘逝。在诗人齐己的笔下，诗人在沙头遥望故乡，但是却没有可以回乡的小舟，诗人禁不住悲上心头。那因思念故乡而心中郁郁的至深感情，使得诗人有一种肠断的感觉，诗到此可谓达到了感情的高峰。再看那种思乡之情在欧阳修的笔下如何呢？在欧阳修的笔下，离开了故乡，那万千的风情都没了对象，所寻思到的只有自己的"旧家心"，自己那种对故乡的深刻感情。睡亦难以成眠，因为这种思念之情像蝴蝶一样翩翩地飞入自己的梦中，使自己无法入睡。词人假托一位少女来抒发自己的思乡之情，写得极为纤细、动人。

家也好，国也好，要想同诗人联系起来，则要有一定的人和事。而这人可能是诗人的亲人，也可能是诗人的旧友，所以许多诗人在抒发思乡怀国之情的同时，也以蝶的意象为基础写出许多思念亲友的诗来。如：

常听仓庚思旧友，又因蝴蝶梦生涯。一千余里河连郭，三十六峰寒到家。

怀楚《送新平故人》

短艇绝江空怅望，寄得诗来高妙。梦去倚君傍，胡蝶归来清晓。

黄庭坚《离亭燕·次韵答廖明略见寄》

在怀楚的诗中，诗人为我们举了一个客观的事实，"常听""思旧友"和蝴蝶梦联系起来。此诗为送别诗，从前两句隐约也可看出诗人对即将分别的故人的一种难舍难分之情，也可感觉到在与故人别后，诗人也会在梦中相跟随。在黄庭坚的这首词中，诗人甚至希望自己在梦中化作一只蝴蝶，飞到友人的身边，由此可见两人交谊之深。这两首诗词都把对亲友的思念之情写得极为动人。

蝴蝶自从进入文人的视野之后,就成了人们表现自己情感的对象物,成了人们情感的寄托,蝶成了人们活跃的生命的传达。在蝴蝶的身上,我们可以看到人们对自由的向往,人们对爱情的渴望,更可以看到人们对故国、故乡的深刻感情。随着时代的发展,蝴蝶越来越虚拟化和情感化了,成了人们内在本质情感的对象化,成了人们审视自我情感的载体。

三 "千古是非输蝶梦,一轮风雨属渔舟"——蝶之理

李泽厚先生把审美形态分为悦耳悦目,悦心悦意,悦志悦神三类,所谓"悦志"是"指对某种合目的性的道德理念的追求和满足,是对人的意志毅力志气的陶冶和培养"①。所谓"悦神"则是"投向本体存在的某种融合,是超越道德而与无限相同的一种精神感受"②。按李泽厚先生的说法,这是审美意识的最高级形式,在中国古代艺术中,这种审美形态表现为人与审美对象的相融相合,也就是说,是人与审美对象的契合。在这种相契合的悦志悦神状态中,主体也许无意于这种审美的形态,但是他却从审美形态中客观上得到一种志神上的愉悦。这种愉悦是对形的超越,是主观精神直契于生命本体,是对人类本体的企及。这种超越由形出发,进而与形共鸣,最后在共鸣的过程中使主体达到领悟,并使之得以延留的境界。这种境界可谓是审美的最高级形态。在这种高级的形态中,主体超越现实,而达到一种自由的超我之境。自古至今,引起人们深刻思考的有诸如菊、松、鸦、雁等等意象。而在这草木、禽虫的意象中尤起引我们注意的就是蝶的意象。

人们从蝶意象中析出理来,主要是受庄子的影响。这位思想家

---

① 李泽厚:《华夏美学》,天津社会科学出版社2001年版,第350页。

② 李泽厚:《华夏美学》,天津社会科学出版社2001年版,第351页。

在《齐物论》中曾讲了这样一个小故事："昔者庄周梦为蝴蝶，栩栩然蝴蝶也，自喻适志与不知周也。俄然觉，则蘧蘧然周也，不知周之梦为蝴蝶与，蝴蝶之梦为周与！周与蝴蝶则必有分矣，此之谓物化。"这位思想家做了一个奇怪的梦，他梦见自己化成了一只蝴蝶，醒来后却发现自己仍然是庄周；不知道是他自己化成了蝴蝶呢，还是蝴蝶化成了他。蝴蝶在这里是有其深刻的寓意的。自古至今，人们对这一段话所蕴含的深刻含义有着不同的理解。有的认为庄子讲的是自由的心态，有的认为讲的是庄子对主客体的思索等等，不一而足。而自庄子之后，庄周梦蝶就成了一个重要的典故，甚至作为一种集体无意识深潜在历代文人心中，表现在他们的创作中。文人们大量地用庄周梦蝶来表达自己对生存的认知。

在南朝梁时，梁简文帝萧纲就在《十空诗六首·如梦》诗中借庄周梦蝶的典故来表现自己对人生的思考之理。

秘驾良难辩。司梦并成虚。
未验周为蝶。安知人作鱼。
空闻闻延寿赋。徒劳岐伯书。
潜令六识忧。安能二惑除。
当须耳应满。然后会真如。

诗名为如梦，诗所描写的也确实是梦一样的意境。诗作开始就提出了一种疑问"祕驾良难辩"，然后用庄周梦蝶、庄惠关于鱼辩论的典故来表示现实人生如梦的感觉，联系诗中所用的空、徒劳、安能等字眼，诗作充分表现了主体对现实世界的思考，虽然给人一种幻空的感觉，但从中却可以感觉到一种人生如梦的至理。

唐时，人们更是大量运用庄生梦蝶的典故，而且表现的意义也越来越丰富。如：

忽忽枕前蝴蝶梦，悠悠觉后利名尘。

无穷今日明朝事，有限生来死去人。
终与狐狸为窟穴，谩师龟鹤养精神。
可怜颜子能消息，虚室坐忘心最真。

齐己的《感时》诗，一开头就摆出了人生如梦的感慨，“忽忽枕前蝴蝶梦”，接着后面一句“悠悠觉后利名尘”更是把人的感情拉入低谷，再联系后面的几句，诗作颇能给人一种人生哲理的启迪，人生如梦，名利都如尘土一样，最重要的是修身养性。一句“虚室坐忘心最真”更使我们有一种归道的感觉。

再如唐代崔涂的《金陵怀古》：

苇声骚屑水天秋，吟对金陵古渡头。
千古是非输蝶梦，一轮风雨属渔舟。
若无仙分应须老，幸有归山即合休。
何必登临更惆怅，比来身世只如浮。

诗作抒发的是一种怀古之情，是作者对古都金陵的凭吊。但是那一句“千古是非输蝶梦”唤起的却是我们对悠长历史的思索，对沉甸了千年历史的重新定位，对生活在历史中的人的重新发现。忙于那万千的是非，怎及得那风雨中小舟的惬意和舒适。那万千的历史于我来说又有什么意义？

在唐代，庄生梦蝶典故用得最好、也最受人们称赞的要算是李商隐的《锦瑟》了：

锦瑟无端五十弦，一弦一柱思华年。
庄生晓梦迷蝴蝶，望帝春心托杜鹃。
沧海月明珠有泪，蓝田日暖玉生烟。
此情可待成追忆，只是当时已惘然。

这首诗可谓是李商隐的代表作，但是关于《锦瑟》一诗的主旨，历来说法不一，较有代表性的有悼亡说、自伤身世说和诗序说。在这三种说法之中，笔者是比较赞同自伤身世说的。这种说法认为李商隐以庄生梦蝶、化蝶无踪喻年华逝去、恍若春梦，乃直解人生迷梦，寓有困居秋斋、抱负成空的人生感喟。无疑，李商隐在这首诗中用种种意象的叠加，蝶、杜鹃、带泪的珠、生烟的玉给我们奏出了一首哀歌。特别是尾联更使我们感受到诗人当时怅惘的痛苦心情。李商隐用他那纤幽冷艳风致的笔，用他那幽眇、纤微、多变的人生，谱写着"庄周梦蝶"式的人生惘然和变幻。在李商隐给我们营造的这种凄迷的诗境中，我们是否可以感受到诗人对人生几何的思考和追问呢？

到了宋代，蝶意象更是丰富多彩。由蝶意象生发出来的理在宋词中表现得特别多，如：

> 只将蝶梦付南华。万事纷纭都入幻，一杯邂逅且忘怀。年年秋卉与春葩。
>
> 吴潜《浣溪沙》
>
> 千载云海茫茫，记举目新亭，壮怀难尽。蝴蝶梦惊，化鹤飞还，荣华等闲一瞬。
>
> 曾觌《燕山亭·杨廉访生日》
>
> 十年旧梦，漫余恍惚云窗，可怜不是当时蝶。深夜醉醒来，好一庭风月。
>
> 张炎《石州慢》
>
> 买得扁舟归去，此事天公付我，六月下沧浪。蝉蜕尘埃外，蝶梦水云乡。
>
> 张孝祥《水调歌头·泛湘江》

看以上所举的四例，无不隐含着词人对现实的一种深刻观照。吴潜的《浣溪沙》中那"万事纷纭都入梦"、曾觌的《燕山亭》中那"蝴蝶惊梦"无不表达了词人看破人事红尘的淡漠和感慨，那"一杯邂逅且忘杯"不正是词人对看破红尘之后心情的真实写照？那"荣华等闲一瞬”不就是对名利的最真实的否定？而张炎那“可怜不是当时蝶”的词句则又表现出词人在历尽人事沧桑和坎坷后，对人生的那种痛的体悟。再看张孝祥那“蝶梦水云乡”，则又表现了诗人归隐的决心和对宁静淡泊的向往。真有一点儿“此中有真意，欲辩已忘言”的味道。

这里只是略举几例试析蝶意象中所蕴含的理。但是值得一提的是，我们说蝶之理，并不是蝶本身所含之理，而是文人们在观照蝶的过程中结合自身的体验而做出的一种价值判断。只有当这种判断和我们自身的审美经验相结合时才能产生理，给我们以最高灵境的启示。这种理一方面是作者之理，更是我们作为审美主体对诗人之理的深析而得出的理。正是在这种理中，我们达到一种共鸣、领悟一种境界。这一方面使我们得到了美的享受，另一方面又提升了我们的精神境界。

余　论

以上我们剖析了蝴蝶意象在中国古典诗词中所生成的几类含义，其实上述的分类并不能截然地划一道不可逾越的鸿沟，因为在一种分类中可能会含有其他分类所具有的因子。这里的分类，只是为了便于论述而做的一种尝试。但如果综合来说，中国古代诗歌中关于蝶的意象的发展演变主要是沿着两个方向在前进：蝶形和蝶神。在蝶形方面，主要是描写蝶的颜色，它的各种姿态，它的翩翩起舞等。在蝶神方面，主要是蝶作为人们情感的表征，成为文人们情感的外化和客观对应物。人们喜时蝶则嬉；人们悲时蝶则残；人们困苦思索时，蝶则富有理趣。

但是蝴蝶作为一种意象进入人类的情感和审美域并不是偶然的，而是必然的。这种必然性主要表现在两个方面。一方面是蝶意象本身或由蝶意象所构成的情景代表着一般意义上的美好的生存形态，而这种形态本身就契合了人类在潜意识中对美好事物追求的心态。《本草纲目·虫二·蛱蝶》云：“蝶美于须，蛾美于眉，故又名蝴蝶，俗谓须为胡也。”这是李时珍从生物学的角度对蝶的美好特征做的解释。北宋著名的诗人林逋《咏蝶》诗更从审美的角度来看蝶“细眉双耸敌秋毫，荏苒芳园日几遭。清露宿花应自得，暖风和絮欲争高”。诗人从一个美学家的角度为我们描绘出了作为自然骄儿的蝶的美好形态，而这种自然美的形态正是人类所追求的。那么蝶作为一种自然意象进入文人们的视野中也就不足为怪了。不过蝶进入人的审美领域并不是这么简单，它的美好形态只是一个方面，而另一个更为重要的方面是蝶的生命形态符合了人类作为主体的审美愉悦需要。也就是说，正是人类审美愉悦的需要催生、加速了蝶进入人的情感和审美层。蝶作为一种自然意象直接呈现给我们的主要是两种形态。一是自由；一是双飞。从这两种基本的原型出发，文人们生发出了自由颂、去国情、爱之赞和怨等等一系列情感。可以说，正是这两种基本的原生形态符合了人类的审美愉悦的需要，契合了人类内在潜意识中的灵魂，从而使得蝶成为人们情感关注和投射的对象。也正是在这种观照下，蝶一步一步失去其自然形态，走向了虚拟化和情感化，成为符号承载着诸如庄生梦蝶和韩凭妻化蝶的历史积淀。而这些形象作为一种集体无意识影响着文人的创作神经，就更使得蝶的意象丰富多彩了。

符号化的蝶意象使得千年以来的文人有一种特殊的蝴蝶文学情结，形成了只属于我们的特殊的蝶文化。当我们扣动文人为我们塑造的蝶意象的语码，我们获得的不仅仅是一种审美和情感上的愉悦，更是在吮吸着一种特殊的蝶文化。

第六章　日常生活审美化的符号学批评
——兼论西方符号学与先秦名学的理论互动

一　日常生活审美化的理论来源

2001 年以来，“日常生活审美化”在中国文论界引发争论热潮，迄今余波未消。“日常生活审美化”，作为“aestheticization of everyday life”这个英语术语的中译名，是西方资本主义消费文化发展的必然产物，其理论资源主要是来自两部著作：一是英国社会学家迈克·费瑟斯通 1991 年出版的《消费文化和后现代主义》，二是德国后现代哲学家沃尔夫冈·韦尔施 1998 年出版的《重构美学》。《消费文化与后现代主义》第五章的标题即“日常生活审美化”，费瑟斯通认为日常生活的审美化包括三个方面的涵义：其一，日常生活审美化是指第一次世界大战以来产生的达达主义、先锋派和超现实主义运动等艺术类亚文化。它们一方面击碎了艺术的神圣光环，瓦解了高雅艺术在博物馆和学术界受人尊敬的地位；另一方面消解了艺术与生活之间的界限，导致艺术可以出现在任何地方、任何事物之上。其二，日常生活审美化表现为将生活转化为艺术作品的存在方式。这样一种生活方式，可以追溯到 19 世纪后期的唯美主义作家，如佩特和王尔德。费瑟斯通引王尔德的话说，一个理想的唯美主义者应当“用多种形式来实现他自己，来尝试一千种不同的方式，总是对新感觉好奇不已”①。这是一种不断追求新感觉、新品味，实现自我扩张的审美态度。其三，日常生活审美化是指渗透入当代社会日常生活的符号和影像。符号商品的过度生产完成了生活的审美转向，大众不是消费符号商品的使用价值，符号商品成为个人品味、欲望、身份、地位的象征。商品符号价值的塑造，源于广告等大众传媒所制造、宣传的极具诱惑力的影像。这些影像诱使人们追逐影像所创造的时尚生活体验。影像的虚拟性与仿真性抹平了虚幻与现实的差别，导致现实的非现实化和幻觉化。急速增长的符号商品以及影像和文化信息的生产与传播，加剧了现实的审美幻化，使实在成为一种虚拟化和艺术化的存在，迫使日常生活以审美的形式呈现出来。②

韦尔施在《重构美学》中探讨了超越美学的美学新形式。韦尔施把今天的审美文化分为浅表的审美化和深层的审美化。浅表的审美化即日常生活审美化，审美攻占了购物中心、火车站、大型超市、街心花园、家具装修，乃至身体修饰、影视娱乐等方面。韦尔施称：“今天，我们生活在一个前所未闻的被美化的真实世界里，装饰与时尚随处可见。它们从个人的外表延伸到城市和公共场所，从经济延伸到生态学。”③韦尔施对这种浅表的审美化是持批评态度的，认为这仅仅是“不计目的的快感、娱乐和享受”。④“全面的审美化会导致它自身的反面。万事万物皆为美，什么东西也不复为美。连续不断的激

---

① 转引自陆扬：《费塞斯通论日常生活审美化》，《文艺研究》2009 年第 11 期。

② 〔英〕迈克·费瑟斯通：《消费文化和后现代主义》，刘精明译，译林出版社 2000 年版，第 114 页。

③ 〔德〕沃尔夫冈·韦尔施：《重构美学》，陆扬、张岩冰译，上海译文出版社 2006 年版，第 109 页。

④ 〔德〕沃尔夫冈·韦尔施：《重构美学》，陆扬、张岩冰译，上海译文出版社 2006 年版，第 112 页。

动导致冷漠,审美化剧变为非审美化。"[①]在表层的审美化之外,韦尔施分析了深层的审美化现象,他又称之为物质的审美化。书中写道:随着微电子学的崛起,新工业材料的观念及其测试直到最终的生产都完全由电脑模拟层层推进,而模拟是一个在显示器屏幕上展开的审美过程,它不是一种模仿,更像是一种创造。[②] 韦尔施认为,不仅日常生活在审美化,而且现实紧随的新技术和电视媒介,正在越来越被审美化过程所支配。既然现实的构成是审美的,审美思维就并不是锦上添花式的点缀,而是现实的基础,美学因此不再只是艺术哲学,并不仅仅与艺术结盟,而成为理解现实的一个更广泛、更普遍的媒介,美学成了科学、政治、艺术、伦理和日常生活等的基础。

二 日常生活审美化的争论误区

"日常生活审美化"掀起了中国文论界对文艺学学科的反思热潮。2002 年第 1 期《浙江社会科学》上陶东风发表文章《日常社会的审美化与文化研究的兴起——兼论文艺学的学科反思》,陶东风通过引用费瑟斯通和韦尔施的观点,分析了在中国大城市中出现的日常生活审美化趋势,提出重建文艺学与现实生活之间的联系。文章写道:

> 不管我们是否承认,在今天,审美活动已经超出所谓纯艺术/文学的范围,渗透到大众的日常生活中。占据大众文化生活中心的已经不是小说、诗歌、散文、戏剧、绘画、雕塑等经典的艺术门类,而是一些新兴的泛审美/艺术门类或审美、艺术活动,如广告、流行歌曲、时装、电视连续剧

---

① 〔德〕沃尔夫冈・韦尔施:《重构美学》,陆扬、张岩冰译,上海译文出版社 2006 年版,第 166 页。

② 〔德〕沃尔夫冈・韦尔施:《重构美学》,陆扬、张岩冰译,上海译文出版社 2006 年版,第 8 页。

> 乃至环境设计、城市规划、居室装修等。艺术活动的场所也已经远远溢出与大众的日常生活严重隔离的高雅艺术场馆（如北京的中国美术馆、北京音乐厅、首都剧场等），深入到大众的日常生活空间。可以说，今天的审美/艺术活动更多地发生在城市广场、购物中心、超级市场、街心花园等与其他社会活动没有严格界限的社会空间与生活场所。[①]

陶东风认为文学与社会关系的重建，不是"回到庸俗社会学"，而是广泛吸收20世纪语言论转向的成果，包括形式主义、结构主义、后结构主义、新批评、符号学、叙事学等学科中，强调语言与文化是一种基本的社会实践，具有物质性。文艺学应突破本质主义文学观的束缚，将广告、流行歌曲、时尚等被精英文化所否定的对象纳入文学的范畴。陶东风的观点在中国学术界引发了争论，赵勇在《谁的"日常生活审美化"？怎样做"文化研究"》一文中称陶东风套用西方"日常生活审美化"，使他从一个大众文化与消费主义的批判者，变成了妥协者或中立的阐释者。赵勇写道："陶东风等学者借用这一概念来指称中国当下的现实时，却没有对这个概念进行必要的清理和鉴定，于是，这个事实判断的背后就遗留下了一系列的问题：什么地方的日常生活审美化了?[②] 谁的日常生活审美化了？如果这是一个全称判断，那么，我们的日常生活又在多大程度上审美化了?"费瑟斯通、韦尔施是在西方步入后现代社会背景下，提出"日常生活审美化"这一命题，赵勇认为陶东风将"日常生活审美化"指称中国当下社会，却没有对中国"后现代主义"进行界定。西方后现代主义表征是消费文化，21世纪中国当下最重要的问题是与工人、农民利益相

---

① 陶东风：《日常社会的审美化与文化研究的兴起——兼论文艺学的学科反思》，《浙江社会科学》2002年第1期。

② 赵勇：《谁的"日常生活审美化"？怎样做文化研究》，《河北学刊》2004年第24卷，第5期。

关的问题,但是日常生活审美化关注的是身体、街心花园、时装表演、城市广场、购物中心。因而,日常生活审美化实质是对社会问题的回避,是浸透着富贵气、脂粉气、大款气、小资气的中产阶级感性生活的真实写照。在赵勇看来,日常生活审美化这个命题的深层含义其实就是对现实的粉饰和装饰。它隔断了人与真正的现实的联系,并让人沉浸在一种虚假而浮浅的审美幻觉当中,误以为他所接触的现实就是真正的现实。日常生活审美化既制造了现实的假象,又掩盖了商品原则的秘密,还最终剥夺了人的审美感知。

陶东风在《研究大众文化与消费主义的三种范式及其西方资源—— 兼谈"日常生活的审美化"并答赵勇博士》一文中,针对赵勇提出的如何看待日常生活审美化中的价值判断问题,表明自己的立场:

> 我以为,这已经非常清楚地指出了日常生活的审美化中存在的权力与不平等问题。我的立场绝对不是站在那些中产阶级、白领或新贵阶层一边,而是站在真正的"大众"与弱势群体一边的。……我最为担心的实际上是出现这样的局面:沉溺于消费主义的中国大众由于物质生活水平的提高而越来越不关心自身的政治权利、公民权利问题。他们对于公共领域的重大问题视而不见,沉浸在自己的日常生活中(忙于塑造身体、布置小家庭、享受日常生活)。①

陶东风在《日常社会的审美化与文化研究的兴起—— 兼论文艺学的学科反思》一文中,以20世纪语言论转向的成果作为日常生活审美化的理论支撑,然而在回应赵勇的质疑时,却没有从学理出发,只是表明自己作为知识分子代言人的立场,实际上默认了日常生活审美

① 陶东风:《研究大众文化与消费主义的三种范式及其西方资源—— 兼谈"日常生活的审美化"并答赵勇博士》,《河北学刊》2004年9月第24卷第5期。

化的非政治功能、小资情调、脂粉气息，容易使人从社会责任的角度不认同日常生活审美化。但是我们不能否认，21 世纪以来，审美已经改变了我们的生活方式和生活态度，日常生活审美化不只是中产阶级的时尚，它已成为大众面临的现实，这一现实不是虚伪的假象，不是肤浅的幻觉，它大大扩展了人的自我感知力、实现了自我的扩张，正是符号学批评从学理上声援了日常生活审美化。

三　符号学作为日常生活审美化的理论支撑

罗兰·巴特早期作品《神话学》应用索绪尔的语言学概念，以消费文化现象作为符号探讨的对象，分析电影、服饰、游戏、食品、广告、照片等符号。“神话学”以语言的方式揭示了各种文化符号与现实之间的关系，巴特用结构主义符号学方法研究各种文化符号的意义生产机制，注意到能指与所指结合时“符号”的存在，而且“符号”总是特殊的、历史的。“神话”的本质和功能就在于把一切在特殊历史文化语境中生产和建构的意义自然化，把它们说成是自然的、事物本身固有的。资产阶级正是通过操作“符号”把社会和文化方面特殊的、历史的东西转变为自然的、必然的东西，力图以一种永恒性、自然性来掩盖自身的历史特殊性和可改变性。因此，巴特毫不留情地揭开了意识形态的神秘面纱，认为统治阶级通过“自然化”的意识形态使得自己的文化观获得普世价值，从而操控现实。

巴特的“社会神话”研究很好地阐释了符号商品的意识形态功能，有效地诠释了费瑟斯通提出的日常生活审美化第三个层次的内涵。费瑟斯通认为影像和符号商品对生活的渗透，是消费文化日常生活审美化的实现途径。费瑟斯通认为这个社会的一切都是文化，符号商品与广告信息不断赋予文化新的含义，对符号商品的消费划分出社会等级，并彰显社会关系，因此，文化、知识以消费的方式侵入日常生活。人们为获得“地位性商品”，为获得表明步入上流社会的商品而展开的争斗,使新商品的生产率不断提高。正是这种追逐游戏,使得赋予新商品文化、社会价值的知识越来越重要,促使热衷于向上攀爬的群体对消费和生活方式采取一种学习的态度,不断将自己的知识、品位转化为符号商品,通过购买符号商品获取身份、地位。布尔迪厄所说的“新型媒介人”指的正是这一群体。这些在媒体、广告、时尚就职的“准知识分子”致力于符号新商品的生产、开发、传播,将知识转化为商品,不断引导着公众的消费理念和生活方式,从而实现日常生活审美化。

在中国,21 世纪以来“神话学”研究成为广告界、艺术界等时尚业的新宠,促使我们认识到符号商品的运作机制。如张淑萍、曹进在《意义的愉悦——透视广告兼论罗兰·巴特的文化符号学思想》一文中分析了手机“康佳 D163”系列平面广告:

> 图像符号包括一年轻女子、肥皂泡、被肥皂泡裹着的康佳 D163 系列手机、玫瑰红的背景和强烈的光线。画面女子苗条、性感、迷人,表情梦幻般如痴如醉,从而若隐若现那个精心打造却犹抱琵琶半遮面的神话:拥有康佳 D163 系列手机意味着拥有浪漫的人生,它会平添女主人的魅力,有如广告中女子般迷人,增强男主人的自信,获得美女的青睐。玫瑰红色意指浪漫生活;强烈的光线隐喻画面女子光彩照人、手机魅力四射,从而暗示拥有此系列手机的人同时会拥有美妙、灿烂人生。总体看来,语言符号、非语言符号中所有的能指试图创造同一个神话:康佳 D163 系列手机是浪漫生活的代名词,选择它意味着生活质量的提升和人生价值的实现。[①]

---

① 张淑萍、曹进:《意义的愉悦——透视广告兼论罗兰·巴特的文化符号学思想》,《重庆工学院学报》2008 年第 22 卷第 2 期。

张淑萍、曹进运用巴特的“社会神话”研究不仅阐释了广告符号中的审美价值，还揭示了广告的幕后操手——大众传媒如何编码并诱导公众选择商品，此时手机不是单纯的商品，购买手机意味着拥有品质生活、成功人生。广告在今天已经取代了昔日艺术的功能，将审美传播到日常生活。通过结构主义符号学的解读，我们可以有力回击赵勇对日常生活审美化的质疑，广告以审美的方式影响公众的消费观，不仅给公众带来审美的愉悦，还曝光了商品运营机制，让公众能够更加理性地消费。

在巴特看来，文化是一种语言，我们身处的世界是被语言建构的，不存在铁板一块的现实，文学语言、社会历史、意识形态是相互交汇的地带。巴特在写完《流行体系——符号学与服饰符码》这本书后发现：语言不只代表着真实，而且参与意义的构成。在语言介入之前，根本不存在时装的概念，因此，对服饰的研究依赖于对语言本身的研究。在语言之外，看不到流行、时尚，流行是被语言操控的结果，世界是被语言建构的。因而，文学语言不是独立于现实的空中楼阁，文学是现实得以呈现的形式。文学与社会、现实有着千丝万缕的联系，这正体现了文学的价值，文学是建构世界的审美方式，这正是韦尔施所说的物质的审美化。巴特的结构主义思想成为“日常生活审美化”的有力支撑，能有力回击赵勇的质疑。日常生活审美化不是对现实的粉饰，而是现实得以存在的方式；不是沉湎于自我陶醉的幻觉，而是世界的真实存在，能够恢复我们对生活的感知能力。然而，在中国有不少学者对日常生活审美化执批判态度，如王德胜指出：视觉快感使“日常生活审美化”非常具体地从一种理性主义的超凡脱俗的精神理想，蜕变为看得见、摸得着的快乐生活享受。享乐满足的快感并不具有精神内在的品格，它所呈现的也只是人在日常生活里最直接的欲望和动机。① 毛崇杰指出：在知识论上，“日常生活审美化”与“新的美学原则”有诸多错位之处，由此带来的是价值论的颠倒。“日常生活审美化”是建立在相当经济实力上的文化，是一个紧身衣式的命题，所谓“新的美学原则”离真正的新美学文化不是越来越近，而是越来越远。② 陆扬也对日常生活的审美化做出了否定的价值判断：“日常生活的审美化”表面上是对人的感性的解放，实质上却是工具理性对于人的更为严酷的操控，是在盲目歌颂技术力量的同时，将自由定位在“自由的消费和消费能力”，根本否定了人文理性对于人的存在与人类社会发展的重要意义。③

可以说，王德胜、毛崇杰、陆扬是从人文精神、传统文学观的角度批判日常生活审美化，他们认为审美应具有超越生活的精神向度，从“物”与“形式”二分的观点出发，贬低对“形式”的消费，认为对“形式”的消费是一种贪图感性刺激的享乐主义。如王德胜说：

> 视像的生产首先不是为了充分体现“物”的日常功能，而是刻意突出了人在日常生活里对于“物”的自由的消费和消费能力。视像存在不能没有一个基本的物质对象，比如花园豪宅、“成功人士”，比如化妆品、艳丽明星，比如私家汽车、漂亮女人……但对于视像的生产来说，这种“物”的存在实际上却并不借助于其功能价值的唯一性，而是更为直接地依赖于“物”的可视性，以及由“物”的可视性所带来、所意味的人的生活享乐满足——从某种程度上看，这也正是对于视像意义的生产，它是视像生产的根本。在这里，由视像生产所导致的，其实是一种日常生活的功能需要与

---

① 王德胜：《视像与快感——我们时代日常生活的美学现实》，《文艺争鸣》2003 年第 6 期。

② 毛崇杰：《知识论与价值论上的日常生活审美化》，《文学评论》2005 年第 5 期。

③ 陆扬：《文艺学的日常生活审美化转向》，《天津社会科学》2009 年第 6 期。

> 形式感受之间的分离。[①]

然而,符号学告诉我们语言之外无物存在,语言宿命地参与了对物的建构,生活中没有“天然之物”的存在,物总是渗透着意义。因此,物总是以某种形式而存在,我们不可能只是消费物的使用价值,还要消费物的符号功能。王德胜认为视像将“功能需要”与“形式感受”相分离,导致日常生活审美化丧失审美的信仰纬度,其理论误区是将审美视为独立于生活,且高于生活的精神追求。这种观念导致了生活与审美的脱节,审美从生活的撤退实质是审美的失败。从符号学的观点看,审美不是相对于经济基础的上层建筑,现实即以审美的形式存在,审美形式因而具有物质性。审美对生活的渗透,是审美取得胜利的标志。当前,审美已渗透到生活的方方面面,符号学研究加速了日常生活审美化的进程。符号学研究从传统的语言、文学,转移到艺术、新闻传媒、建筑设计、旅游领域,据中国知网的学科分类,47 个学科都有以符号学为主题的论文,如康长春在《都市景观的符号学分析》一文中写道:

> 从线性的历时性角度看,都市景观承载着历史的积淀和文化的传承。从横向的共时性角度看,都市景观表征着地域的个性和人文精神的差异。当包裹着人们的空间转化成物象或者说以具体的物质形式包围在都市人的周围时,对人物内心世界触动的力量就非常强大了。[②]

通过符号学解读,我们发现都市的“景观化”是都市得以存在的审美形式,对于在都市中生活的人来说,谁都无法躲过都市景观的刺激和感染。正如韦尔施所说,审美化浪潮正在席卷四面八方,攻占并清洗

---

① 王德胜:《视像与快感——我们时代日常生活的美学现实》,《文艺争鸣》2003 年第 6 期。

② 康长春:《都市景观的符号学分析》,《华北水利水电学院学报》2010 年第 3 期。

了公共空间。都市首先是一种景观，一个视觉对象物。或者说，都市的重要特征之一就是它的景观性，景观的变迁凝聚着人类物质文明的成果，也暗含着人们审美理念和生活观念的更新。景观的变化由人而起，同时，景观又无所不在、无孔不入地影响、改造着身处其中的人们，审美以它的物质性潜移默化地提升了人们对生活的感知力，从而实现费瑟斯通第二层含义的日常生活审美化，以审美的生活态度追求新感觉，新品味，从而提升自我。

江南大学设计学院工业设计系讲师邓嵘在《从符号学角度解读产品色彩》一文中，分析了红、黄、蓝、橙、紫等颜色的符号意义，写道：

> 产品上使用不同的颜色能够产生不同的效果，消费者又具有不同的性格和素质，他们在选择购买产品时，除了要求产品与自己的个性相容外，还有一种追求更高层次上的精神品质的需求，如追求高贵的品质、典雅的品质等。而通过产品的造型、配色等能够将这种高层次的精神品质体现出来，使消费者同时得到物质和精神上的满足。①

在邓嵘看来，色彩作为产品的形式因素传达着人丰富的精神内涵，产品色彩作为一种符号，不断地向消费者和使用者传递某些信息，并对他们产生影响，通过消费活动拉近了艺术与生活的距离，使消费者获得感性愉悦。

社会对审美观念和艺术进行了一系列的扩张或泛化，并使之日益蔓延渗透到社会经济、政治、文化和日常生活的各个方面，从而形成日常生活的审美化趋势与普遍的消费文化。影视作品、流行歌曲、商品广告、时装设计、城市建筑等等不断影响公众的生活方式。符号学研究范围的不断扩展，为日常生活审美化提供了有力支撑。

---

① 邓嵘：《从符号学角度解读产品色彩》，《大众文艺》2010年第19期。

我们可以进一步发挥先秦名学来调和推崇人文精神的学者和日常生活审美化趋势间的矛盾。无可否认,我们生活在名的世界中,但名不能脱离“实”,它必须体现“实”,即体现物的实质,要有助于人们辨明是非黑白。当下的现实是一些时尚和广告的幕后操手通过操纵符号,建构了一个虚幻的现实,这一现实不断刺激人的消费欲望,追逐不切实际的物质享受,从而扰乱社会秩序。现代社会财富地位成为衡量人的价值尺度。你有钱别人就得听你使唤,对你低声下气。这种人生观被放大为整个社会的风向标,披上了成功、有出息、有本事的华丽外衣。随之而来的品性是虚荣、傲慢,因为有钱证明你有本事,你比别人强,金钱成为贬低、践踏他人的资本。因此,自私、虚荣、傲慢成为金钱的衍生物,在这个金钱第一的社会,这些恶习反而被合法化,炫富成为一种时尚。说你是好人不如说你是个成功人士来得体面,好人其实是对你一事无成的委婉说法;说你很低调不如说你位居人上,低调其实是说你没有能力展现自我;说你木讷不如说你八面玲珑,木讷其实是说你呆头呆脑。“消费”构成了当今时代的主题,借助大众传媒技术,人们每时每刻都处于消费空间之中,到处充斥着神话。在今天,随处可见的广告充斥在电视、报纸、杂志等媒介之中。大众传媒创造大量的神话,引领时尚创造最大利润。为了达到这一目标,商家采取各种手段,使消费者成为自觉接受的对象。我们切身体验到自己处在大众传媒编织的谎言当中,我们开始怀疑传媒报道的新闻真实度,警惕广告塑造的时尚代言人。我们不希望被媒体左右,被时尚误导,我们需要通过正名来矫正畸形的价值观。

甲流重症男孩弃尸水沟事件,被列入 2009 年中国十大健康新闻事件。网友声讨“医院不应拘泥相关的规定,要体现更多的人性关怀,不放弃任何一丝挽救患儿生命的机会”。广州市卫生部门在通报中表示:“医院对患儿在院期间的救治是积极有效的。”同时也在此次通报中承认:“符合诊疗和法律规定,并不等于工作没有缺陷。”

媒体在处理这件事时,初衷与结果相悖,原本是想唤醒人道主义精神,而手段是如此残忍,结果以侦察在事件中是否有涉嫌犯罪的闹剧收场。似乎追究责任是媒体解决问题的唯一方式,同样的伎俩也使用在大学生救人事件上。

2009 年 10 月 23 日长江大学数十名学生结成人梯营救落水少年,三人溺亡。事情发生后,全国人民开始声讨某某在事发当时见死不救,还惊爆一个内幕,某某捞尸公司垄断了某一水域的打捞权以牟取暴利,他们不救活人,只捞死尸,在全国引起轩然大波。群众怒不可遏,砸船、烧渔网以此泄愤,对索要捞尸费的渔船老板拳脚相向。媒体的导向就是要追究当事人的责任,对袖手旁观者进行严厉惩罚。仇恨已远远盖过了大学生舍身救人的光辉形象,并引发了应不应该救的价值讨论。有人认为大学生们不习水性,却鲁莽救人是不明智的举措,以三个人的生命换来两个人的生命不划算,这样的代价太惨重。难道生命的价值可以叠加?可以进行简单的加减乘除运算?生命的价值不能衡量,只能选择,选择以什么样的方式结束自己的生命便成就了生命的价值。面对落水少年,却在岸边考虑再三,计算得失,你的生命已经大打折扣,无论怎么叠加,在天平的一端也够不成分量。因此,媒体应该对“价值”进行正名,引导公众树立正确的价值观,而不是一味地声讨。

我们不能让大学生们白白牺牲,他们应给这个社会带来温暖,让我们感觉到爱。然而,媒体的造势让我们只感觉到恨。我们习惯了喧嚣,习惯了在相互指责中追悼死者,但是良心的谴责应来自于自身,恨只能激发更大的恨,只有爱才能化解恨。美国媒体在报道新闻事件时体现了一种人道主义关怀。在胡德堡枪击案中,媒体第一时间讲述 13 名遇害者每个人的故事。肇事者哈桑被看作是社会的牺牲品,一个被偏见和苦恼边缘化的可怜人,很多美国人对此事件采取了同情和宽容的态度。我们为什么不能对他们说:“我们原谅你们的错,因为我们知道你们为不能积极实施营救而感到内疚,受到了良心的谴责。”为什么不能让对死者的追思平息我们心中的愤懑。通过重温死者的音容笑貌、回忆死者的往事、瞻仰死者的遗容缅怀死者,只有静默的缅怀才能让逝者的灵魂得到安息,才能让他们死得有价值。他们将树立一个丰碑,成为一个灯塔,照亮社会的每一个角落,温暖每一个人的心。

回到甲流男孩身上,一名三岁男孩在有生命体征的时候被父母遗弃,不能不说是人间惨剧。他的生命如此脆弱,在最需要帮助的时候被自己最亲的人抛弃,我想这件事情在社会上引起的伦理之争不会亚于大学生救人事件。剥夺男孩生命权力的是男孩的家人,为什么网友们把矛头指向医院。职责与道德不是总能相伴而行。一部电影,德国战后审判纳粹分子,法官质问女囚犯:犹太人被关在教堂即将被烧死时,你为什么不开门？女囚犯回答,因为我是女看守,我的职责是维持秩序,我不能放他们走,那会引起混乱。然而,女囚犯并不是一个杀人不眨眼的恶魔,她一生都没明白自己错在哪里,认为自己只是在履行职责。这些难题是不能光靠谴责就能解决的,公众却认为找医院做替罪羊就能为男孩讨回公道。因此,我们需要为“职责”和“道德”正名,才有利于维护社会的公正和道义。

另一起事件是,佛山市禅城区实验高级中学高三音乐班的30名女同学因拒绝剪头发被禁止入校。30名女生分几排站在校门口,发型几乎一样,把头发扎成一个马尾辫。德育处一名老师给了她们3个选择:一剪发,二退学,三停课,并每人发一张纸让她们写上自己的选择并签名。30名女生均在纸上写上:“不剪不退学”。这名老师被她们的冥顽不灵激怒,要求门卫保安阻止她们进校门,如果有人进来就报警。学校在接受记者采访时表示,这是学校的规章制度,如果学生不把头发剪短,将继续对她们停课进行德育教育。主管德育的校长表示,按照国家的有关法律法规,学校有权制定相应的规章制度来规范学生的仪表，女生剪短发是经过学校有关行政部门讨论通过的，作为德育处的相关负责人，只能执行这项规定。教育局相关负责人声称，学校制定剪短头发的规章制度并不违反有关规定，符合依法办学。出现这一新闻事件则是社会对“德育”界定不清。学校将剪头发纳入德育教育的一项重要内容，难道留短头发的女生品德就高尚？难道拥有一群短头发的女生就显示学校校风纯朴？

孔子曰：“暮春者，春服既成，冠者五六人，童子六七人，浴乎沂，风乎舞雩，咏而归。”(11:26)①孔子认为以礼乐教化人，才能让人有德行。“仁”是德的重要内容。孔子的“仁”，其内容有四个含义，一曰“仁者，人也”，认为“仁”是人与生俱来的本性。二曰“仁”即“爱人”，并进一步阐明“夫仁者，己欲立而立人，己欲达而达人”(6:27)②。为“仁”，应该做到“己所不欲，勿施于人”。(12:2)③这是一种深刻的人本主义哲学思想，这种思想贯穿于孔子思想学说的各个方面。三曰“亲亲而仁民，仁民而爱物”，他认为政治的最高境界是以“仁”治天下，像尧舜一样“南面而已”。他认为，“仁”既是每个人必备的修养，又是治国平天下必须遵循的原则。对个人修养，他主张“君子无终食之间违仁，造次必于是，颠沛必于是”(4:98)④。“志士仁人，无求生以害仁，有杀生以成仁”(5:8)⑤。教导学生以坚韧不拔的精神向“仁”的方向努力。对于为政施治，他倡导立足于对人的关心爱护，以教化的方式来达到治国安邦的目的；提出：“为政以德，譬如北辰，居其所而众星共之。”(2:1)⑥其所谓“德”，就是“仁”的精神体现。他又提出“道(治理)千乘之国”的基本原则，是

① 朱熹集注：《四书集注》，岳麓书社 1995 年版，第 188 页。
② 朱熹集注：《四书集注》，岳麓书社 1995 年版，第 131 页。
③ 朱熹集注：《四书集注》，岳麓书社 1995 年版，第 192 页。
④ 朱熹集注：《四书集注》，岳麓书社 1995 年版，第 98 页。
⑤ 朱熹集注：《四书集注》，岳麓书社 1995 年版，第 238 页。
⑥ 朱熹集注：《四书集注》，岳麓书社 1995 年版，第 75 页。

"敬事而信,节用而爱人,使民以时"(1:4)[①]。他称赞管仲"如其仁,如其仁",就是因为管仲辅佐齐桓公"九合诸侯","一匡天下"而"不以兵车"之力。他称颂"殷有三仁焉",指的就是"微子去之,箕子为之奴,比干谏而死"(18:1)[②],他们都强烈反对殷纣王的暴政。子张问"仁",孔子更具体地指出"能行五者于天下,为仁矣"。这五者就是"恭、宽、信、敏、惠"。因为"恭则不侮,宽则得众,信则人任焉,敏则有功,惠则足以使人"(17:6)[③]。五者的出发点,都建立在对人的尊重关心和体谅上。四曰:"克己复礼为仁。一日克己复礼,天下归仁焉。"(12:1)[④]他倡导以"孝悌"为基础的伦理观念,指出"孝弟也者,其为仁之本"(1:2)[⑤]。如果我们对"德"有正确的理解,便不会发生以上事件了。因此,只是一味套用西方符号学解释日常生活审美化并不能解决根本问题,通过借鉴先秦名论思想才能建构一个属人的世界。

---

① 朱熹集注:《四书集注》,岳麓书社 1995 年版,第 67 页。
② 朱熹集注:《四书集注》,岳麓书社 1995 年版,第 267 页。
③ 朱熹集注:《四书集注》,岳麓书社 1995 年版,第 257 页。
④ 朱熹集注:《四书集注》,岳麓书社 1995 年版,第 191 页。
⑤ 朱熹集注:《四书集注》,岳麓书社 1995 年版,第 66 页。

第七章 《马桥词典》中的符号世界

韩少功在《马桥词典》这本书中看到了词语这一最高权能，以词语来建构马桥人的世界，并以词语为纽带，揭示了语言和人的关系，对人说语言，还是语言说人发出质疑，从而肯定了语言对人的支配作用。

一 词语的最高权能

韩少功在“小哥”词条中说：“获得命名是生命的权利，是尊重的结果。人们对家养宠物，总是给它们命名，叫‘小咪’或‘露露’或‘比尔’。只有对罪因，才常常忽略他们的姓名，只叫他们数字化的编号，就像清点货物。只有对我们及其讨厌的人，我们才会无视他们的名谓，称之为‘那个东西’‘这个家伙’等等，剥夺他们在语言中的地位。”可见，命名不是一个人的外在符号，而是他生命和生存地位的授予者，名称将他带入这个世界，并存于一定的位置。名称的取消，就是对生命或生存权利的否定。马桥人的词典缺少关于女人的亲系称谓，大多只是在男性称谓的前面冠以一个“小”字，以稍加区分。女性称谓的缺失正是女人在马桥世界弱势的象征。马桥人的世界是男人的世界，女人依附于男权社会。女性特征被埋没，女人无法以女性形象出现，而打上了男权社会的烙印。而词语的出现便带出了一个世界，词语的丰富程度则是对居于其间人或物的揭示程度。如“模范”“检查生产”“看得起”“臊地”“觉觉歌”是万玉世界的特有词汇。这些词语使得万玉成为万玉。万玉是个“水蛇腰娘娘腔”缺乏劳动力的人，因为要推举一名学习哲学的模范，由于身强体壮者要出工，百无一用的万玉这时就成为被推举的对象。万玉的娘娘腔偏总是出现在女人多的地方，经常为女人打抱不平而受打，成为众人取笑的对象，被推到粪函里，还被旁人讥笑为到粪函检查生产，于是“检查生产”成了万玉式的狼狈，以及对狼狈的掩饰的代名词。由于万玉口无遮拦被捆到公社挨打，还受罚，被人问，他却摸着脸苦笑：“搭伴干部们看得起，罚得不重。”从此“看得起”或者“干部看到起”也成了马桥典故，是自我解嘲的意思，或者是罚谷的意思。万玉嗓子好，经常在队里发歌，而他专好发下流的歌，特别喜欢在下种时节唱，他说这叫“臊地”，一次越下作越好。没有臊过的地是死地，冷地，是不肯长苗和结籽的。好不容易有了到县里发歌的机会，而他由于拒绝扛一把锄头，唱冠冕堂皇的劳动歌，情愿放弃心仪已久的逛县城的机会，情愿放弃工分并遭受干部臭骂和处罚。万玉坚守他的下流歌为真正的艺术，没有女人的艺什么术。而在万玉死后，人们才发现他是一个阉官子。“劳模”：他的相公身让他一辈子遭人欺负；“检察生产”“看得起”：表明他自嘲、坚忍地活着；“臊地”：他的下流让他一辈子遭人误解，而他的生命就在“觉觉歌”中得到证实。

二　马桥人的世界

《马桥词典》是韩少功创造的一个艺术作品，海德格尔在《艺术作品的本源》中说：真正的作品的第一本质特性就是建立一个世界。此作品开放了世界的敞开。作品的作品存在就在于建立了一个世界。第二个本质特性就是在建立一个世界的同时，作品展出大地。

作品将大地本身置入一个世界的敞开之中，并将它保持在那儿。作品使大地成为大地。在这种敞开中，生与死，祸与福，荣与辱，韧与衰都获得了人的命运形式，形成了历史性民族的世界。《马桥词典》敞开了一个马桥人的世界，因马桥人而协调统一在一起，并体现了与生养的马桥的血脉联系。

1. 公地、母田、月口、流逝

地是公的，田是母的，是雌性，于是田埂的流水缺口就叫作“月口”，人有月水，即普通话的月经，那么田也就有月口，没有什么奇怪。这就是他们最原始的生命体验，与土地的亲密感，是这片大地给了他们生命与活力。“她们走过月口后就像变了个人。她们的容光在一整天的劳累中锈蚀了，只有在归家的途中，流水淙淙的月口才能把容光突然镀亮。是生养她们的大地赋予她们力量。”①

马桥的水流入罗江，江水孕育了马桥人，他们对水也有了亲密的体验。“流逝”即逝从水的流动中，体验到生命的紧迫，像水一样匆匆溜走而不复返，所以马桥人用“流逝”表示“马上”“立刻”，这是马桥人特有的时间观念。

2. 科学、不和气、怜相、怪器、狠、醒、觉、下

马桥人认为科学就是懒的表现，“什么科学？还不就是学懒？你看你们城里的汽车、火车、飞机，哪一样不是懒人想出来的？不是懒，如何会想出那样鬼名堂？”所以他们排斥城市文明，“马桥一带的很多人都怕汽油，情愿走路也不坐车”。连带着他们认为漂亮“不和气”，“美是一种邪恶，好是一种危险，美好之物总是会带来不团结，不安定，不圆满，也就是一定会带来争纷和仇恨，带来不和气”，认为漂亮的事物“怜相”，兆青看到大理石板光可鉴人，还哇哇地哭了起来，鼻涕抹上衣袖。“娘哎娘，这要打熔好多鋻子才打得出来。”用城里人的眼光来看，他们真是“乡气”，而恰恰在马桥人的眼中，城里人

---

① 韩少功：《马桥词典》，作家出版社1996年版，第53页。

才是“乡气”。如杀大杆子讲话就是“打乡气”，他把“玩”代替“耍”，“碱”代替“肥皂”，他的话没人听得懂，他也使“乡气”带有一股气，一种冷冽生硬之气，一种搅得生活惶惶不安的戾气。马桥人对漂亮事物有偏见，对本领也有偏见，他们认为能干，技术高超就是狠，而狠也有残暴、歹毒、恶意的意思。日本人那么狠，从天上丢下炸弹，在三十年后还要了志煌的儿子雄狮的命，真是狠！对于盐午的“怪器”，他们暗暗佩服，如果盐午不是汉奸，三四个大学都读下来了；如果盐午不是汉奸，早当技术员了；要是盐午从娘肚子里早出来二十年，莫说团长，军长也当得不爱了。而“怪器”跟“狠”是近邻，“‘怪器’这个异常的词，迟早是要关进监狱的。盐午聪明一世，可惜没有慎察这个词的含义，没有慎察这个词在马桥语言中的凶险指向，多年来得意于自己的怪器，一个劲怪器地讨好干部和乡亲们，怪器地经营着自己的命运，忙得过于乐观了。”①马桥人对“怪器”是敬而远之的。所以在马桥人眼中，“醒”是蠢的意思，“醒子”就是蠢货，屈原不就是因为“众人皆醉我独醒”而自沉汨罗江，屈原为了一个强国楚国，而正是这个楚国驱杀罗江蛮（马桥人）而自杀，是明智之举吗？屈原这种对于愚昧的忠贞，理智吗？马桥人不敢苟同。所以在他们眼里“觉”倒是聪明，就像马鸣他们潦倒、低贱的像条狗，却整天逍遥快活，下棋、哼戏、观风景，登高远望，声称不会做梦的人等于只活了一半，实在是冤天枉地。他们这种“醉生梦死”却在狂热地政治运动中一身清白，风餐露宿，甚至比绝大多数的人都活得更加身体健康。马桥人糊涂吗？不糊涂！词语就是见证。马桥人远离城市文明，他们有自己的“下流”文明，万玉认为臊地越下越好。马桥的公地由女人动手，田地由男人下种。女人可以在地上立即实行粗痞。比如把一个后生拉到地边，七手八脚扒了他的裤子，往他的裆下体甩两团牛屎以示教训，然后哄笑着散开去。她们当然不会这样对待知青，因为这是马桥

---

① 韩少功：《马桥词典》，作家出版社 1996 年版，第 68 页。

人的世界，外人永远无法进入。

3. 贵生、贱、散发

“贵生”是指男子十八岁以前的生活，或者女子十六岁以前的生活。与此相关的概念是“满生”，指男子三十六岁和女子三十二岁以前的生活。活过了这一段就是活满了，再往后就是“贱生”了，不值价了。所以雄狮活了个贵生，而梓生爹（活得儿子死了，孙子死了，曾孙都夭折了）就是贱生，这是马桥人对生命苦难的认识。而把死称作“散发”是因为马桥人认为生命结束了，也就是聚合成这个生命的各种元素分解和溃散了。聚合是存在的本质，生命的本质。精血聚合为人，云雾聚合为雨，泥沙聚合为石，语词聚合为思想，日子聚合为历史，人与人聚合为家族、政党或者帝国。他们反对城市文明，因为城市文明把心都发散了，与更大世界融合了，收不回来了。所有马桥人喜聚不喜散，不仅仅是人与人的聚，也是人与物，与自然的聚。

4. 公家、肯、宝气、津巴佬、晕街

马桥人有强烈的集体家族感，人们一般把干部叫作“父母官”，称书记本义为“本义爹爹”或者“本义公”，马桥人的公和家是连在一起的，称公家。这是马桥人人与人之间的亲密感，是外人无法理解的。本义到专署第二天，就对处长老婆非礼，他看见处长老婆撅着屁股找东西，就朝触目抢眼的屁股拍了一巴掌，“看什么看什么？”被骂成臭王八蛋，还不明白。“好笑，他这也算犯错误？这也算调戏？他不过是拍了一巴掌，拍在哪里也是拍，他在村子里的时候谁的屁股拍不得？”这种亲密感还体现在人与物，人与自然的关系上。马桥人将“肯”字广而用之：

这块田肯长禾。

这朵船肯走些。本义的锄头蛮不肯入土。①

---

① 韩少功：《马桥词典》，作家出版社1996年版，第98页。

他们认为万物与人都有意愿,所以对犁头狠狠骂一骂,它在地里就走得快多了,把柴刀放在酒坛口上用酒气熏一熏,它砍柴是烈劲就足多了。这是马桥人的世界,是人与自然的和谐统一,如果要用科学宣传来让他们承认这些东西没有情感,也只能证明你宝气。在马桥人眼中"宝气"是傻的意思,傻得憨厚,傻得可爱。与"怪器"对立,他们不懂得讨好干部,劳动时作假。罗伯不习惯把自己年龄由五十六改为六十五;万玉为了他的女人艺术放弃逛县城;兆青一到了地上,总是全神贯注,决不愿意参与无关工效的废话;仲琪一辈子安分守己,非分的一根稻草都不敢取。虽然"宝气"但傻里傻气中透露着一点小聪明。"津巴佬"就是吝啬鬼、小气鬼的意思。马桥的贫困,使得他们不得不学会耍小聪明,贪图小利。兆青拿别人的肥皂不当肥皂,无故借钱又不还,为了两包葡萄糖和五斤猪肉去结扎,还以此为资本到处炫耀。罗伯问侄儿茹饭(吃饭)的场景更把马桥人小气的滑稽状刻画出来。"你这个人就是,茹了就茹了,没茹就没茹,到底茹了没有?"……"你呀你,都要收婆娘了,说句话还是琐琐碎碎,不别脱,不砍切,有什么不好说的?到了这里,到了家里一样。又不是外人。茹了就茹了,没茹就是没茹。"[①]硬是逼着侄儿将"没茹"改成了"茹了"。马桥的子孙在这里生生不已,他们对这片故土有着无法割舍的血脉亲情。"晕街"一词就是他们这一感情的准确呈现。马桥人离开马桥,"一到这街上,火就重,脑壳就痛,每天早上起来就像是被别个打了一顿。"[②]每一个马桥人都无法逃脱这个语言的魔咒。正如作者所说:"就像晕街一词的发明者,一个我不知道的人,竟造就了马桥一代代人特殊的生理,造就了他们对城市长久的远避。"[③]

这就是马桥人的世界,外人正像在"黑相公"中的牟继生,不了

---

① 韩少功:《马桥词典》,作家出版社 1996 年版,第 125 页。

② 韩少功:《马桥词典》,作家出版社 1996 年版,第 130 页。

③ 韩少功:《马桥词典》,作家出版社 1996 年版,第 132 页。

解马桥人的话，只能破口大骂：“妈妈的，这个鳖地方，这些鳖人！讲话跟放屁一样，把老子骗得岭上到处转，差点踩到套子里！……”①马桥人回击：“那个肉坨子不懂人话，不成了个黑相公？”②

三 语言的支配作用

《马桥词典》以马桥人的词汇展现了马桥人的特有世界，祖祖辈辈的马桥人在此生存、繁衍，都打上了马桥人的烙印。正是马桥的语言保证了这个世界的生生不息，让马桥的子孙对这片故土有着不可切割的血脉联系。海德格尔在《语言》一文中说：语言言说着，语言作为静的声音而言说。静之声音不是任何属于人的东西。相反，人在其本质上被交给了语言——人是语言的，人是被语言带入自身。人是在听语言静的声音中，以自己的方式言说，即人是在聆听语言的言说中做出应答。语言的这一言说实质是成其自身的大道活动，人就在语言的居所中认识自身。人的言说必须追随语言的这一大道活动，他是操这一语言的人特有的生命体验，是他们对自己生存状态的认识。

语言是一个人生存的权力，哑巴虽然不能说话，但手势语是一种无声的语言。如果一个人放弃了语言，也就放弃了生存的权力。盐早就是一个例子。他因为自己的地主身份，放弃了评劳动模范，放弃娶亲，最后放弃语言，成为一个牛哑哑。这导致他在马桥畜生般地活着，人们完全可以忽视他的存在。志煌与盐早不同，他总是振振有词：“岩头是老子炸的，老子破的，老子裁的，老子錾的，如何变成了队上的？岂有此理！”“岩头是我在岭上打的，是我车子推来的，是我砌上墙的。我拆我的岩头，碍你什么事了？”他活得天不怕地不怕，公然挑衅书记本义，为大家伙争口气。拥有语言权力，就是对生存权

---

① 韩少功：《马桥词典》，作家出版社 1996 年版，第 145 页。

② 韩少功：《马桥词典》，作家出版社 1996 年版，第 146 页。

力的捍卫,自信地执行生活准则。所以人要有人格的生存,就必须掌握语言权力。“话份”就是掌权的集中体现。

> “话份”意指语言权力。一个成熟的政权,一个强大的集团,总是拥有自己强大的语言体系,总是伴随着一系列文牍、会议、礼仪、演说家、典籍、纪念碑、新概念、宣传口号、艺术作品,甚至新的地名或新的年号等等,以此取得和确立自己在全社会的话份。①

因为拥有语言权力的集团按照自己的立场创造了世界,让他者生存于自己所创造的世界中。所以不是语言因人而重,是人因语言而贵。谁夺取了语言的堡垒,谁就在高一层次取得生存的权力。控制了语言,也就控制了人在当下的生存权利,人无法按本意而活,只能在权势者的语言编码中趋势而活。

一个难以言说的世界,就是不可控制的世界,一块语言空白,就是人类认识自身的一次放弃,以保败绩,也标志出某种巨大的危险所在。语言实际是个拓荒者,为人类建立一个栖息的家园。

语言的含混体现了马桥人对残酷生存状态的认识,但他们又拒绝承认。所以他们以“栀子华,茉莉花”样式的表达来拒绝生命中不能承受之轻。如“吃饱了,吃饱了,还想吃一碗就是。”语言将人自身带入在场,以其自身的命定性决定了人的命运,使其进入澄明状态,人无法扭过命运的强势,却可以选择逃避,在语言庇护下,隐匿不愿承认的事实,使其进入遮蔽状态。仲琪一辈子安分守己,却在最后一刻偷肉被当场捉住,马桥人对他应该继续保持老实,还是早知现在,当初何必那么老实,无语了。一旦马桥人以清晰明白的语言进行表达,则将其带入敞开状态,表明马桥人多了一份对自身的认识。语言又夺取了一块荒园,将人生存的窘态也带入在场,是人挑战自身成功

---

①　韩少功:《马桥词典》,作家出版社1996年版,第175页。

的标志。

语言并不是肆意扩张,他有其严格的规范性。复查骂了罗伯一句在马桥最骂不得的话——翻脚板的,并且没有在犯煞之后及时退煞,导致罗伯第二天被疯狗子咬了,走上了归途。当然,我在这里用“导致”是有悖常情的,更可以说是一种迷信,人有旦夕祸福,这两件事有什么因果联系?而复查却正因为这一因果联系,被影响了几十年,不仅会计当不成了,后来放鸭遭鸭瘟,学木匠又不成,最后一个昔日受女人青睐的小伙子草草收了一房整天蓬头垢面的亲。我们能忽视这一因果联系吗?在马桥人的世界中,有些词语是犯禁忌的,他蕴含了马桥人的文化心理积淀,是马桥人特有的精神世界,这正是语言支配人的权威的体现,生活在这一圈子中的人就必须遵守这种语言的法则,语言的法西斯控制了这一区域人类的物质和精神世界,一旦违反,语言将以无形的力量予以惩罚,人不仅在语言中生活,更重要的是在语言中思虑,以一种思维定式影响生存于其中的每一个人。我们必须对语言负责,保证语言在一个民族形成过程中的命定性,你要僭越语言的范畴,语言会以强势力将你带入其既定的路线。语言必须以自身的纯洁性来保证它对它所创造世界的统摄。这正是马桥人得以保持其特有民族生命力的坚强后盾。在这个世界中,每一个马桥人都必须严格遵守马桥词典中的箴规戒律,只有这样,才能保证马桥人的生生不已。韩少功看到了语言这一强权:

> 语言的力量,已经深深介入了我们的生命。语言是人的优势,人可以怜惜动物没有语言,因此没有知识,不能组成社会,不能取得文化积累和科学进步的强大威力。但问题还有另一方面,动物永远也不会因为叫错了一个声音,就长时间像复查一样失魂落魄,直到最后几乎失去生存能力。

在这一点上，语言也使人变得比狗还要脆弱。[①]

马桥人也用自己的语言权力，保护自我，惩治恶人。如“磨咒”：

> 比如有人在马桥上的祖坟上随便屙尿，或者对马桥的妇女非礼，马桥人可以不动声色，偷偷绕着夷边人走三圈。做完了这个手脚，静静地等待那贼养地走上岭，走进林子。他们到时候口里念念有词，使一种把岭上各处地名拆散之后再加以混杂的极为复杂极为绕口的口诀，也就是他们的迷山咒。一般来说，咒语十分灵验。可恶的夷边人必定在林子里天旋地转，不辨东西，走着走着就撞回原地，面对越来越下去的天色，喊爹叫娘也不管用。[②]

他们在遵守语言规则的前提下，创造性地运用语言。马桥人在马桥人的语言中获得力量，以维护自身的权利。语言支配着人的行为，为自己的行为寻求着一种依据，而对语言的错误理解，会带来个体的悲剧。书中写道：

> 如随同魁元一同来的后生，曾经是县电影公司的职工，因为超生一胎，被开除公职。他不是不明白超生的后果，国家关于计划生育奖惩条令的宣传，可以说是连篇累牍车载斗量，在他的耳膜上磨出了茧子。他也不喜欢小孩，事实上，他已经有的两个儿子都极少看见他的影子，很难得到他的笑脸，一直是他打算离婚的障碍和负担。他没有任何理由再生下一个。在我与他谈话以后，在我百思不得其解以后，我只能得出一个结论：他有另外一套词汇体系。在那个体系里，很多词义超出了常人的想象。比方说“违法乱纪”

---

① 韩少功：《马桥词典》，作家出版社 1996 年版，第 330 页。

② 韩少功：《马桥词典》，作家出版社 1996 年版，第 295 页。

吧，这不一定是坏事，不一定是丑事，恰恰相反，违法乱纪常常是强者的证明，是强者的特权，是荣耀和享乐最重要的源泉。如果说“违法乱纪”的词条下包括了贪污、走私、官倒、嫖娼、闯红灯、随地吐痰、公款吃喝等一些内容的话，那么没有一条不是令这位后生心向往之的美事。他没有完全做到这些，只是因为眼下的能力还不够。①

他对“违法乱纪”的理解为他个人行为壮胆，而忽视了语言权力的不可驾驭性，不是人说语言，而是语言说人。语言不会因为个别人的理解而呈现千姿百态，它有其不可动摇性。它是在聆听成为自身的大道言说中向人开辟道路，从而让人通达到人之为人的大道中，它是一个民族千百年来祖祖辈辈特有生命感悟的积淀，它创造了一个世界并保存了这个世界，它的稳固性是民族先辈与天感应而生成的，任何对语言的肆意窜改、误读不仅会导致个体的毁灭，同时也会带来民族的毁灭。马桥后生对“懒”的理解：

我多憎恶的“懒”字，在他们那里早已成为一枚勋章，被他们竞相抢夺，争着往自己胸前佩戴。我正在指责的怠惰，在他们那里早已成为潇洒、舒服、有面子、有本事的同义词，被他们两眼发亮地心往和追慕。②

也许在他们看来，其中这只是文字游戏，而这种对语言的“胆大妄为”改变了马桥人居住其中的语言之所，无疑取消了马桥人世界的根基。语言对于其背叛者是毫不留情的，他能创造一个世界，也能毁灭一个世界。魁元的毁灭就是一个惊心的警告。作者也在这一事件中看到了语言的力量：

---

① 韩少功：《马桥词典》，作家出版社 1996 年版，第 336 页。

② 韩少功：《马桥词典》，作家出版社 1996 年版，第 195 页。

> 如果我的上述解释大致不错，那么整个事情不过是一次语言事件，是一次词义错接和词义短路的荒唐作业。违法者最终使自己丢掉了饭碗，为一个或几个极普通的词付出了代价。①

语言是在聆听大道的活动时，才具有这一权力，一旦丧失寻求真理的话，它将一钱不值，反倒会带来灾难。正如韩少功在“亏元”词条中所说：“一旦语言僵固下来，一旦语言不再成为寻求真理的工具而被当作了真理本身，一旦言语者脸上露出自我独尊自我独宠的劲头，表现出无情讨伐异类的语言迷狂，我就只能想起一个故事。”②这个故事即是盐午回村祭祖给魁元的红帖上，将胡魁元，写成了胡亏元而引来一场血腥的斗争，导致村长耳朵被割，魁元入狱而死。所以作者说：

> 世界上自从有了语言，就一次次引发了从争辩直至战争的人际冲突，不断造就着语言的血案。我不以为这是语言的魔力，不，恰恰相反，一旦某些词语进入不可冒犯的神位，就无一不在刹那间丧失了各自与事实原有的联系，无一不在最为势不两立的时候浮现出最大的同义性：成为战争主导者们权势、荣耀、财产、王国版图的无谓包装。如果语言曾经是推动过文化演进以及积累的工具，那么正是神圣的光环使语言失重和蜕变，成为了对人的伤害。③

语言创造世界的权力，一旦脱离寻求真理的轨道，就成为滥杀无辜的刽子手，因为在它的王国里，它俨然一个暴君，对任何小过失，都滥发淫威，同时为捍卫自己已有的王国，无故加施对别国的威慑，显示自

① 韩少功：《马桥词典》，作家出版社 1996 年版，第 334 页。
② 韩少功：《马桥词典》，作家出版社 1996 年版，第 256 页。
③ 韩少功：《马桥词典》，作家出版社 1996 年版，第 336 页。

己的强权，一旦冲突发生，就肆意发动战争，逞其威严。而这尊严在真理之途完结后，只是恃权而宠的骄奢淫逸，只是暴政的象征，却给它的臣民以无限的伤痛。作者因此对语言发出了质问：

> 在黑云低压以及人们不会永远记住的旷野，历史只是一场词语之间的战争吗？是词义碰撞着火花？是词性在泥泞里挣扎？是语法被砍断了手臂和头颅？是句型流出鲜血养肥了草原上的骆驼草，凝固成落日下一抹一抹的闪光？①

可见语言也是一把双刃剑，它支配人类显示权力，也正因为此权力可能造成对人的伤害，而只要语言在寻求真理的路途中锲而不舍，则语言的权力将在创造世界的同时保存这一世界。这是韩少功对语言符号的质疑，沈从文则以中国符号的特性做出回答。

① 韩少功：《马桥词典》，作家出版社1996年版，第380页。

第八章　沈从文小说中的符号世界

沈从文的语言具有道家语言的特征，小说中大段的环境描写，表现人与自然处在一种和谐的关系中，洋溢着静穆、祥和的气息，达到天人合一的境界。作者钟情于用歌声来抒发主人公心中的情意，其中的人物对话更多了份灵韵，弃尘世而与神接契。从《月下小景》可以窥见一斑。故事发生在一个美丽的月夜：

> 薄暮的空气极其温柔，微风摇荡大气中，有稻草香味，有烂熟了山果香味，有甲虫类气味，有泥土气味。一切在成熟，在开始结束一个夏天阳光雨露所及长养生成的一切。一切光景具有一种节日的欢乐情调。①

乡寨主的独生子傩佑和他的小情人沐浴在月光中。两人以歌声诉情意：

> 傩佑："龙应当藏在云里，你应当藏在心里。"
>
> 女孩："我灵魂如一面旗帜，你好听歌声如温柔的风。"

歌声过后的蜜语更是情意绵绵：

---

① 沈从文：《月下小景》，重庆大学出版社 2011 年版，第 56 页。

> 傩佑:“不要说话,让我好在所有的言语里,找寻赞美你眉毛头发的言语!”
>
> 女孩:“说话呢,是不是就妨碍了你的谄谀? 一个有天分的人,就是谄谀也显得不缺少天分!”
>
> 傩佑:“神是不说话的。你不说话时像……”
>
> 女孩:“还是做人好!你的歌中也提到做人的好处!我们来活活泼泼地做人,这才有意思!”
>
> 傩佑:“我以为你不说话就像何仙姑的亲姊妹了。我希望你比你那两个姐姐还稍呆笨一点。因为呆笨一点,我才有可以形容你高贵的语言。”①

这一场面与时代潮流背道而驰,形成了沈从文独特的文风。这种自成一格的文风得益于作者的诗性的文学符号观。

一　语言的诱惑和困境

沈从文的《寻觅》以成衣匠故事的尾声作为下一故事的开头。从成衣匠的结语:“我们若要活到这个世界上,且想让我们的儿子们也活到这个世界上,为了否认一些由于历史安排下来错误了的事情,应该在一份责任和一个理想上去死,当然毫不踌躇毫不怕!”我们得知成衣匠一生的悲惨经验。听故事的人在听完这个不幸的故事后都默然了,成衣匠为自己给大家带来的沉重体验感到抱歉,于是叫其中一个长着满脸胡子,衣着褴褛的长者讲一个快乐的故事来驱除大家心中的不快。成衣匠之所以选中他,是因为他觉得这位落魄的旅行者的经历能够使大家忘掉自己旅行的辛苦。于是,胡子开始讲述故事。某地方有个百万富翁,夫妇年近四十岁,才喜得一子,因此极为宠爱,为他娶了一个貌美的妻子。原想两个天造地设、衣食无忧的可

---

① 沈从文:《月下小景》,重庆大学出版社 2011 年版,第 124 ~ 136 页。

人儿会过上幸福美满的生活。可不知从何处刮来三阵大风,一次吹来一条精致的巧夺天工的白色毯子,一次吹来一朵九色金蕊大花,香气袭人,一次吹来一本古书,介绍一个名叫朱笛国的国家的一切情形。那白毯、大花便是该国之物。书中的描绘激起了年轻人的好奇心,他觉得日子不再幸福,决定照书中所示寻找朱笛国。跋涉了整整三年,终于找到了,确实如书中所言,宫殿繁华,物质富裕,人民自重乐生。国王却因受一本古书描述的白玉丹渊国诱惑,出外旅行。那是一个比朱笛国更美妙的人间仙境。国王远游三年回国,刚好召见年轻人。两人意趣相投,国王说白玉丹渊国是上帝代为铺排,不必费事,皆可自由娱乐,打发日子。若想换新衣,只须向近身处树边走去,摘一果实,把壳挤碎,就可按照自己的意思,得一新衣。但那里面的人无不是十分衰老,萎靡不振。因为他们自从懂得"死"的意义,便忧心忡忡,生活变得不如意,于是变得憔悴衰老。他们向国王讨教"什么方法可以使人快乐?""什么方法可以使人不死!"国王回答:不去想象得不到的东西,就快乐。至于怎么才能不死,他就回答不出来。国王想,得上帝帮助较少的人,还能够多知道活在地面上快乐的哲学,便认为年轻人也许比老年人知道得更多。于是问年轻人除了知足安分可以快乐外,还有什么方法可以快乐?如果我们非死不可,怎样才能不怕死?年轻人说即便不知足安分,在寻觅真理的过程中,得不到快乐,至少可以忘掉痛苦。对于生死的事,既然向这世界极其幸福的人追寻不出究竟,那么就向极不幸福的人找寻答案。于是年轻人返回中国,却不回家,他为了有所寻觅而去旅行,一直漂泊了二十五年。一天晚上,他终于得到了他所需要的东西,他预备回家了。胡子把故事说完,众人都问他与年轻人是什么关系,为什么知道得这么详细。胡子说年轻人所找寻的就是二十五年后在一个旅店里,一个成衣匠结尾说的话。这个胡子就是那个年轻人。①

---

① 沈从文:《寻觅》,选自《月下小景》,重庆大学出版社 2011 年版,第 216 ~ 236 页。

成衣匠原来想从胡子的故事摆脱生活的艰辛,最后却是胡子从成衣匠身上找寻到答案。胡子周游二十五年,就是想从别人的故事中找寻生命的意义。人类总想从别人的故事中找寻答案,这是因为叙事改变了人的存在时间和空间感。当我们感觉自己的生命若有若无时,当一个人觉得自己的生命变得破碎不堪时,我们在别人的故事中获得启示。因为他者在讲故事时依据个人的心性,带有最本己的生命体验,说故事的人通过讲述成为自身,他是用心在感悟生命,是划破长空的一把剑,直刺生命的虚无。听故事的人通过叙述将同一生命体验带入照面,共同面对生命的虚无。因此,人总是在语言中寻觅,捕获生命的意义:如何获得快乐,如何面对死亡。语言是否能够解答人类的困惑呢?

沈从文在《猎人故事》中揭示了人在语言中生存的困境。故事是一个猎人在转述一个青衣人的故事。猎人和青衣人在讲故事中都提出了同样的要求,就是不许打岔。故事的主角是生活在同一池塘的两只雁鹅和一只乌龟。尽管雁鹅和乌龟有着不同的人生观,却不妨碍他们友谊的建立。他们对自由有着不同的理解。雁鹅认为自己有翅膀,可以在空中来去,见闻宽广,现代的文明和文化莫不由速度产生,因而鸟类是万物之灵,是上帝的嫡亲儿女。乌龟深得老庄精髓,承认现状,安于现状,认为精神自由要高于身体的自由,文明与文化是在生活沉淀中由有头脑的人决定的。雁鹅嘲笑乌龟的笨拙、迂腐,有理想而永远不落实处,更不满于乌龟开口便引经据典,使用比喻。乌龟则以"知足不辱"的哲学激而不怒,以追寻生命的意义驳斥鸟类的空洞。不久,池塘的水忽然枯竭起来,许多有翅膀的全搬家了,两只雁鹅不忍离弃乌龟,要乌龟口衔一木,他们各衔一头,带乌龟去北海。再三叮嘱不可说话。而乌龟在城里小孩的惊讶声中,不小心开口,身子直向下掉。故事说到这,猎人不禁插口:"以后呢?"话一出口,青衣人大为不悦,扬长而去,在芦苇深处化为一只雁鹅飞去。

猎人为找寻一只会说故事的雁鹅狩猎十六年。①

从中可以看到，语言在为世界安排秩序，确立人在宇宙中的中心地位。鸟类认为自己有翅膀是万物之灵，是人类中心主义的体现；乌龟认为拥有话语权力的人是文明的创建者，是语言权威的真正捍卫者。最后，乌龟因为说话而身临险境；青衣人化为雁鹅，人类与鸟类不断替换，打破语言设置的等级；猎人为找寻一只会讲故事的雁鹅徒劳十六年，猎人成为人类的缩影，人类自己被放逐，语言成为整个人类的沼泽地，可以寻遍，但永远捕捉不到那只意义的雁鹅。

面对语言的诱惑与陷阱，人类该何去何从。无可否认，语言在人类生活中的重要作用。自从古希腊哲学家赫拉克理特引进“逻各斯”（logos）这个概念，便奠定了语言在哲学中的核心地位。“逻各斯”既有语言，也有理性的意思。它意指理性的语言为混沌的宇宙安排秩序，划分事物的分际，从此世界便井然有序，也确立了人在宇宙中的中心地位。人们在二元对立的关系中认识对象，带来了思维的极大飞跃。语言使我们能居于当下，回顾过去，面向未来，有计划有意识更为精致的生活，这使得人类明显优越于动物，因此，人在争夺自然的战争中，越来越以胜利者的姿态自居。但是语言越向前发展，人类离具体自然世界就越远，人类的感觉官能开始钝化，人已越来越认识不到自己，认识不到自己的精神本身，在认识对象的过程中丧失了主体生命的存在。语言也丧失了情感内容，被抽空为一个骨架，无法表达人内在的感受，使现代人成为异乡人，从原始的和谐状态中放逐出来。文学语言就是要对理性语言进行扭曲、变形，以情感性见长，从而让人重获居家之感，重返混沌未分的最初状态。因此，对于语言的诱惑，我们要肯定其意义的赋予。西方符号学就是强调语言意义的明确性，要寻找语言背后的深层结构，认为“在那缓慢然而又是不停变化的整个文学领域内存在的一种顽强、深刻的‘秩序

① 沈从文：《猎人故事》，选自《月下小景》，重庆大学出版社2011年版，第256页。

意志'"。但我们不能盲目相信语言的权威,其造成的人类主体性的丧失已威胁到人类的生存,而沈从文正是用诗性的语言带人类走出这片沼泽地。

二　语言的反常合道性

从沈从文的小说中,我们可以看到作者对道的寻觅,他在静中体道,在静中实现人与自然的合一。如:

> 深潭为白日所映照,河底小小白石子,有花纹的玛瑙石子,全看得明明白白。水中游鱼来去,全如浮在空气里。两岸多高山,山中多可以造纸的细竹,长年作深翠颜色,逼人眼目。近水人家多在桃杏花里,春天时只需注意,凡游桃花处必有人家,凡有人家处必可沽酒。夏天则晒晾在日光下耀目的紫花布衣裤,可以作为人家所在的旗帜。秋东来时,房屋在悬崖上的,滨水的,无不朗然入目。[①]

沈从文对和谐的自然场景是随手拈来,而一旦发现自己面对一个嘈杂的世界,人与自然的关系破裂时,便失语了。在1957年写作的《新湘行记——张八寨二十分钟》中写道:

> 汽车得从一个青石砌成的新渡口用一只方舟渡过,码头如一个畚箕形,显然是后来人设计,因此和自然环境不十分谐和,潭上游一点,还有个老渡口,有只老式小渡船,由一个掌渡船的拉动横贯潭中的水面竹缆索,从容来回渡人。这种摆渡画面,保留在我记忆中不下百十种。如照风景画习惯,必然做成"野渡无人舟自横"的姿势,搁在靠西一边白石滩头,才像符合自然本色。因为不知多少年来,经常都

① 沈从文:《边城》,武汉出版社2013年版,第3页。

是那么搁下，无事可为，整日长闲，和万重群山一道在冬日阳光下沉睡！但是这个沉睡时代已经过去了。[①]

面对一个苏醒的世界，作者“只有承认手中这支拙劣笔，实在无可为力”[②]。这不是沈从文有怀旧情结，或托词。他是看到了社会的进步，造成了人与自然的背离，是陌生感让作者无所适从。他远离了“边城”的家所，在彷徨中，他选择了沉默。作者以乡下人自居就是想保有居家的感觉，人对自然的惬意感，有着丰富的情感体验。而造成城里人不幸的就是这一现代社会，忙碌的生活麻木了他们的感觉官能，使他们如木偶般穿梭于城市。所以，沈从文要用手中的笔为城市人补情。“我这乡下人正闲着，不妨来写一个小说看看吧。因此《边城》问了世。这作品原本近于一个小房子的设计，用料少，占地少，希望他既经济而又不缺少空气和阳光。我要表现的本是一种‘人的形式’。”[③]尽管，这个作品被当时批评家称为“这是过去的世界，不是我们的世界”[④]“这作品没有思想，我们不要。”[⑤]作者仍然坚持以乡下人独特的方式来写作，因为他追求一个意义永恒的世界。这里飞扬着生命的激情，为城市人找回居家的感觉。

三　文学符号的属人性

在这条归家路上，沈从文是以乡下人特有的想象力和丰富的情

---

① 沈从文：《沈从文的湘西世界：湘行散记》，卓雅选编，岳麓书社 2013 年版，第 201 页。

② 沈从文：《沈从文的湘西世界：湘行散记》，卓雅选编，岳麓书社 2013 年版，第 202 页。

③ 沈从文：《习作选集代序》，《沈从文选集》第五卷，成都：四川人民出版社 1983 年版，第 229 页。

④ 沈从文：《习作选集代序》，《沈从文选集》第五卷，成都：四川人民出版社 1983 年版，第 229 页。

⑤ 转引自李蓉：《论沈从文文学观中的善美观念及其悲剧性》，《华中师范大学学报》2005 年第 44 卷第 2 期。

感体验在铺路。其中没有宏大的叙事，荒诞的情节。他声称“我只想造希腊小庙。选山地作基础，用坚硬石头堆砌它。精致，结实，匀称，形体虽小而不纤巧，是我理想的建筑。这神庙供奉的是‘人性’”①。

《采蕨》中，描写了五明和阿黑山上采蕨调情的情景。两人是你情我愿，而羞涩让阿黑多了份矜持，良辰美景则为五明壮胆。文中写道：

> 然而且看吧，桃花李花开得如此热闹好看，画眉杜鹃鸟之类叫得如此好听，太阳如此和暖，地下的青草如此软和，受了这些影响的五明，人虽小，胆虽小，或者是终有造反的日子在后面！②

两个小人物坐在草坪上“撒野”，没有做作，也没有放荡，有的只是青春的骚动。人与自然在一片谐和中感染着生命的气息。《柏子》中描写了水手柏子花尽自己一个月在船上辛苦所得，只为上岸同妇人一晌贪欢。

> 妇人的笑，妇人的动，也死死地像蚂蟥一样钉在心上。这就够了。他的所得抵得过一个月的一切劳苦，抵得过船只来去路上的风雨太阳，抵得过打牌输钱的损失，抵得过……他还把以后下行日子的快乐预支了。这一去又是半月或一月，他很明白。以后也将高高兴兴地做工，高高兴兴地吃饭睡觉，因为今夜已得了前前后后的希望，今夜所“吃”的足够两个月咀嚼，不到两月他可又回来了。③

---

① 沈从文：《习作选集代序》，《沈从文选集》第五卷，成都：四川人民出版社 1983 年版，第 231 页。

② 沈从文：《沈从文经典作品选》，当代世界出版社 2007 年版，第 126 页。

③ 沈从文：《边城》，武汉出版社 2013 年版，第 175 页。

这里没有丰功伟绩，展现的只是平常人的生存状态。知足的处世方式扫荡了生活的艰辛。不为名，不为利，不疲于拼命，不倦于烦琐。活得有奔头，有希望。展现了一幅幅温情脉脉的人间图景。中国古人认为人发声是情感生发的必然产物，言本于心。这说明人具有什么样的情感，就会产生什么样的声音；而人的情感并不是凭空产生的，它取决于人们在现实生活中的种种感受。孟子也提出要知言养气，其说云：

> 公孙丑："敢问夫子恶乎长？"曰："我知言，我善养吾浩然之气。""敢问何谓浩然之气？"曰："难言也。其为气也，至大至刚，以直养而无害，则塞于天地之间。其为气也，配义与道，无是馁也。是集义所生者，非义袭而取之也。行有不慊于心，则馁矣。"……"何谓知言？"曰："诐（邪僻）辞知其所蔽，淫辞知其所谄，邪辞知其所离，遁辞知其所穷。"①

孟子所谓养气是指人的一种道德修养工夫。所谓"浩然之气"，是因相信自己的言行合乎正义而产生的坚强的自信。《易传》也认为言辞是人们内心活动、品德性格的体现。《系辞下》说：

> 将叛者其辞惭，中心疑者其辞枝，吉人之辞寡，躁人之辞多，诬善之人其辞游，失其守者其辞屈。②

人们不同的心理状态，精神面貌，反映到言辞上，便形成各不相同的特色。另一方面，《易传》认为可以从文辞窥测说话者的精神、心态以致推测其遭逢、时代。《系辞下》说："《易》之兴也，其当殷之末世、周之盛德邪？当文王与纣之事邪？是故其辞危。"③语言乃情动于中，发于表的产物，不只是反映了人的心性修养，也是人得以存在的

---

① 朱熹：《四书集注》，岳麓书社 1995 年版，第 333 页。
② 南怀瑾、徐芹庭注释：《周易今注今译》，重庆出版社 2014 年版，第 456 页。
③ 南怀瑾、徐芹庭注释：《周易今注今译》，重庆出版社 2014 年版，第 454 页。

基础。在《礼记·乐记》中说："诗，言其志也；歌，咏其言也；舞动其容也。"①"故歌之为言也，长言之也。说(即"悦")之故言也；言之不足，故长言之；长言之不足，故嗟叹之；嗟叹之不足，故不知手之舞之，足之蹈之也。"②同时强调情感的不同产生不同的声音。《乐本》篇说："是故其哀心感者，其声噍以杀；其乐心感者，其声啴以缓；其喜心感者，其声发以散；其怒心感者，其声粗以厉；其敬心感者，其声直以廉；其爱心感者，其声和以柔。六者非性也，感于物而后动。"③

沈从文小说中的爱情总因歌声而起，傩送的歌声唱软了翠翠的心，眉金、豹子以歌声成就一段生死之恋，神之子龙朱因歌声捕获了花帕苗年轻女人的心。歌声必须是心的发声才能打动人。我们来看龙朱与矮奴的对话：

> "平时哪里有什么本事呢！这只土鹦哥，嘴巴大，身体大，唱的歌全是学来的，不中用。"
>
> "把你所学的全唱唱，也就很可以打胜仗。"
>
> "唱虽唱过了，还是失败。"
>
> "矮东西，莫非是为你相貌把你事情弄坏了。"
>
> "但是她并不曾看清楚我是谁。若果她知道我是在美丽无比的龙朱王子面前的矮奴，那她早被我引到黄虎洞做新娘子了。"④

矮奴的失败是因为他唱的歌是学来的，并不是心之发声，因此，即便矮奴学唱龙朱最有力的歌，还是瞒不过花帕苗的年轻女人。而龙朱一开口，"自顶纯洁的一颗心中摇着，从一个顶甜蜜的口中喊出，成为顶热情的音调"。对山女人从此沉默了，被收服了。歌声不仅是

---

① 陈成国点校《四书五经》，岳麓书社 1990 年版，第 560 页。
② 陈成国点校《四书五经》，岳麓书社 1990 年版，第 561 页。
③ 陈成国点校《四书五经》，岳麓书社 1990 年版，第 565 页。
④ 沈从文：《边城》，武汉出版社 2013 年版，第 148 页。

情动于中、形于外的表现，而且是诗人的创世之音。因此，沈从文认为“一切文学都有个深度，即看作者对于‘人’的理解，以及把它结合到种种不同人事上时的情形，及发展变化中的关系。更重要的是善于处理他，表现他。一切作品伟大和深入，都离不开表现和处理”。[①]

四　文学语言的虚构性

沈从文着意于自己的人性之庙，与时代潮流背道而驰，他称自己的小说：“我的作品也游离于现代之外，自成一格，然而正由于此，我工作也成为一种无益之业了。”[②]无益只是相对那些用庸俗社会学眼光强加文学以政治、道德功能的言论而言。沈从文不关注时下的政治走向，用手中的笔追寻意义，在人神共在的世界中获得生命的真。

在《媚金，豹子与那羊》中，男女主人公以血成就一段刻骨铭心的爱，这是神的爱，以血洗涤了尘世的凡俗，是世人可望不可即的。一个白脸苗中顶美的女人，同凤凰相貌极美又顶有一切美德的男子，因唱歌相爱，相约到洞中相会，因为是第一次，男主人公豹子答应牵一头小山羊给媚金，他要找一只毛色纯白的小羊，因为这才能配得上新妇的贞操，见证一对神的爱。“是山茶花的女神，才配为豹子屋里人。是大鬼洞的女妖，才配与豹子相爱。人中究竟是谁，我还不明白。”[③]

然而，豹子找遍了本村，都没有找到合适的小羊，就决定跑到另一村去买羊。在途中，他找到了一只受伤的小羊，正是毛色纯白的小羊。等他抱着敷好药的羊赶到洞中时，媚金已经在洞中奄奄一息，胸口插着一把刀。因为在媚金心中，豹子是个美丽的完人，是神，她无法容忍豹子说谎，选择自杀来保全情人的形象。等她知道豹子失约

---

① 沈从文：《我的学习》，《光明日报》1951 年 11 月 11 日。

② 吴泽顺：《悲伦的乐章》，转引自书屋杂志社网络版——作家授权文库。

③ 沈从文：《媚金·豹子·与那羊》，《沈从文全集·第 5 卷》，太原：北岳文艺出版社，2002 年版，第 357 页。

的原因后，她毫不怨恨，因为豹子爱她，豹子还是她心中的神。豹子伤心欲绝，拔出媚金胸前的刀，插入自己的胸脯，两具血染的尸体和一只半死的小羊将这个山洞化为圣地。如果豹子不傻得非要找到一只纯白的小羊而延误时间，如果媚金不痴得为爱殉情，就不会有这一场悲剧。但这些假设只会玷污这个神的世界，他们的痴、傻是因为他们爱之深、爱之切，不容许有任何瑕疵。这份爱超越了个体的生命存在，激荡人心，升华生命，化为永恒，以它的真切照亮世俗的黑暗，粉碎物质的枷锁。使人在有限中获得无限，获得神启，这才是人本真的生存方式。①

你要穷究其中人物的真伪是毫无意义的。文学本质上就是寓言，就是伪陈述。世界两大宗教基督教和佛教都以寓言的形式启示众生。《圣经·旧约》中蛇的隐喻就是一个例子。在蛇的引诱下，亚当和夏娃偷吃禁果，被驱除出伊甸园。从此背离了人与上帝的关系，人必须劳苦才能生存。禁果就是智慧果，人在背弃对上帝的依从后，必须靠自身建构的知识才能获得新生，而正是人的理性造成了人的有限性，人只有通过祷告信仰上帝，才能超越有限性，达到上帝的无限性。同时，这个隐喻也预示了人生来就是有罪的，只有通过忏悔赎罪，才能获得上帝的救赎。一个创世的隐喻就将人的在世存在状态展现的一览无余。佛教也经常以讲故事的方式宣传佛理，丰富的想象力创造了一个个神话的世界。《鹿母夫人生莲花》写一头母鹿因舐吃南窟仙人在平石上遗留的泉水而受孕生下鹿女，在南窟仙人的照料下，服草食出落的亭亭玉立，足下生莲花，被波罗奈国国王看中纳为王妃，遭到其他王妃嫉恨，在产下一朵莲花后打入冷宫。而这朵莲花落入水中后熠熠生辉，发出美妙红光，打捞出来后生出五百片叶子，每片叶子上有童男一个。国王大喜，重新册封鹿母。鹿母不计前嫌，建议国王下令五百夫人每人抚养一个太子，这样夫人不会再嫉恨

---

① 沈从文:《边城》，武汉出版社 2013 年版，第 196 页。

她,太子也得到哺育。鹿母的以德报怨使得众夫人尊她为圣贤,待太子视如己出。五百太子在诸夫人精心抚育下,个个聪敏颖慧,剽悍英武,一人力敌千军。于是波罗奈国国泰民安,风调雨顺,人民丰衣足食。这则故事似是荒诞离奇,实是言此意彼,宣讲以德报怨、慈悲为怀的佛理。

文学语言就是要打破日常语言的常规,以感性方式去呈现一个世界,以达到作者与读者的心灵交流。所以,文学用这种虚构的语言创造一个虚构的世界来与现实世界抗衡。正如刘小枫在《拯救与逍遥》中说:"诗是一种保证、一种许诺,使不安于现世又不肯离弃现世的人在生存世界的所有不完满、厄运、片面和灾难性的际遇中,与如歌的真实相遇。……诗重构人的世界经验,用语言重构的经验就是诗的经验,使人虽置身于世界的虚无却能用另一种眼光来看待世界。"[①]在这个意义上说诗人是一个骚动的群体,诗是人给自身赋予意义的活动,用诗来消除世界对人的揶揄,把世界转化为属己的、亲切的形态。给原本无意义的世界赋予意义,在诗的世界中,人领承到绝对价值,扬弃现实世界中的相对价值,高度肯定了人的内在生命价值,不以历史进程为由牺牲个体生命。因此,诗的世界是一个真正属人的世界,超越了日常世界的价值观。这样,文学世界是允诺意义"真",并不承认事实"真",它是用另一种眼光来观照,重新获得意义,并不是一味的反现实。它追求的是一个永恒的意义世界,并不局限于现在和未来,人在这个世界中可以获得生命的永恒。

沈从文明确表明自己是个写故事的人,在《猎人故事》后,人们对那只善变的鸟的真实性产生疑惑,一个农夫讲了青年人和他舅父的故事,为猎人的故事的真伪做证明。在故事末尾,一个研究历史的学者质疑这个故事的真实性时。农夫说:"……你得好好记下来,同时莫忘记写上最后一行:'说这故事的是一个青年农人。他说这个

---

① 刘小枫:《拯救与逍遥》,华东师范大学出版社 2007 年版,第 256 页。

故事,并无其他原因,只为他正死去了一个极其顽固的舅父,预备去接受舅父那一笔遗产:四顷田,三只母牛,一栋房子,一个仓库。遗产中还有一个漂亮乖巧的女子,他的表妹。他心中正十分快乐,因此也就很慷慨地分给了众人一点快乐。'这是说谎,是的。这算罪过吗?你记下来呀,记下来就可以成为历史!"[①]从这里我们也可以看到,沈从文的历史观,同新历史主义不谋而合。新历史主义要对"作为整体"的人类历史提供一个自圆其说的解释模式,从而为历史进程的"整体"提供一种"意义"并展示一种总体方向,这成为元历史的根本目的。元历史学家怀特做出了这么一个断言:当伟大的历史著作过时,必在艺术之中,获得新生。怀特的理论探索显示了一种伦理关怀和政治抱负:重构被怀疑论的魔眼穿成千疮百孔的"元历史",在神话和科学之间寻觅作为历史话语深层结构的诗性,在审美(叙事形式)、认识(阐释策略)和伦理(意识形态)的多重观念构造活动之中、在文化语境和文本的互动中获取历史的"真实"。历史书写之中,至关重要的不是内容,而是文本形式。历史,在这个意义上,就不是事实、材料和数据的堆积,而是以特定的叙事策略编排而成、具有主导隐喻的语言结构。怀特给历史学家规定的使命是穿越叙事结构的表层,追寻历史想象的深层结构,他终于发现:历史文本的深层结构是诗性的语言。我们听故事不是考证它的真伪,而是叙述者在讲述中的感情和心性,从而获得同一生命体验。这正是《寻觅》中,胡子找寻二十五年的缘由。

五　文学语言的隐喻性

文学语言以其反常性就能捕获意义的大全吗?从道家语言观我们可以看到,道是无法言说的,对于不可知的世界,我们只能保持沉默。庄子通过寓言言道,《神巫之爱》用隐喻的语言传达对神的爱。

---

① 沈从文:《猎人故事》,选自《月下小景》,重庆大学出版社2011年版,第365页。

神的仆人神巫听了上千花帕族年轻女人蜜作馅的情歌，还能无动于心，却为一个不用语言，而用满含泪水的双眼诉说的心愿所困扰，一定要找到这个在他面前出现不到两分钟的女人。神巫为找寻心中的女神费尽心思，深夜在女人窗外唱歌：

> 瞅人的星我与你并不相识，
> 我只记得一个女人的眼睛，
> 这眼睛曾为泪水所湿，
> 那光明将永远闪耀我心。
>
> 天堂门在一个蠢人面前开时，
> 徘徊在门外这蠢人心实不甘。
> 若歌声是启辟这爱情的钥匙，
> 他愿意立定在星光下唱歌一年。[①]

女人虽未说一言，一双眼睛却道尽了世间无数言语的柔情蜜意。令神巫心醉神迷，用歌声诉说爱情。神巫的爱只能用隐喻性的语言才能表达，将女人的眼睛比作星星，歌声比作爱情的钥匙。神巫的歌声能否收获爱情呢？当仆人五羊发现女人有孪生姐妹时，神巫说："但是我只要我所想要的一个，如果有两个可倾心的人，那我不如仍然作往日的神巫，尽世人永远倾心好了。"[②]所以，在神巫打开帐门，看到姐妹两个，并在一头时，疑心今夜的事完全是梦。神巫的爱落空了，神巫把他的爱从一个女人实际物质的爱还给了一百个或一千个好女人，虚无的倾心，精灵的恋爱。花帕族的女人继续为得到神巫虚无的爱而唱歌。"多情的鸟绝不是哑鸟"，鸟儿的歌声如果始终单调如一，就打动不了情人的心。她们用隐喻激活心灵，不断诉说自己的爱

---

① 沈从文：《神巫之爱》，工人出版社 2012 年版，第 3 页。
② 沈从文：《神巫之爱》，工人出版社 2012 年版，第 86 页。

恋。隐喻打破旧有的感知方式，因为陈旧的事物什么也表达不了，反而让人生厌。通过新的相似性来应对新的情况，增加我们的感知方式。对于那种虚无爱的领悟方式是个人特有的，与感情的强烈程度成正比。爱的追求者总是在语言中寻找以将自己心中压抑不了的激情抒发出来。所以五羊唱着：

> 好姑娘，你心中凄凉还是唱一首歌，
> 许多人想爱人因为哑可怜更多！

神巫的爱慕者不断吟唱着：

> 一个心地洁白的花帕族女人，
> 因为爱情她不知道什么叫作羞耻。
> 她的心只有天上的星能为证明，
> 她爱那人中之神将到死为止。
>
> 你半夜过路的人，是不是神巫的同乡？
> 你若是神巫的同乡，足音也不要去得太忙。
> 我愿意用头发将你脚上得泥擦揩，
> 因为它是从那神巫的家乡带来。①

这样的爱情何其热烈，而神巫的爱是没有具体目标的，所以这种对爱的追求是永无止境的，语言也就在这无尽的追求中时时更新，不断开启那个虚无的领域，以将自己心中的爱表达出来。因为人和动物不同，人类可以用语言为自己寻找存在的根基，语言为人的在世存在划定界限，语言含糊的地方，正是人所无法企及的领域，而人总是不断扩展认识的边界，以获得对生命自身的认识，向"无"的领域挺进。矮奴说为心爱的女人，即便唱枯喉咙，唱得吐血也值得。这里心爱的

---

① 沈从文：《神巫之爱》，工人出版社 2012 年版，第 10 页。

女人也是生命最高真、善、美的体现，人就是用语言在追寻价值所在，呕心沥血也在所不惜，这才是本真的生命形态。语言的滥用者，即是生活的庸众，他们在喋喋不休中落入生命的常态。矮奴一张巧嘴无论如何得不到女人的芳心，反倒令人生厌，是因为他在亵渎语言的神性。龙朱一开口便能捕获人心，是因为他在开拓语言，提升自己，领悟至高的美。富有特性的语言，正是一个人存在方式的体现，他不满于既有的认识领域，总是在触及另一个未知的领域，从而显示自己的唯一性。隐喻就是使用"可感知事物"来暗指"纯理性的事物"，人类用隐喻的语言将存在不断带入照面，语言的鲜活性体现了一个人积极的处世态度，他在语言中思索，在语言中寻找生命的意义。

从这里我们可以正视语言的诱惑与困境了。年轻人周游二十五年最后找到答案，因为他是通过语言寻觅生命的意义；而乌龟因语言身临险境，猎人徒劳十六年，是因为乌龟仅尊奉已死的格言，猎人只是为了给故事圆尾。两者的共同点，都只抓住了语言的躯壳，抛弃了语言背后的生命力，甘当语言的奴隶。《月下小景》中的傩佑和他的小情人，便尊奉活的语言，以死来对抗死的语言。傩佑和情人因为风俗，无法对爱情和婚姻保持忠贞，他们的歌声不再为心而唱，语言不再为情所言，他们以死与神齐明。神是不说话的，却拥有至善至美，人是有缺陷的，所以要用语言来赞美神，语言保证了人的在世存在。傩佑和小情人也想活泼泼做人，但语言不再让他们成其为人时，他们主动放弃做人的权力，以默然回归神的怀抱。

六　语言塑造的民族文化心理

语言不仅对个体生命存在具有重大意义，也保证一个民族的特性和活力。语言是民族精神的外在表现；民族的语言即民族的精神，民族的精神即民族的语言。每个民族，哪怕是不发达民族的语言，都存在着某种与人类无限发展的能力相吻合的整体性。语言要使个人全部内在的经验、感觉、情绪和思想在接触外界的过程中，与外在的即他人的经验、感觉、情绪和思想联系起来，个人的这一切内在之物必须让他人意识到，它以扩展了的形式显示完整的人类本性。所以我们要发掘语言灵动的生命力，捕捉语言传承的文化情感，感悟语言的创造方式。这样，语言一说出，就能激起人们丰富的情感并激荡人们的心灵，让人感人所感，思人所思。同一的生命体验，将同一语言的人紧紧联系在一起，他们因语言拥有外族人所无法想象的民族情感，是这一民族独特的生命体验。拥有这一语言的民族是诗的民族，有着鲜活的生命力和丰富的感受力，世界在它面前无限丰富地展开。这样的民族，尊重人的主体性，充分实现人的自由全面发展，是人的天命所向和历史的归宿所在。沈从文的小说中的方言、俗语、民歌正体现了一个民族特有的生命体验。如翠翠哼唱的巫师十二月里为人还愿迎神的歌——

你大仙，你大神，睁眼看看我们这里人！
他们既诚实，又年青，又身无疾病。
他们大人会喝酒，会做事，会睡觉；
他们孩子能长大，能耐饥，能耐冷；
他们牯牛肯耕田，山羊肯生仔，鸡鸭肯孵卵，
他们女人会养儿子，会唱歌，会找她心中欢喜的情人！①

这首歌正唱出了湘西人民心中的理想生活，没有更高的要求，只求小孩健康成长，成人作息自得，女人爱情美满，牲畜壮实多产，人畜处在一幅其乐融融的美景，一切出于自然，发自真情，没有奢望，没有做作。其中“肯”字，表明他们认为万物与人都有意愿，都是神的宠儿。再看看边城人的俗语：“每一只船总要有个码头，每一只雀儿得有个

① 沈从文：《边城》，武汉出版社2013年版，第20页。

巢”,反映出湘西人求安定的生活方式。“水是各处可烧的,水是各处可流的,日月是各处可照的,爱情是各处可到的。”可见,边地人认为爱情同日月水火一样,是神赐的,无所不在的,爱情的发生是不需要任何理由和物质条件的。这正是傩送不要碾坊要渡船,翠翠不要车路要马路的文化积淀。

从方言词汇我们也可以看出湘西人的世界观,如“日头”“光人”,把太阳比作人头,是因为在湘西人眼中,万物与人都是有生命的。“光人”是指没有任何财产,赤条条一个人,却并不妨碍成为一个有用的人,一个光人可以用双手造洛阳桥。可见,湘西人认为钱财都是身外之物,人仅仅一个人就足够了。

我们再来看看取名的方式。傩佑的取名来自于傩神保佑之子,这是因为湘西人认为自己同神有着密不可分的关系。湘西人独特的命名方式反映了他们关照世界的方式,它不是事物的本性使然,而是人的心智使然,体现了人的认知方式。如希腊语的“月亮”是指月亮的“衡量”时间的功能,而拉丁语的“月亮”是指月亮的清澄和明亮状况。这是对同一对象的两个非常不同的特性的观照,体现了两个民族不同的文化心理。这正是荀子“约定俗成”观点的核心。所以语言改变了、塑造了一个民族的心理世界,它不再关注事物的本来面貌,而是教我们如何去认识世界,后世子孙也就在语言赋予的世界中生存、繁衍。

这种带有民族特色的语言显然不是现代文明的中心话语,却体现了湘西人的灵动的生命感。从这里我们可以看出,语言不只是表现一个民族的文明和文化程度,而是要展现完整的人类本性。《猎人故事》中,乌龟认为文明文化是由有头脑的人创造的,动不动就引经据典,以语言代替文明,觉得自己高人一等。所以对农村小孩“看雁鹅搬家,看乌龟出嫁“的惊叫声不屑一顾,却对有教养的城市孩子的叫喊试图反唇相讥,最后跌落下来。农村小孩和城市小孩都是语言的持有者，无所谓高低贵贱之分，这种文化中心主义是在尊奉僵死的语言，必然导致文化的衰落。因此，只有持有活的语言观，诗性的语言观，才能保全生命，从而获得生命的自由。沈从文既看到了人在语言中的生存困境，也在中国文化的语境下探讨了人的出路问题，对“天人合一”道境的追求是引领人走出困境的途径。

结论　语言的归乡之途

——论中国古典文论与西方符号学的交汇

在语言的发源问题上，希腊哲学家德谟克利特第一个提出这个论点：人类言语起源于某些具有单纯情感性质的音节。这样，人类的言语可以追溯到人由于恐惧、愤怒、痛苦或欢乐等情感的自然流露而发出的声音。歌德有首小诗《歌手》，写的是一位歌手为国王唱歌，不受国王赏识，歌手说："我只是像鸟儿那样歌唱"，表明他唱歌不是为其他目的，只是为自己高兴、欢快而唱。语言是人的语言，在语言中也折射出人类的情感和精神面貌。正如威廉·冯·洪堡所说："语言与人类的精神发展深深地交织在一起，它伴随着人类精神走过每一个发展阶段，每一次局部地前进或倒退，我们从语言中可以识辨出一种文化状态。但是，我们会发现，在远古的某个时期，除了语言之外，不存在任何文化，语言不仅伴随着精神的发展，而且完全占据了精神的位置。语言产生自人类本性，所以，在任何情况下，我们都不应把语言看作一种严格意义的产品。语言具有一种能为我们觉察到，但本质上难以索解的独立性，就此看来，语言不是活动的产物，而是精神不由自主地流射，不是各个民族的产品，而是各民族由于其内在的命运而获得的馈赠。①

自从古希腊赫拉克理特引进“逻各斯”(logos)这个概念,便奠定了语言在哲学中的核心地位。在西方哲学的初始时期,人们对语言的重视几乎到了迷信的程度。古希腊人认为,不论是人还是超人,都逃不脱语词的力量,语言是实在的复本,逻各斯是理解最终实在的最高范畴。17 世纪,语言的“认识论转向”进一步确立了语言的主宰地位。这一由笛卡尔开创并由洛克继承,又由康德做出决定性推进的现代哲学主流,认为不是神学上所谓“上帝”,而是“理性”(逻各斯)才是人们获得认识或知识的内在能力,也就是说,“理性”是最高主宰。20 世纪的“语言学转向”使语言从理性工具一跃而拥有中心权力。在哲学上有两个重要方面:其一,如果说,“认识论转向”导致如下认识,即只有通过叙述“理性”才能开辟叙述“世界”之路,那么“语言论转向”则提出这一启示,只有叙述这叙述理性的“语言”本身,才是通向“世界”的真正坦途。其二,“认识论转向”使得“认识论”成为“第一哲学”,而“语言论转向”则标志着“语言学”取代“认识论”而跃居哲学首席。这表明,“逻各斯”在对“理性”替身失望之余,转而青睐“语言”替身。

唯美主义者王尔德从根本上颠倒前期现代美学的重要原则,认为“生活模仿艺术远甚于艺术模仿生活”,“真正的艺术家不是从情感到形式,而是从形式到思想和激情”。从而主张形式就是“起点”及至“一切”,艺术作为美的形式正意味着生活的至高境界。同时,他认为,“语言”作为艺术的纯粹材料是高于绘画和雕刻材料的,在《作为艺术家的批评家》(之一)中,他写道:“词语不仅会发出和六弦琴、诗琴一样甜美的音乐,不仅有着和威尼斯或西班牙画布同样丰富、栩栩如生的色彩,它还有着并不比那些大理石或青铜雕像更缺乏

① 〔德〕威廉·冯·洪堡:《论人类语言结构的差异及其对人类精神发展的影响》,商务印书馆 1997 年版,第 19 页。

肯定和明确的造型形式，而且思想、激情和灵性也属于它们，且只属于它们。”①从而这样万能的“语言”其实就是“艺术”的最高形式。生命美学、象征主义在处理审美感性与审美形式的冲突时，体现了与唯美主义相当近似的思路，即审美感性—审美形式—语言。这意味着，语言才是第一性的，是一切的起点。

在抬高语言地位时，我们必须看到语言不可避免的缺陷。语言的概括性使得语言丧失了对对象细节的感性方面的描写，剩下的只是没有生命的一堆符号，特别在人的求知过程中，“使得日常言语中使用的词汇符号前进到算术的、几何的、代数的符号，前进到化学公式一类的符号，这是人客观化进程的决定性步骤。但是人不得不为这个收获付出极高的代价。人向着较高的理智目标前进了多少，人的直接性，生命的具体体验就消失了多少，留下的是一个理智符号世界，而不是直接经验的世界”②。语言隔离了人与自然浑然一体的生命体验，人只能在语言构筑的符号系统中生存，受语言支配，丧失了人的本真。

卡西尔对语言的牢狱有着清醒而深刻的认识，他认为人不再生活在一个单纯的物理宇宙之中，而是生活在一个符号宇宙之中。语言、神话、艺术和宗教则是这个符号宇宙的各部分，它们是织成符号之网的不同丝线，是人类经验的交织之网。人类在思想和经验之中取得的一切进步都使这符号之网更为精巧和牢固。人不再能直接地面对实在，他不可能仿佛是面对面地直观实在了。人的符号活动能力(Symbolic activity)进展多少，物理实在似乎也就相应地退却多少。从某种意义上说，人是在不断地与自身打交道而不是在应付事物本身。他是如此地使自己被包围在语言的形式、艺术的想象、神话的符

① 〔英〕王尔德：《谎言的衰落：王尔德艺术批评文选》，萧易译，江苏教育出版社2004年版，第108页。

② 〔英〕恩斯特·卡西尔：《语言与神话》，于晓等译，三联书店1988年版，第135页。

号以及宗教的仪式之中，以致除非凭借这些人为媒介物的中介，他就不可能看见或认识任何东西。人在理论领域中的这种状况同样也表现在实践领域中。即使在实践领域，人也并不生活在一个铁板事实的世界之中，并不是根据他的直接需要和意愿而生活，而是生活在想象的激情之中，生活在希望与恐惧、幻觉与醒悟、空想与梦境之中。正如埃皮克蒂塔所说的："使人扰乱和惊骇的，不是物，而是人对物的意见和幻想。"①

从物理上讲，语词可以被说成是软弱无力的；但是从逻辑上讲，它被提到了更高的甚至最高的地位：逻各斯成为宇宙的原则，并且也成了人类知识的首要原则。这样，语言的"意义"占据的主导地位，我们是从语义功能和符号功能的意义来理解它。事实是，"现实世界"在极大的程度上被建立在群体的语言习惯之上。没有哪两种语言有如此充分的相似，以致可以被认为代表了同样一种社会现实……我们看和听或者经验到的在极大意义上是我们用以这样做的工具给予的，因为我们社会的语言习惯预先就为我们选择了理解活动的范围。难道语言精确发展以人的受役性为代价吗？人必须对语言唯命是从吗？

首先，从语义功能考察。语词的意义功能无限延展了人的能力，在空间上打开了一个"抽象的空间"，使我们摆脱物理空间的束缚，实现思维的巨大飞跃。在时间上形成了过去—现在—将来的联系，使我们能在对传统的继承基础上，关注当下，展望未来，人的活动能力得到大大增强。这是切断了含义结构与指称对象之间的指称关系换来的"先进"，这样，这些词语在主观交流范围内有市场，但在所指范围内却没有意义。关于这一点，维特根斯坦在《哲学研究》中有进一步论述："语言中名称所意指的东西必定是不可毁灭的；因为对一切可毁灭的东西都被毁灭了的状态，必定是可能描述的。而这种描

① 〔德〕恩斯特·卡西尔：《人论》，甘阳译，上海译文出版社 1986 年版，第 33 页。

述将包含字词;二分切与它们对应的东西就无法被毁灭,因为否则这些词就不会有意义。”[①]他举例说:“某种红色的东西可以被毁灭,但红色是无法被毁灭的,这就是为什么‘红色’一词的意义独立于红色东西存在或不存在的原因。”[②]这样,留给我们的只是意义的符号,能指的缺失使我们活在一个形式的世界中,而这一形式却凭借其逻辑性,对人实行了操控。

拉康在《关于〈被窃的信〉的研讨会报告》中,通过国王、王妃、宰相、警察关于一封信的追查,说明君临于主体之上并构成主体的并不是充满实体性内容的东西,而是被打开了一个空的场所的洞穴的象征性事物。人无论怎样延伸探索之手,信即能指都止于空虚的无的场所,不断把自己视作无处不在同时又无法找到的事物。拉康说:“语言是无意识的情境,即语言是社会、主体得以存在或成立的结构性情境。”[③]他发现了语言权力对主体的绝对支配性,语言结构既可以建构主体,也可以颠覆主体。这可以在韩少功的《马桥词典》中找到一个鲜活的例子。

复查骂了罗伯一句在马桥最骂不得的话——翻脚板的,并且没有在犯煞之后及时退煞,导致罗伯第二天被疯狗子咬了,走上了归途。当然,我在这里用“导致”是有悖常情的,更可以说是一种迷信,人有旦夕祸福,这两件事有什么因果联系?而复查却正因为这一因果联系被影响了几十年,不仅会计当不成了,后来放鸭遭鸭瘟,学木匠又不成,最后一个昔日受女人青睐的小伙子草草收了一房整天蓬头垢面的亲。我们能忽视这一因果联系吗?这正是语言给人造成了心理威压,它在漫长的历史年代中,形成了一个无意识场,制约着人的言行,一旦超出了这个场,语言就以其规约性,强行将违背者拉入

---

① 〔奥〕维特根斯坦:《哲学研究》,商务印书馆2000年版,第156页。
② 〔奥〕维特根斯坦:《哲学研究》,商务印书馆2000年版,第157页。
③ 〔法〕雅克·拉康:《拉康文集》,上海译文出版社2001年版,第216页。

既成的轨道中。无意识似在既披露又隐藏主体,既说又不说主体,从而在无意识镜像之中,主体总是与陌生的"他者"如影随形地相伴的。所以,无意识是"他者话语"。"他者"代表着既建构又威胁主体的神秘力量。

难道,人类注定摆脱不了这种无意识情境,而要受语言的摆布吗?在这里,我们不能忘记语言发生的真正根源在人类的本性之中。不错,语言对于个人世界观的确立是不可或缺的,因为,个人只有使自己的思维与他人的、集体的思维建立起清晰明确的联系,才能形成对世界的看法。我们也只有通过语言进行交际,才能获得存在的认可,否则我们只是动物般的生活。但如果我们了解,每一民族的语言在构造活动中内在地、完全自由地发展的生命原则,我们就能把握民族精神在历史传承中的脉搏,感受到与先民活生生的血脉联系,充分实现了人的本性,我们就能看到语言的无限开放性,惬意地生活在语言的框架内,而不是受到威压,以至于急于摆脱本民族的语言。

语言权力欲的膨胀是因为缺少了人的根基。一切生命体都注定要走完自己的路程,直至最后一息,就此完成自然所规定的使命,每一造物都必须要享受自身的生存,就此达到造物主秩序井然地安排下的目的;而每一代新的生命,都以其愉快或痛苦的生存、顺利或坎坷的活动而重复同样的旅程。但是,只要人在一个地方出现,他就会表现出人性,与别人发生联系,组织起建制,制定出法规。这种人化的过程是一个不断进步的过程,这个过程基本上能够几乎不受干扰地日益臻于完善。所以,一个民族的语言基本上是能实现本民族精神的全面发展的。人只要把握了民族语言发展的内在原则,是能充分展现人性的。

其次,从语言的优劣划分来看。逻各斯一词有理性也有语言的意思,人的思维与语言是同构的。语言的精密程度是一个民族文明程度的反映。克拉梅尔在《利比里亚的英语语言》中说:"同理性联系着的语言——理性赋予了它恰当的活动、用处和光彩——使人高于低等动物，并且与它的优美、精练程度成正比，语言文明和理性尊严的尺度上极大地促使一个民族的地位高于另一个民族”，[①]从而确保了先进民族对落后民族的控制。如英语世界人对黑人的统治，“掌握了（英语）便是地位的上升。它使当地人的地位高于他的愚昧同胞，并赋予他文明的某种尊严。人们获取了新的思想、形成了新的习惯，对地位上升和出人头地的要求在日益增长。”[②]克拉梅尔这样对语言与理性的论述体现了英语世界国家对落后国家的文化优越感。不可否认，民族智力的发展与语言有着密切的联系。这是因为语言与精神力量一道成长起来，受到同一些原则的限制，同时，语言构成了激励精神力量的生动原则。语言和精神力量并非先后发生，相互隔绝；相反，二者完全是智能的同一不可分割的活动。语言仿佛是民族精神的外在表现；民族的语言即民族的精神，民族的精神即民族的语言。但民族精神并不仅仅表现为文明和文化程度，我们也不应把文明和文化看作人类精神所能达到的顶峰，人类的本性并不是文明程度的客观显现，更不能以理性的发展来衡量。从根本上讲，一个民族的语言能满足一个民族自身发展的要求。在每个民族，甚至哪怕是不发达民族的概念和语言中，都存在着某种与人类无限发展的能力相吻合的整体性，从这一整体性之中，无须借助任何外来的力量，便足以产生出人性所含的一切。所以语言无所谓优劣，它完全适合表现该民族的民族精神。语言在多大程度上有助于人们对概念进行明晰确当的编排整理？在多大程度上在表象中保持了它们固有的

---

① 小亨利·路易斯盖茨：《权威、（白人）权力与（黑人）批评家；或者，我完全不懂》，选自《文学理论的未来》〔美〕拉尔夫·科恩主编，中国社会科学出版社 1993 年版，第 214 页。

② 小亨利·路易斯盖茨：《权威、（白人）权力与（黑人）批评家；或者，我完全不懂》，选自《文学理论的未来》〔美〕拉尔夫·科恩主编，中国社会科学出版社 1993 年版，第 214 页。

感性直观形式？语言怎样通过它那优美的音调，既轻松和谐又强劲有力地对感觉和思想产生影响？都不够成对语言优劣程度的判断；而要以它是否能产生出人性所含的一切来衡量。要使得个人全部内在的经验、感觉、情绪和思想在接触外界的过程中，与外在的即他人的经验、感觉、情绪和思想等等联系起来，个人的这一切内在之物必须让他人意识到，它以扩展了的形式显示完整的人类本性。语言的完善性更在于它对个性的塑造上而不是智力的发展上。心灵是最有力、最敏感、最深刻亦且最富足的内在源泉，它用自己的力量、温暖以及神奥的内蕴浇灌着语言，而语言则回应以一些相似的音，以便在他人身上引发相同的情感。个性逐渐变得完善和细腻，从而使心灵的各个不同方面平衡和一致起来，并且赋予它们一种高度统一的、一如造型艺术所具备的形象，这种形象每一次的表现都发自内心深底，而且一次比一次轮廓鲜明。

在这里我们要提一下维特根斯坦的“私人语言”，他说：“因此‘遵从一条规则’也是一种实践。而认为自己在遵从一条规则并不是遵从一条规则。因此不可能‘私自’遵从一条规则：否则认为自己在遵从一条规则就会同遵从规则成为一回事了。”①无可否认，语言具有强制性，否则交际便无法进行，语言的最终目的是要达到交际，让对方明白自己要表达的意思，但这并不构成对个性的抹杀。语言是出自心灵的，它渗透到了精神和情感的最隐秘的深处。每一个人都使用同一种语言来表达他的特殊个性，所以，语言始终出自具体的个人，每个人运用语言首先是为了自身的目的。语言在一个人和另一个人之间架起了一座桥梁，使他们得以相互理解，但同时语言又扩大了个性的差异，因为它通过阐释和提炼概念而使人更清楚地意识到，个人的特性深深地根源于原有的精神禀赋，词在不同的个人中间唤起表象，这种表象带有每个人独特个性的印记，虽然所有人用一个

① 〔奥〕维特根斯坦：《哲学研究》，商务印书馆2000年版，第216页。

音来表示而已。所以，语言的使命不仅要使普遍人性成为现实，同时要意识到发达、崇高的人类个性，要体现对人的尊重。这样，语言便不会是维特根斯坦的迷宫，你从任何入口进，都能达到无限敞开的境地。

宗教语言观，赋予语言以神话色彩。语言存在于世界之先，与上帝同在，上帝以言创造了万物。

> In the beginning was the Word, and the Word was with God, and the Word was God. He was in the beginning with god. All things came into being through him, and without him not one thing came into being. (Joha 1:1 –5)(太初有道，道与神同在，道就是神。这道太初与神同在。万物是借着他造的；凡被造的，没有一样不是借着他造的。)
>
> God said, "Let be light." and there be light. (Genesis 1:3)(神说要有光，就有了光。)

奥古斯丁把道解释为语言，这就赋予了语言以本体论的地位，语言成了世界万物的基始，语词将万物带入在场。对于名称的意义问题，柏拉图在《克拉底鲁篇》中比较集中而详细地讨论了。文中称："事物的名称是自然的，并非每个人都可以提供，而只有那些能够看出事物天然名称的人才能这样做，才能用字母和音节表达事物的真正形式。"①并且他用大量的篇幅论证了名称在最初阶段意义与指称的一致性，如人这个词在希腊语中曾经是个句子，意思是探究所看到的东西。同样，卡西尔在《语言与神话》一书中也称："命名的工作必定是先于心智构想关于想象的概念并理解现象这一智性工作的，并且必定在此之前业已达到了一定的精确度。因为正是命名过程改变了甚

---

① 《克拉底鲁篇》，选自《柏拉图全集》第二卷，五朝译，人民出版社 2003 年版，第 68 页。

至连动物也都具有的感观印象世界，使其变成了一个心理的世界、一个观念和意义的世界。全部理论认知都是从一个语言在此之前就已赋予了形式的世界出发的；科学家、历史学家、以至哲学家无一不是按照语言呈现给他的样子而与其客体对象生活在一起的。”①命名的精确性则反映了人关照世界的方式，他不是“约定俗成”的习惯使然，也不是事物的本性使然，而是人的心智使然，体现了人的认知方式。“如希腊语的‘月亮’是指月亮的‘衡量’时间的功能，而拉丁语的‘月亮’是指月亮的清澄和明亮状况。② 这样，我们就已经明显地分离开了并将注意力集中到了同一对象的两个非常不同的特性。但是，这种活动本身，这种全神贯注凝聚集中的过程，则是相同的。一个对象的名字并没有权力要求成为该对象的本质，它不打算成为“存在者”，并不打算给我们以一事物的本来面貌。一个名字的作用永远只限于强调一事物的一个特殊方面，而这个名字的价值恰恰就在于这种限定与限制。一个名字的功能并不在于详尽无遗地指称一个具体情景，而仅仅在于选择和详述某一方面。”③这正体现了人是万物的尺度的原则，任何对语词的夸大，或是对事物本性的夸大都违背了命名的原则。而人的命名却给词语带来了无限的权能。如海德格尔在《语言的本质》中引用《词语》一首诗揭示了词语的创世功能：

我于是哀伤地学会了弃绝：
词语破碎处，无物存在。

诗人体验到：唯有词语才让一物作为它所是的物显示出来，并因此让它在场。词语把自身允诺给诗人，作为这样一个词语，它持有并保持一物在其存在中。词语只有将自身允诺给诗人，才能实现它创建持

① 〔德〕尤西尔：《语言与神话》，于晓等译，三联书店 1988 年版，第 135 页。
② 〔德〕尤西尔：《语言与神话》，于晓等译，三联书店 1988 年版，第 201 页。
③ 〔德〕海德格尔：《在通向语言的途中》，孙周兴译，商务印书馆，1997 年版，第 130 页。

存的权能，否则词语只是一堆躯壳。词语离开诗人，是无力的。“词语”是通过“道说（Sagen）”来“给出”“物”的“存在”的。在海德格尔看来，“道说”乃是“开辟道路”，而“道路”一词也许正是表示“语言的原始词语”。这就是说，“词语”“给出”“物”的“存在”，是通过“开辟道路”的方式来实现的。那么，我们所谓的“词语给出存在”则必须被理解为：“词语”所“给出”的不是“物”的“存在”本身，而只是通向“物”的“存在”的一条“道路”；我们必须先敲破“词语”坚硬的“物质外壳”，方能理解其中所“道说”的“物”的“存在”。海德格尔非常强调这一点，甚至强调说，“词语的这种崩解乃是返回到思想之道路的真正的步伐”。[①] 在这个意义上讲，说“词语破碎处，无物存在”也就等于说：词语崩解处，一个‘存在’出现。在这个意义上，我们也看到词语的局限性，它并不是万能的，它的创生与崩解都是围绕着人而存在的。

语词在获得人的授权后，便具有无限的权能。宗教充分体现了语词的魔力，名称本身与灵魂、肉体同属一列，一旦提及神的名称，便可立即释放出神身上固有的全部能量。狄特里奇在《密特拉教的崇拜仪式》一书中写道：

> 名称的功用在于代理其承受者。提及名称或许就等于呼唤其人入世；名称因其是一种真实的力量而受到畏惧；人们追求对名称的知识，因为能说出名称便可赋予知者支配这一力量的能力——所有这些事实清楚地表明了，当早期基督徒说“以上帝的名义”而非“以上帝”，或说“以基督的名义”而非“以基督”的时候，他们感受到的和试图表达的是些什么——因此，我们就可理解诸如“以上帝的名义起

---

① 〔德〕海德格尔：《在通向语言的途中》，孙周兴译，商务印书馆，1997 年版，第 132 页。

誓”而非“以上帝起誓”这样一些表达式；在洗礼盆上念出上帝的名称，上帝之名有辞便据有并弥漫盆中之水，从而使新入教者实实在在地浸没在上帝的名义之中。宗教礼拜聚会的仪式从念诵“以上帝的名义”开始，在当时认为，这样一来聚会就在上帝名称的效能范围之内举行了，而不论这一短语具有多少比喻的或仪式的意味。①

“哪里有两人或三人以我的名义聚在一处，我便在他们中间了”（《马太福音》第二十八章，二十节）。这句话无非意味着“无论何处，只要他们在聚会上念出我的名字，我就会真的在场”。“浸没在你的名义之中”这句话曾经有过较之若干教派及其教义对它的诠释所能猜测到的具体得多的含义。

名称实质就是本质，名字和事物之间是一种同一的关系，一种全然合一的关系。在亚尔噶阡印第安人部落里，一个人的名称若与另一个的相同，他就会被看成是那个人的另一个自我，他的“另一个我”。按照那里的习俗，如果一个孩童取了他祖父的名称，这就表示祖父复活了，在孙子身上再生了。一旦孩子落地，哪位过世的先祖在他身上再生了这个问题便接踵而至；只有当祭司确定了是哪一位先祖再生了，才能履行婴儿取得那位先祖名称的仪式。

在语词这种神话思维当中，事物就不再被理解为他们间接意味的东西，而是被看作它们直接的呈现；事物被看作纯粹的显现，并在想象中得以实现。这样，人类并没有被语言蒙蔽双眼，脱离物理世界，生活在符号堆砌的领域中，在这一语言中，人类仍能感觉到万物的神灵活现、多姿多彩，人与世界是浑然的，能时时感应到自然的生命气息，人的感性生命形态是丰富的。“巴黎的吆喝”正是这一语词的集中体现。“‘巴黎的吆喝’在城市的广场和街头生活中的作用是

① 转引自尤西尔：《语言与神话》，于晓等译，三联书店 1988 年版，第 75 页。

巨大的。每一种货物——食物，酒或物品——都有专门的吆喝用语和专门的吆喝旋律、专门的语调，即专门的词语形象和音乐形象。”① “拉伯雷小说里各种菜肴、各种野味、蔬菜、美酒或居家用品如衣服、炊具等等的名称，其本身就具有重要意义。这种名称列举常常有着自身的价值：说出物品的名称为的就是物品本身。这个食物和物品的世界在拉伯雷的小说中占有极大的位置。然而要知道正是每天街头和广场上形形色色、五花八门的‘巴黎吆喝’推出了这个充满各种食品、菜肴和物品的世界。这个充满了饮食、居家用品的富饶世界，我们在佛拉芒艺人的绘画中能找到，在十六世纪的文学中对宴会淋漓尽致、司空见惯的描写里也能发现。说出一切与饭菜有关的东西的名称并加以描写，十分投合时代的精神与趣味。但须知，‘巴黎的吆喝’，这就是喧闹的厨房和喧闹的盛宴，其中的每一种食品和每一道菜都有着其惯用的韵脚和惯用的旋律，这是一首不绝于耳的厨房与盛宴的街头交响曲。”②这样，人居于如此丰富的语言中，不仅能更好地认知外在世界，也能体味生命的五彩缤纷。人没有被隔离，反而被进一步充实。正是语词，正是语言，才真正向人揭示出较之任何自然客体的世界更接近于他的这个世界；正是语词，正是语言，才真正比物理本性更直接地触动了他的幸福与悲哀。前提是语词必须以神话的方式被设想为一种实体性的存在和力量。

科学语言的实指性特征与文学语言的非实指的虚拟性特性从对立的两面，全面发展了人的能力，殊途同归地走向人自身。科学语言讲求“能指”与“所指”的一一对应，追求精确性，严密性。而文学话语则正面发展日常实践语言的多义性，发展了语言的音乐性、情感性、形象性。使用科学语言的结果，目的在于通过语言的实际意义，

---

① 〔俄〕巴赫金：《拉伯雷研究》，李兆林、夏忠宪等译，河北教育出版社，1988 年版，第 226 页。

② 〔俄〕巴赫金：《拉伯雷研究》，李兆林、夏忠宪等译，河北教育出版社，1988 年版，第 32 页。

揭示出这语言以外的一个实在的世界，或是正确的反映，或是一种谬误的描述。文学语言使用的结果，就在于通过语言实际意义，创造出一个并非真实的虚设世界。科学不再以普通的感觉经验的语言说化，而是采取了毕达哥拉斯的语言。数的纯粹符号体系取代并且取消了日常言语的符号体系。在科学语言中，人的因素隐匿到高台的背后，它要求高度的精确性和客观化，不能带有个人的臆想和偏好，要严格服从自然事实。难道科学语言真正摆脱了人性的根基了吗？马克思在《1844年经济学—哲学手稿》中说道："自然科学却通过工业日益在实践上进入人的生活，改造人的生活，并为人的解放做好准备，尽管它不得不直接地完成（人的关系的）非人化。工业是自然界、因而也是自然科学跟人之间的现实的、历史的关系。因此，如果把工业看作人的本质力量的公开的展示，那么，自然界的属人的本质，或者人的自然的本质，也就可以理解了；从而，自然科学将失去它的抽象物质的，或者毋宁说唯心主义的倾向，并且将成为人文科学的基础，正像它现在已经——尽管以一种异化的形式——成了实现的、人的生活的基础一样；而说什么生活有它的一种基础，科学有它的另一种基础——这压根儿就是一种谎言。感性必须是一切科学的基础。科学只有从感性的意识和感性的需要这两种形式的感性出发，因而，只有从自然界出发，它才是真正的科学。全部历史都是为了使'人'成为感性意识的对象和使'作为人的人'的需要成为（自然的、感性的）需要所做的准备。历史本身是自然史的一个现实的部分，是自然界生成为人这一过程的一个现实的部分。正像关于人的科学将包括自然科学一样，自然科学往后也将包括关于人的科学：这将是一门科学。"①

道家语言以其反常合道性，彰显人的生命本真存在状态。佛家

① 马克思、恩格斯：《马克思恩格斯全集》第42卷，人民出版社1972年版，第128～129页。

讲究顿悟，佛理的玄妙，是无法用语言来表达的。如禅宗的“棒喝”，禅师在接待初学者之时，不用语言，或当头一棒，或大喝一声，借以表达各种禅机，考验初学者的悟性。棒喝的使用者们深信，人为的语言永远不能揭示世界的真相，在“能指”与“所指”之间有一条永远无法跨越的鸿沟，因此最好的办法是“言语道断”。

禅宗语言废弃语言理性。禅的探究法可成为“元科学”或“前科学”，是直接进入物体本身，可以说，是从内部来看它。认识一朵花就是变成这朵花，成为这朵花。禅宗以“无生”为本体，认为这个“无生”是一切创造的可能性之源。在无生之域，众生平等，一切合一，而一旦“无生”进入“有生”，就产生了“认知”——理智和自我意识。这样，个体利益便侵袭了无染之境，并将事物变成客体，形成主客二分，不再能成为物自身，只能认识物我、物物之间的关系。禅宗语言就是要打破逻辑规则，摆脱理智束缚。铃木大拙在《禅者的思索》中说：“公案不过是一块敲门砖，是一根指月的手指，目的是要超越二元的意识限制。‘心’在二元意识的束缚下，失去了自由，也不能听到绝对真实的声音，禅的公案是要割除这种限制，代之以掌握创造秘密的钥匙，以实现‘心’的彻底解放。”①所以，禅宗语言有很多矛盾的说法，如“骑在毛驴上行走”“弹无弦之琴”，甚至用粗暴的行动，如棒喝，更著名的例子是一和尚问禅师：“如何理解祖师西来意?”这相当于问：“佛法的根本意义是什么?”被禅师当胸一脚踢倒，当他从震惊中恢复过来，爬起身来，却拍手呵呵说：“真是奇怪！一切三昧无量妙义竟然都在一根毛发尖上，而我已经识得了它最本源的含义！”在此，铃木大拙提出禅宗公案是用“腹部”去抓，而不是用“头脑”思考。“当禅师要求我们把公案装在肚子里时，他的意思就是说，应该以一个人的全部存在去对待公案，人应该视自己与它完全合而为一，而不应该理智地或客观地看待它，似乎它是某种我们可以置身于其外的

① 〔日〕铃木大拙：《禅者的思索》，未也译，中国青年出版社1992年版，第42页。

东西。……这样，当我们吃或喝的时候，就不是我而是公案在吃或喝了。达到了这一步，无须我再干什么，公案就自行解决了。”①公案就是“无生”状态的我。公案表面看起来荒唐可笑，但这是禅师将自我生存与语言合一，达到“无生”的境界，公案表明一个人不是为概念或定义而活，而是为生活本身，由自己亲自去发现这个生活在何处以及它如何被生活。从这个意义上，可以说禅宗语言是一种呈现的语言，他将生活本身呈现出来，而不是落入概念的说明。我们来看一个公案：

有一次，一个僧人问赵州从谂（778—897）：“我的自我是什么？”赵州说：“你吃了早粥没有？”“我吃过了。”于是赵州对他说：“那么，洗钵盂去。”赵州没有回答自我是什么或者不是什么，否则便是在下定义，他呈现了自我存在的方式，就是在吃喝洗的行为中。“人是呼喊与回答，它是行为，既不是事实，它不是物体，对于事实与物体的彻底分析，永远不会产生一个无可争辩的对于人的证明。”②另一个僧人问赵州同一个问题，赵州说：“你见到庭前的柏树了吗？”只有忘掉自我，达到无意识，摆脱相对认识，与见者合一，才能达到“无生”的最高境界。

禅的精髓是自由、生命。禅师在“无生”境界中，达到绝对自由。禅师看到万法为一，以“全一”来看待万物，无分别，那无论怎么说都指向一个“一”，那么所谓的肯定、否定、矛盾、对立在禅师眼中又有何区别呢？所以，正说、反说都是对的，也无所谓答非所问，因为即便离题万里，也总归为“一”。而世人却心生分别，落入自己设置的困境。唐代的宣州刺史陆亘大夫曾问南泉：“古人瓶中养一鹅，鹅渐长大，出瓶不得。如今不得毁瓶，不得损鹅，和尚作么生出得？”这是一

---

① 〔日〕铃木大拙、〔美〕弗洛姆、〔德〕马蒂诺：《禅宗与精神分析》，洪修平译，辽宁教育出版社 1998 年版，第 63 ~ 64 页。

② 〔日〕铃木大拙：《禅风禅骨》，耿仁秋译，中国青年出版社 1991 年版，第 155 页。

个大难题，看似很难两全。然而，南泉却凭借禅达到“两全”。南泉若无其事地叫了一声“大夫”，陆亘应诺。于是，南泉说：“出也。”[①]人就是在自我设定的二元思维中惶惶不可终日，而南泉轻轻一呼，将人带入自由境地，也就开解了。当然，这只是一个比喻，但它说明禅的精神将人带入一个比肯定和否定更高的生命境界。

禅宗打破了肉体与精神，有限与无限的一切二元对立，整个世界就是一个“一”，我们落入时空的框架中，因而是有限的，人无法摆脱自身有限性，更为重要的是有限之外，并没有无限的东西，那么语言与存在真正合一，说与不说，逻辑的说，反常的说也都一样，所以禅宗语言并不是刻意要打破日常语言常规，而是消解一切障碍，自由穿梭，实现真正的平等、无碍。禅宗语言的自由，正是生命自由的象征。所以，有人问睦州禅师：“我们每天都要穿衣吃饭，怎样才能摆脱呢？”睦州回答：“穿衣吃饭。”提问的人说：“我不懂你的意思。”睦州又答：“你不懂，你就穿衣吃饭吧。”我们无须，也不可能摆脱有限，也不必思索有限生命存在，仅仅在有限中行动，无限便得以展开。所以，禅不是什么大功业，它就在吃、穿、住、行的日常生活中。

事事皆道场，禅道即生活之道，举手投足间皆有禅，那么对禅的解释，也应该以动的方式，所以：“只有当某种说法本身是一种活动而且不能凭借着它来述说的任何东西时，这种说法才是禅。”[②]而生活是转瞬即逝的，那一瞬间你没有抓住，便永远消逝了。所以，禅师用棒、喝、踢都是要使学生注意力集中到他想要抓住的东西上，这一瞬间任何推理活动都来不及参与，就抓住了禅。所以，德山禅师每来到禅堂时，必定要携带一根棒子，并对众人说：“道得也三十棒，道不得也三十棒。”[③]禅也并不总是紧张的精神活动，也在流水、鸟鸣的闲

---

① 〔日〕铃木大拙：《禅者的思索》，未也译，中国青年出版社1992年版，第42页。

② 〔日〕铃木大拙：《禅风禅骨》，耿仁秋译，中国青年出版社1991年版，第155页。

③ 〔日〕铃木大拙：《禅风禅骨》，耿仁秋译，中国青年出版社1991年版，第170页。

暇之境中。所以,当一个和尚跑去请玄妙指示参禅的路径。玄妙问他:“你听到偃溪流水声?”和尚说:“听到。”玄妙便说:“这就是你的入处。”[①]因此,禅就是我们的“平常生”,禅语也只是对日常生活的动态描述,生活是先于逻辑的,指向活、动、行,而不是思想,禅语只是在呈现,捕捉流动的生命,却不去说明或表示,却展示了人的本真状态。

禅宗语言通过反语言理性实现人的自由,但这种自由是甘愿退出生命时间的绝对自由,在现实生活中无法实现。理性不能成为人的天命所向,因为他不仅没有解放人,反而分裂着人。中国重感悟的思维方式,主张“反身为诚”,“能尽人之性,则能尽物之性,能尽物之性,则可以赞天地之化育。可以赞天地之化育,则可以与天地参矣。”[②]要达到这种“天人合一”的境界,要求人有一颗虚空的心,实现神与物游。这种甘愿退出历史时间的“无生”主义,是植物性的生存方式。因为人只有在历史时间中张显生命的激情,才能成其为人。“真”和“假”也是语言界定出来的,佛家讲本体性空,一切都是相。称“一切有为法,如梦幻泡影。如露亦如电,应作如是观”。西方语言理论没有看到本体的“无”,因而将语言置于最高地位,中国文化因为要去除语言对“无”的遮蔽而轻视语言。我们要沟通这两个世界,在无中建有,建构一个属人的世界,只要大家认定你是真的就是真的,没有什么客观的东西。但我们不能止于本体的“无”,要以语言来呈现和扩展。中国先秦名论思想以及王夫之的形器论既看到本体的空无,也看到语言符号的实在性,强调人对意义的赋予,以人为尺度重新安排秩序,却不成为世界的中心,这是一个无等级的自由世界,人将自己的生命和灵魂注入其中,同时将物性最大限度地揭示出来。因而,人创造着历史并设定自我的发展方向,不是在客观规律的束缚下被动地前行。在“本无”的存在世界中创造出生存世界的“需

① 〔日〕铃木大拙:《禅风禅骨》,耿仁秋译,中国青年出版社 1991 年版,第 172 页。

② 朱熹集注:《四书集注》,岳麓书社 1995 年版,第 47 页。

有”,世界变得丰富多彩,人性从而不断完善。

西方符号学因为过于拔高语言的逻辑性而消解了人的主体性,中国文化尤其道家文化为了人的本真澄明之境而反语言。一个是执于“有”,一个是执于“无”。对两者应进行批判性继承,沟通存在世界的“本无”和生存世界的“需有”,从而充分释放出语言的权能并将人向本真澄明之境提升。中西符号学思想的碰撞将开创世界人文科学新的局面。中国道家、禅宗语言沟通了道、言、人三者之间的关系。两者的弊端在于过于强调本体的虚无,但中国名论思想能有效矫正这一弊端,先秦名论看到了语言的功效,强调语言理性,通过维护语言来教化天下。王夫之的形器论进一步打通了中西符号学的壁垒。王夫之通过批判本体虚无的道家思想,提出天下唯器的观点,强调生命的可贵性。认为上天既然生我为人,就不能像圣人、神人、真人那样自甘枯寂,毫无野心,肯定了食色的合理性。人应该志气奋发,建立功业,建立功业的途径则是通过效法天地,体察事物之理,老老实实按着自然规律,发展规律,自强不息地生活下去。“象”是中国符号学的核心概念,“象”既具有属人性,又能通过效仿自然抒发情志,是人为世界赋予意义的过程。既强调人的认知功能,又沟通道、言、意,能为人构筑一个“精神家园”。

中国符号学思想以“象”来解构话语霸权从而整合语言,而不是消解语言,使“言”和“象”相互补充,相得益彰,从“有生”通达“无生”。它强调诗人之思,通过思将人带入澄明之境,也强调语言对人的建构,这不是从内部分裂人,它是一种“成己之说”。“以物观物”是中国符号思想不同于西方符号思想之处。物由于物化实现世界,世界也变得生机盎然。人在一片形象的物化世界中感受、想象、思索。因而,人在语言的静寂声中获得同一生命体验,化为本己的当下体验。这种体验被刘小枫称为同一心境的审美直观。“真正的诗就是同一心境的客观显现。这是一个绝对超时间的永恒世界,人生价值的寄托之所。只有在那里,时间才被取消了,刹那凝化为永恒……一旦把握着了这同一心境,那操持百业的人生,那同一尽于百年的年限,那欢寡而愁殷的悲哀,就都统统被超越了。"①诗人在想象中创世,人在想象中获得同一审美心境,充分体现了人的主体性。中国传统诗歌中的意象沉积了厚重的文化底蕴,仅仅一个词就蕴含了诗人的千愁万绪,而其中的真味不是说的出来的,是古人特有的生命体验,要真正领悟古诗,就必须从内在的精神底蕴把握诗人运用语言表达的生命气息,才能感诗人所感,思诗人所思,否则我们在浩瀚的中国文化面前,只是一个阅读者,而不会成为一个欣赏者,只能淹没在语言符号的烟波浩渺中,而丧失了其中的真味。"象"的多义性和变动性体现了象的属人性,强调人效法自然的路径而不是追求意义的唯一性和稳定性,消除世界对人的揶揄,把世界转化为属己的、亲切的形态。给原本无意义的世界赋予意义,领承到绝对价值,扬弃现实世界中的相对价值,高度肯定人的内在生命价值,翻转生存世界的语言,在对整体世界意义的期待中重构生命。

---

① 刘小枫:《诗化哲学》,山东文艺出版社1986年版,第111页。

参考文献

1. 陈鼓应:《庄子今注今译》,北京:中华书局,1983 年版。

2. 陈鼓应:《老子注释及评介》,北京:中华书局,1984 年版。

3. 黄克剑译:《公孙龙子》,北京:中华书局,2014 年版。

4. 南怀瑾、徐芹庭:《周易今注今译》,台湾:台湾商务印书馆,2014 年版。

5. 南怀瑾:《易经系传别讲》,北京:东方出版社,2015 年版。

6. 朱熹:《四书集注》,长沙:岳麓书社,1995 年版。

7. 方勇、李波译注:《荀子》,北京:中华书局,2011 年版。

8. 高华平、王齐洲、张三夕译注:《韩非子》,北京:中华书局,2012 年年版。

9. 方勇注释:《墨子》,北京:中华书局,2013 年版。

10. 王夫之:《周易外传》,北京:中华书局,2011 年版。

11. 王孝鱼注释:《周易外传选要译解》,北京:中华书局,2014 年版。

12. 刘勰:《文心雕龙》,范文澜注,北京:人民文学出版社,2014 年版。

13. 叶维廉:《中国诗学》,北京:生活·读书·新知三联书店,

1994 年版。

14. 王国维:《人间词话》,北京:古吴轩出版社,2012 年版。

15. 朱光潜:《诗论》,北京:生活·读书·新知三联书店,2012 年版。

16. 王运熙、顾易生主编:《中国文学批评史新编》,上海:复旦大学出版社,2002 年版。

17. 汪涌豪:《范畴论》,上海:复旦大学出版社,1999 年版。

18. 朱立元:《现代西方美学史》,上海:上海文艺出版社,1996 年版。

19. 〔德〕恩斯特·卡西尔:《人论》,甘阳译,上海:上海译文出版社,1986 年版。

20. 特里·伊格尔顿:《当代西方文学理论》,王逢振译,北京:中国社会科学出版社,1988 年版。

21. 〔日〕铃木大拙:《禅风禅骨》,耿仁秋译,北京:中国青年出版社,1991 年版。

22. 〔德〕海德格尔:《在通向语言的途中》,孙周兴译,北京:商务印书馆,1997 年版。

23. 刘小枫:《拯救与逍遥》,北京:生活·读书·新知三联书店,2001 年版。

24. 巴赫金:《陀斯妥耶夫斯基诗学问题》,北京:生活·读书·新知三联书店,1988 年版。

25. 〔日〕铃木大拙:《禅者的思索》,未也译,北京:中国青年出版社,1992 年版。

26. 〔比〕J. M. 布洛克曼:《结构主义 莫斯科—布拉格—巴黎》,李幼蒸译,北京:中国人民大学出版社,2003 年版。

27. 〔美〕乔纳森·卡勒:《结构主义诗学》,盛宁译,北京:中国社会科学出版社,1991 年版。

28.〔法〕保罗·利科:《活的隐喻》,汪堂家译,上海:上海译文出版社,2004 年版。

29. 王乾坤:《文学的承诺》,北京:生活·读书·新知三联书店,2005 年版。

30.〔德〕威廉·冯·洪堡特:《论人类语言结构的差异及其对人类精神发展的影响》,北京:商务印书馆,1997 年版。

31.〔美〕艾布拉姆斯:《镜与灯:浪漫主义文论及其批评传统》,郦稚牛、张照进、童庆生译,北京:北京大学出版社,2004 年版。

32.〔德〕格罗塞:《艺术的起源》,蔡慕晖译,北京:商务印书馆,1984 年版。

33. 巴赫金:《拉伯雷研究》,李兆林、夏忠宪等译,石家庄:河北教育出版社,1988 年版。

34.〔英〕王尔德:《谎言的衰落:王尔德艺术批评文选》,萧易译,南京:江苏教育出版社,2004 年版。

35. 维柯:《新科学》,朱光潜译,北京:人民文学出版社,1986 年版。

36. 叶朗:《中国美学史大纲》,上海:上海人民出版社,2002 年版。

37.〔英〕韦勒克·沃伦:《文学理论》,刘象愚、刑培明、陈圣生、李哲明译,北京:生活·读书·新知三联书店,1984 年版。

38.〔法〕(日内瓦公民)让—雅克·卢梭:《论语言的起源——兼论旋律与音乐的摹仿》,洪涛译,上海:上海人民出版社,2003 年版。

39.〔古希腊〕柏拉图:《柏拉图文艺对话集》,朱光潜译,北京:人民文学出版社,1980 年版。

40.〔德〕恩斯特·卡西尔:《语言与神话》,于晓等译,北京:生活·读书·新知三联书店,1988 年版。

41.〔德〕海德格尔:《海德格尔选集》,孙周兴选编,上海:生活·读书·新知三联书店,1996 年版。

42.〔法〕罗兰·巴特:《符号学美学》,董学文 王葵译,沈阳:辽宁人民出版社,1987年版。

43.〔法〕罗兰·巴特:《符号学原理——结构主义文学理论文选》,李幼蒸译,北京:生活·读书·新知三联书店,1988年版。

44.〔法〕罗兰·巴特:《符号学原理》,黄天源译,南宁:广西民族出版社,1992年版。

45.〔法〕罗兰·巴特:《符号学原理》,王东亮译,北京:生活·读书·新知三联书店,1999年版。

46.〔法〕罗兰·巴特:《恋人絮语——一个解构主义的文本》,汪耀进、武佩荣译,上海:上海人民出版社,1988年版。

47.〔法〕罗兰·巴特:《符号帝国》,孙乃修译,北京:商务印书馆,1994年版。

48.〔法〕罗兰·巴特:《罗兰·巴特随笔选》,怀宇译,天津:百花文艺出版社,1995年版。

49.〔法〕罗兰·巴特:《批评与真实》,温晋仪译,上海:上海译文出版社,1999年版。

50.〔法〕罗兰·巴特:《神话——大众文化诠释》,许蔷蔷,许绮玲译,上海:上海译文出版社,1999年版。

51.〔法〕罗兰·巴特:《流行体系:符号学与服饰符码》,敖军译,上海:上海译文出版社,2000年版。

52.〔法〕罗兰·巴特:《S/Z》,屠友祥译,上海:上海译文出版社,2000年版。

53.〔法〕罗兰·巴特:《文之悦》,屠友祥译,上海:上海译文出版社,2001年版。

54.〔法〕罗兰·巴特:《明室——摄影纵横谈》,赵克非译,北京:文化艺术出版社,2002年版。

55.〔法〕罗兰·巴特:《显义与晦义——批评文集之三》,怀宇译，天津：百花文艺出版社，2002 年版。

56.〔法〕罗兰·巴特：《罗兰·巴特自述》，怀宇译，天津：百花文艺出版社，2005 年版。

57.〔法〕罗兰·巴尔特：《写作的零度》，李幼蒸译，北京：中国人民大学出版社，2008 年版。

58.〔法〕罗兰·巴尔特：《符号学原理》，李幼蒸译，北京：中国人民大学出版社，2008 年版。

59.〔法〕罗兰·巴特：《米什莱》，张祖建译，北京：中国人民大学出版社，2008 年版。

60.〔法〕罗兰·巴尔特：《埃菲尔铁塔》，李幼蒸译，北京：中国人民大学出版社，2008 年版。

61.〔法〕罗兰·巴尔特：《符号学历险》，李幼蒸译，北京：中国人民大学出版社，2008 年版。

62.〔法〕罗兰·巴特：《如何共同生活》，张智庭译，北京：中国人民大学出版社，2010 年版。

63.〔法〕罗兰·巴特：《中性》，张祖建译，北京：中国人民大学出版社，2010 年版。

64.〔法〕罗兰·巴特：《小说的准备》，李幼蒸译，北京：中国人民大学出版社，2010 年版。

65.〔英〕特伦斯·霍克斯：《结构主义与符号学》，瞿铁鹏译，上海：上海译文出版社，1987 年版。

66.〔英〕特里·伊格尔顿：《文学原理引论》，刘峰译，北京：文化艺术出版社，1987 年版。

67.〔美〕乔纳森·卡勒尔：《罗兰·巴尔特》，方谦译，北京：生活·读书·新知三联书店，1988 年版。

68.〔美〕罗伯特·休斯：《文学结构主义》，刘豫译，北京：生活·读书·新知三联书店，1988 年版。

69.〔美〕伊·库兹韦尔:《结构主义时代——从莱维－斯特劳斯到福科》,尹大贻译,上海:上海译文出版社,1988 年版。

70.〔美〕罗伯特·司格勒斯:《符号学与文学》,谭大立、龚见明译,沈阳:春风文艺出版社,1988 年版。

71.〔俄〕波利亚科夫编:《结构—符号学文艺学》,佟景韩译,北京:文化艺术出版社,1994 年版。

72.〔法〕路易－让·卡尔韦:《结构与符号——罗兰·巴尔特传》,车槿山译,北京:北京大学出版社,1997 年。

73.〔美〕弗雷德里克·詹姆逊:《语言的牢笼》,钱佼汝译,天津:百花文艺出版社,1997 年。

74.〔日〕铃村和成:《巴特:文本的愉悦》,戚印平、黄卫东,石家庄:河北教育出版社,2011 年版。

75. 张隆溪:《二十世纪西方文论述评》,北京:生活·读书·新知三联书店,1986 年版。

76. 伍蠡甫等主编:《西方文艺理论名著选编》,北京:北京大学出版社,1988 年版。

77. 周宪等主编:《西方艺术文化学》,北京:北京大学出版社,1988 年版。

78. 胡经之等主编:《西方二十世纪文论选》,北京:中国社会科学出版社,1989 年版。

79. 赵宪章:《文艺学方法论通论》,苏州:江苏文艺出版社,1990 年版。

80. 马驰:《叛逆的谋杀者——解构主义文学批评述要》,北京:中国人民大学出版社,1990 年版。

81. 胡经之等主编:《文艺学美学方法论》,北京:北京大学出版社,1994 年版。

82. 赵一凡:《欧美新学赏析》,北京:中央编译出版社,1996

年版。

83. 周宪:《20 世纪西方美学》,南京:南京大学出版社,1997 年版。

84. 陶东风:《文体演变及其文化意味》,昆明:云南人民出版社,1994 年版。

85. 杨义:《中国叙事学》,北京:人民出版社,1997 年版。

86. 朱立元编:《当代西方文艺理论史》,上海:华东师范大学出版社,1997 年版。

87. 夏基松编:《现代西方哲学教程新编》,北京:高等教育出版社,1998 年版。

88. 杨大春:《文本的世界——从结构主义到后结构主义》,北京:中国社会科学出版社,1998 年。

89.〔法〕让-弗朗索瓦·利奥塔:《后现代状况:关于知识的报告》,岛子译,长沙:湖南美术出版社,1996 年版。

90.〔德〕瓦尔特·本雅明:《写作与救赎——本雅明文选》,李茂增、苏仲乐译,上海:东方出版中心,2009 年版。

91.〔瑞士〕费尔迪南·德·索绪尔:《普通语言学教程》,岑麒祥译,北京:商务印书馆,2008 年版。

92.〔法〕福科:《词与物——人文科学考古学》,莫伟民译,上海:上海三联书店,2002 年版。

93.〔法〕德里达:《书写与差异》,张宁译,北京:生活·读书·新知三联书店,2001 年版。

94.〔法〕格雷马斯:《结构语义学》,蒋梓骅译,天津:百花文艺出版社,2001 年版。

95.〔苏〕维·什克洛夫斯基:《散文理论》,刘宗次译,南昌:百花洲文艺出版社,1997 年版。

96. 李幼蒸:《理论符号学导论》,北京:社会科学文献出版社,

1999 年版。

97. 王岳川:《后现代文化研究》,北京:北京大学出版社,1992 年版。

98. Barthes, Roland. *Image Music Text*. selected and translated by Stephen Heath. Great Britain: Fontana Press, 1977.

99. Barthes, Roland. *The Fashion System*. translated by Matthew Ward and Richard Howard, New York: Hill and Wang.

100. Barthes, Roland. *Elements of Semiology*. translated by Annette Lavers and Colin Smith, New York: Hill and Wang.

101. Barthes, Roland. *Mythologies*. translated by Annette Lavers, New York: The Noonday Press.

102. Jean – Paul Sartre. *What is Literature*. translated by Bernard Frechtman, New York: Philosophical Library, 1949.

103. Culler, Jonathan. *Literary Theory: A Very Short Introduction*. New York: Oxford University Press, 1997.

104. Cassirer, Ernst. *Language and Myth*, Susanne Langer Happer and Brothers, 1946.

105. Videla, Juan Daniel. *The Human Sciences and the Crisis of Epistemology: The Road to Heidegger's Critique of Modern Science*, New School for Social Research. 2001.

106. Rose, Jeanne Marie. *Is literature language*? The University of Rochester, 2001.

107. Jarrells, Anthony Scott. *Britain's Bloodless Revolutions: Literature and Violence*, 1688—1832, State University of New York at Stony Brook. 2002.

108. Sharon, Avi William, *Drama as Opera: The Musical Theater of Classical Athens*, Boston University. 1994.

后　记

西方符号学与中国古典文论的理论互动在学界尚未得到广泛重视。将符号学引入中国的先驱李幼蒸先生认为“学问”不再是对社会传承的学科资料本身进行记诵，而是依据现代认识论、方法论对古典资料进行分析和理解。他断言在一切西方人文学术成果中，没有其他学术成果对于中国传统学术思想研究的现代化更有“用处”。李先生建议研究传统文史哲艺的中国新一代学者，多研读符号学相关著作。

笔者在攻读博士学位期间致力于研究罗兰·巴特的符号学理论，巴特对中国道家文化的青睐，引起了我的关注。不单单是中国古典文论需要通过符号学解读获得更深广的理解，西方符号学同样需要借鉴中国古典文论实现自身的理论突围。由此，《中国古典文论与西方符号学的理论互动》这本书的雏形在我脑海中形成。本书希望能站在中西文化平等对话的基础上，实现双方的优势互补。中国古典文论无须借助西方文论证实自身的合理性，双方的理论互动才能推动世界人文科学的进程。

从攻读博士学位至今，笔者一直关注这一话题，耗时四年终于完成这部著作。在撰写过程中，遇到了很多困难，在此感谢博士生导师徐亮对我的指导，还有同事任美衡、左其福、唐红卫等人的支持。其中，上篇第二章“中国古典文论发展的内因需求”，下篇第四章“意境论的现代阐释”，第七章“《马桥词典》中的符号世界”由左其福博士撰写。

2017 年 3 月 28 日